# 经济发展与区域差异研究

崔美龄 倪荣娜 徐丽贞 著

中国商务出版社

## 图书在版编目（CIP）数据

经济发展与区域差异研究 / 崔美龄, 倪荣娜, 徐丽贞著. — 北京：中国商务出版社, 2022.9

ISBN 978-7-5103-4427-5

Ⅰ. ①经… Ⅱ. ①崔… ②倪… ③徐… Ⅲ. ①区域经济发展－区域差异－研究－中国 Ⅳ. ①F127

中国版本图书馆CIP数据核字(2022)第170013号

## 经济发展与区域差异研究
JINGJI FAZHAN YU QUYU CHAYI YANJIU

崔美龄　倪荣娜　徐丽贞　著

| | |
|---|---|
| 出　　版： | 中国商务出版社 |
| 地　　址： | 北京市东城区安外东后巷28号　　邮　编：100710 |
| 责任部门： | 发展事业部（010-64218072） |
| 责任编辑： | 陈红雷 |
| 直销客服： | 010-64515210 |
| 总 发 行： | 中国商务出版社发行部（010-64208388　64515150） |
| 网购零售： | 中国商务出版社淘宝店（010-64286917） |
| 网　　址： | http://www.cctpress.com |
| 网　　店： | https://shop595663922.taobao.com |
| 邮　　箱： | 295402859@qq.com |
| 排　　版： | 北京宏进时代出版策划有限公司 |
| 印　　刷： | 廊坊市广阳区九洲印刷厂 |
| 开　　本： | 787毫米×1092毫米　1/16 |
| 印　　张： | 13.5　　　　　　　　　　　　　字　数：295千字 |
| 版　　次： | 2023年1月第1版　　　　　　　　印　次：2023年1月第1次印刷 |
| 书　　号： | ISBN 978-7-5103-4427-5 |
| 定　　价： | 63.00元 |

凡所购本版图书如有印装质量问题，请与本社印制部联系（电话：010-64248236）

**CCTP** 版权所有盗版必究（盗版侵权举报可发邮件到本社邮箱：cctp@cctpress.com）

# 前言

　　中国在"举世罕见"的"起点特征"基础上推进的现代化事业,为人类贡献了独特的发展模式。始于20世纪70年代末的市场化改革和对外开放,深刻地改变了我国经济的发展道路、发展模式和发展进程,为我国近百年来前所未有的大发展、大繁荣奠定了体制基础。中国特色社会主义的本质是共同发展、共同繁荣、共同富裕。在"以人为本"和科学发展观的时代理念下,缩小区域差异和促进区域协调发展已成为当今中国政府的区域经济发展战略的主题。

　　中国经济的发展需要以中国特色社会主义政治经济学为指导,经济发展理论包含在中国特色社会主义政治经济学之中。随着我国经济社会的发展,发展理论也出现了一系列的创新。新阶段,创新的发展理论在发展阶段改变后出现了新的发展任务、新的阶段性特征、新的发展规律。现代企业管理需要紧跟经济发展的规律,并在此基础上创新企业管理,实现在新时期下企业的可持续发展。

　　本书主要分析了经济发展的内涵,综述了早期经济发展思想,系统探究了发展理论范式、发展的度量、指标体系和目标,对区域经济发展理论与战略进行了多维度探究,深入分析了绿色经济发展理论的特征、理论框架以及中国绿色经济发展,系统研究了现代企业的特征和责任、企业制度、企业发展战略、企业人力资源开发以及企业营销管理,论述了新时期在企业经济管理中存在的问题以及应采取的创新策略。

　　本书理论与实践紧密结合,对新的经济形势下企业的管理与可持续发展途径进行了研究,以便学习者加深对经济基本理论的理解。

# 目 录

## 第一章 经济发展的基础认知 ...... 1
第一节 经济发展的概念与理论 ...... 1
第二节 经济发展及度量 ...... 6
第三节 早期经济发展思想 ...... 11
第四节 发展理论范式的演变 ...... 12

## 第二章 经济发展的宏观视角 ...... 17
第一节 宏观经济管理 ...... 17
第二节 经济发展模式与宏观管理目标 ...... 18
第三节 宏观经济管理中的市场环境 ...... 26

## 第三章 经济发展的微观视角 ...... 37
第一节 消费者、生产者与市场 ...... 37
第二节 市场需求分析 ...... 45
第三节 市场供给分析 ...... 48
第四节 市场均衡与政府政策 ...... 50

## 第四章 企业在经济管理中的发展与创新 ...... 60
第一节 企业经济管理发展与创新 ...... 60
第二节 现代企业经济管理应采取的创新策略 ...... 72

## 第五章 中国绿色经济发展 ...... 76
第一节 中国发展绿色经济的探索 ...... 76
第二节 中国发展绿色经济的主客观条件 ...... 77
第三节 中国绿色经济发展新常态 ...... 79

## 第六章　中国低碳经济的发展 ... 87

第一节　低碳经济的内涵 ... 87
第二节　我国发展低碳经济的必要性 ... 92
第三节　我国发展低碳经济的机遇与挑战 ... 95
第四节　我国发展低碳经济的战略 ... 99

## 第七章　区域经济发展探索 ... 101

第一节　区域经济发展的相关理论 ... 101
第二节　区域经济发展能力的内涵与构成 ... 105
第三节　区域经济增长理论综述 ... 112

## 第八章　区域经济发展模式 ... 116

第一节　区域经济发展模式 ... 116
第二节　资源角度的区域循环经济发展模式 ... 119
第三节　典型区域经济发展模式设计 ... 135
第四节　高等教育与区域经济互动发展的基本模式 ... 139

## 第九章　区域经济发展差异 ... 147

第一节　中国区域经济发展差异的度量方法和指标 ... 147
第二节　我国现阶段区域经济发展差异状况 ... 151
第三节　我国区域经济发展差异形成的原因分析 ... 153
第四节　中国区域经济协调发展的思路与对策 ... 159
第五节　区域经济发展差异的相关理论 ... 165
第六节　测度区域经济发展差异的指标体系 ... 168

## 第十章　区域经济发展与创新 ... 174

第一节　区域创新与区域经济发展 ... 174
第二节　技术创新促进区域经济增长的机理分析 ... 182
第三节　技术创新生态系统协同发展 ... 194

## 参考文献 ... 206

# 第一章 经济发展的基础认知

## 第一节 经济发展的概念与理论

### 一、经济增长

#### (一)经济增长的含义和衡量指标

"经济增长"和"经济发展"的概念最初起源于英文"growth",这一英文单词有两种含义:一是生长、发育、成长;二是增大、发展、增长。早期的西方经济学家没有发现"growth"和"development"的区别。在很多经济文献中,都使用"growth"。往后慢慢发现了它们的区别。"经济发展"适用于不发达国家的经济,而"经济增长"主要用于发达国家的经济。应该说,把各有所指的"经济发展"和"经济增长"区别开来的阶段是一种进步,但是如果仅局限于不发达和发达国家这两种经济形态的研究上来区别二者,也就添上了唯心主义与形而上学的色彩。实际上,工业革命后富国和穷国的差距才逐渐拉大,并且经济的增长和发展是永无止境的,从经济进步的角度来看的话,只不过会存在经济发展和增长所产生快慢的差异性和先后性以及发展阶段的相似性。

通常认为,一个国家或一个地区在一定的时期内出现的收入的增长或实际产值的增长就是经济增长,它一般表示为国民的生产总值或收入的增长。通常所指的是,在产量上有一定的增加。其中,不仅仅包含着由投资带来的增加成分,也包括了提高生产效率而增加的产量。

国内生产总值的增长率是经济增长的衡量标准。国内生产总值(Gross Domestic Product,GDP)指的是一个地区或者一个国家在一定时期内生产和提供的最终所使用的货物和服务的总价值。全社会在一定时期内所使用的各种消费品、投资品和服务的总和,就是从实物形态上来考察的国内生产总值;新创造的价值和固定资产折旧与各产业部门的增加值的总和就是从价值形态上来考察的国内生产总值。经济增长的额度在报告期用相对量和绝对量均可。一个国家经济增长的幅度或增长率就等于用经济增长的绝对值除以基期总量后减去1,用报告期的总量减去基期的总量的差值是经济增长的绝对值。

看其产生与发展的历史,发现经济增长的理论和技术进步的理论从最初出现就紧密地联合在一起了。经济增长理论研究的对象是经济的一个长期增长过程,在这个过程中各种增长因素都发挥了作用,技术进步促进了经济增长。技术进步随着经济理论的不断发展,将会成为重要的研究对象。

### (二)古典经济增长理论

古典增长理论建立在以下四种假设基础上的。①如果在不考虑生产规模的情况下,也就是说规模收益与单位产品二者成正比,这样同时增加1倍的劳动和资本,也就会相应增加1倍的产出;②假设不存在技术进步;③假设只存在劳动和资本两种生产要素,并且两者不能够相互代替;④假设边际储蓄的倾向不变。

在这一时期,对于经济增长前景,古典经济学家此时的分析是悲观的,因为他们否认了技术进步。他们认为:经济增长的过程是有连续性的,并且这一过程最终将会静止乃至循环。但预言和事实是不相同的,之后,人均产出增长率渐渐发展并出现了持续的正值,并且这个正值没有要下降的趋势。由此可认为,古典经济增长的理论存在着一定的缺陷。

### (三)技术进步外生化的新古典经济增长理论

古典经济增长理论和新古典经济增长理论二者有着很大的差异,新古典经济增长理论通过引入外生物技术进步因素来修正总量生产函数,以解释经济持续增长的动力问题。这样一来,经济持续增长的动力问题得到了解释。从这以后关于技术进步理论的研究引起了西方的经济增长理论的日益关注,并延伸到新古典主义方向。

经济增长具备多种构成元素,这是由国民收入增长分解得到的。经济增长又被新古典主义学派重新划分为全要素生产率和总投入量两个因素,其中,全要素生产率则分为资源再配置、规模经济因素及知识进步。总投入量因素主要是增加劳动及资本数量和改善其质量。知识进步的两个方面是技术和管理;而资源配置是劳动力从农业部门到非农业部门的转移,在自己企业中不领报酬的人和非农业的独立经营者转移到了其他行业,这样就改善了劳动力的配置问题。因此,很多产出中得不到解释的"余值"又被新古典主义学派拆分成了各种各样不同的组成元素,如此一来,其结果和索洛的"余值"相比就小了很多。

## （四）技术进步内生化的新经济增长理论

技术进步内生化的新经济增长理论，是指用内生技术的进步和规模收益的递增来解释一国和各国之间的一个长期经济增长差异。它的一个显著特征是让增长率内生化，其又被称为内生增长理论。这个理论实现了内生技术进步，也论证了内生技术进步是由知识和人力资本两种积累所引起的，这项进步是经济增长的决定因素。新经济增长理论认为，经济活动生产要素是特殊的，这一生产要素是知识，它能够使经济可持续发展，也可以使边际收益得到递增。

内生技术进步理论是新经济的核心理论。它认为内生技术进步的源头是人力资本的积累。人的技能和知识的存量也体现出这一点。对于内生技术进步理论来说，物质资本如生产资源一样是劳动者本身所有，可以通过培训教育等投资实现增长。健康状况、职业能力和文化水平等个体的知识和技能是经济学范围内的人力资本，可以创造一定价值。人力资本的提高，不仅可以让劳动者的收入增加，还可以让社会创造价值增加。理论认为，人力资本是对特殊形态资本的投资，因为它是人类对自身的投资。现代世界的发展依赖技术的进步和知识的力量，也依赖于人的知识水平和高度专业化的人才。

新古典增长理论提出的技术进步理论是受同一时期大多数经济学家认可的模型，具有一致性。而内生技术进步理论在实证中的应用却由于松散的模型而严重受到了限制。

## （五）马克思主义技术进步与经济增长理论

马克思主义经济理论是通过生产关系、社会生产力和经济利益的矛盾来说明社会经济发展状态的。实际上，这个理论还有两方面的内容体系：一是指在经济发展理论上，揭示了经济发展的规律和本质，其政治经济学理论体系是其理论成果之一；二是指在经济增长理论的运行层次上，概括了经济增长的方法和前提，这是传统经济向现代经济转变的实用理论指导。还研究了扩大再生产的理论和资本积累的理论，分析了马克思的社会产品在各部门之间流转的规律性等。

马克思还对劳动、工艺等经济生产过程分析提出了技术进步理论：①技术的本质，即人们在劳动过程中所掌握的物质手段以及使用的机器。②科学技术发展的程度也决定了生产力的发展水平。③在生产力的范围内，技术要充当科学的一个桥梁，从而将理论转化为生产力。

## 二、经济发展

### （一）经济发展的含义

关于经济发展的含义没有一个普遍意义上的定义，有以下几种可作为参考：

第一，工业化就是经济发展。西方国家经济的快速发展是工业革命带来的，所以工业化就是经济发展是有历史考究的。但是西方国家把工业化作为经济发展的目标，并没有从实质上提高人们的生活水平。因此，这一观点不合适。

第二，经济发展一般包括物质福利的改善，特别是对于那些低收入的人群来说，要根除他们的贫困、文盲、疾病和过早死亡等问题；改善投入和产出的构成，把生产的基础结构从农业向工业活动转变；生产性就业要普及劳动适龄人口而不是只有少数具有特权的人才能组织经济活动，拥有广泛基础的集团可以更多地参与经济方面和其他方面的决定，从而增进福利。

第三，现代经济的发展包括八个方面，即产业结构的变化、收入持续增长、技术进步、改变价值观和改革制度结构等，其中被看作"中心现象"和现代经济发展最重要特征的是收入持续增长。

第四，经济发展，是指社会经济活动中改变或替代传统方式，打破原来平衡状态的内部变革。经济的发展是自发的变革，它不是日常循序渐进发展，而是另辟蹊径的冲击和跳跃。发展不是改良，而是革命。

由此来看，经济发展的含义是广义的，它不仅仅是一个单纯的经济现象，还包括经济结构上的变动、社会政治制度和实际收入的长期持续性的变革。也就是说，经济发展体现了国家的社会制度内部和经济结构的变革，而且成为社会政治制度协调和社会经济结构进步的体现。

### （二）经济发展的测度

经济发展所表现出的多面性并不适合定义为单一的含义。除非能用某种方法衡量某一事物，否则就不可能更多地了解它，这一论断的提出，使得经济学家开始研究一种能够衡量经济发展的标准。

人们习惯以人均国民收入、人均国内生产总值和人均国内生产总值作为衡量经济发展的指标，并用来区分发达和不发达的国家。这种衡量的指标存在着一定的缺陷：

①度量和被度量的事物二者相差较为悬殊，也就是人均收入当作总平均数，并不能够囊括经济发展的特征和范围。

②统计上具有不可靠性。一是体现在统计资料不够准确、完整;二是各国专业化水平有一定的差距,产值与度量方法会出现偏差;三是没有通过市场交易的产品和劳务不容易被计算,这会使人均收入指标不准确。

③国内收入分配的情况不只由人均收入来体现。人均收入提高,也可能是少数的上层阶级收入有了很大的提高,中下层的广大群众收入可能并没有明显变化。

## 三、经济发展与经济增长的关系

### (一)经济发展与经济增长的区别

综上所述,我们能够看到,经济增长通常是指在生产中的净增加,总结国家或地区进行的一段时间内(通常为一年期)的实际(按固定价格计算)收入的输出值,经济增长通常表示为国内生产总值或国民收入的增加。与经济发展相关的内容和因素比经济增长范畴更为宽广,它不仅包括国内生产总值和国民收入的增长,还包括伴随产出的效益或收入增加的产品种类的结构变化。这些结构的变化会影响产出结构的变化是由投入结构的变化导致的。投入结构的变化一方面与数据的生产或处理有关,这表明许多新兴经济部门的出现,如新制造业、金融、交通、通信和管理以及旧经济部门的弱化或消减,与其相对应的投资结构、就业结构、收入结构、价格和生产结构的相关变化;另一方面也意味着社会、企业生产过程中的管理体系发生变化,换句话说,经济发展主要是指国家的经济结构和社会制度结构的变化,这些结构的改变所产生的力量促进了经济快速发展。

基于以上所概述的,我们能够了解到,经济的发展涵盖经济的增长,这两者并不是相等的。在经济发展初期,经济的发展可以导致经济增长,而经济增长不一定带来经济的发展。特别需要注意的是,比如说 20 世纪 60 年代和 20 世纪 70 年代大多数发展中国家的经济增长并没有带来经济的向前发展,其中的一些国家经济增长速度非常快,但并没有带来很大的经济效益从而导致经济发展缓慢,那时出现了"经济有增长但经济不发展的状况"或"经济未发展但经济增长的状况"。

### (二)经济发展与经济增长的联系

经济的发展和增长这两者是既有不同又相互关联相互影响的。经济的增长是经济发展的基本物质条件,经济的发展也会带来经济增长的必然结果。但是经济的增长不一定会促进经济的发展,但经济的发展必然会带来经济增长。或者是说,存在"经济没有发展但有增长"这种说法,却不存在"经济没有增长但有发展"这种说法。然而,应该明确强调,经济发展所带来的经济增长应该是多元化生产增长的结果,这是国家结构多变化的结果。因此,经济发展带来经济增长,或者是说经济的增长就是经济发展的一个分支。

从本质上说经济发展和经济增长是相互关联的。然而,这样的关系并不是与生俱来的,而是后天形成的一个过程,受到许多因素的影响。像西方那样的发达国家,自身经历了长期发展和多种磨难,社会分工和社会化程度非常明确,因此,该部门或地区的经济增长将有序地向该国其他部门或地区转移,从而带动该国各个地区的全面发展。但在发展中国家这种情况却截然不同,发展中国家的经济、社会化程度相对来说比较落后,没有形成完整的体系,导致各个部门和地区间的相互联系不紧密;再有外在因素的影响,对经济的增长带来危害,限制了其经济结构的变化从而阻碍经济的发展。

## 第二节　经济发展及度量

### 一、经济发展与经济增长的关系

在大量的实证经济分析与研究中,人们更多的是研究经济增长的问题,如经济增长的质量、方式、因素、政策等;而较少专门研究经济发展的问题,如经济发展的质量、经济发展的社会成本、经济发展与社会发展及自然生态环境变化之间的关系。通过上文的论述不难看出,经济发展与经济增长是既有联系也有区别的两个经济学范畴。

首先,从概念的内涵上看,经济增长是一个相对纯粹的经济学概念,侧重于反映和体现财富与产出量的增加以及由此所引发的有关经济方面的发展问题;而经济发展除此之外,还特别关心社会一般关系的发展变化,涉及非经济方面的诸多问题。

其次,从学科角度看,经济发展所关心的是一个国家或地区从落后状态向发达状态的经济演变过程,而经济增长则侧重于研究和反映某种成熟状态的经济进步的动态化过程问题。目前,人们通常把研究发展中国家经济动态的理论和方法称为发展经济学,因为发展中国家的经济正处于由落后状态向发达状态的过渡阶段;而把发达国家经济动态化问题的理论与方法称为增长经济学或经济增长理论,因为发达国家的经济正面临的经济形态的转变已进入成熟状态。

但是,经济发展与经济增长的关系又是极为密切的。经济增长是经济发展的基本动力,是经济发展必要的物质条件,没有增长,发展将成为无源之水;反之,没有发展,长期的持续增长也将是不可能的。一般认为,只要有发展,必然有增长。有发展而无增长是不太可能的,即使出现这种现象也是暂时的、短期的、局部的,而不可能是长期的、持续的和全面的。经济发展就包含了经济增长的内容与问题,而且在当代经济学体系中,增长理论也常常被看作是发展理论的重要组成部分,即使描写专门以发达国家经济结构为背景而形成的增长理论,也常常被用于阐释发展中国家的经济发展问题。

从上述论述可以看出,经济增长是经济发展的基础和必要条件,没有经济增长就没有经济发展。但是,有经济增长不一定有经济发展,即经济增长不是经济发展的充分条件。有增长而无发展的四种状况如下:

（一）无工作的增长

工作意味着生活保障,没有工作就等于剥夺了一个人的生活权利。缺乏工作机会可能是由于经济增长缓慢造成的,但经济增长较快未必就能提供足够的就业机会。不能提供足够的就业机会,就意味着没有实现经济发展的目标。

（二）无"声"的增长

民众参与和管理公共事务,自由地表达自己的愿望,是人类发展的一个重要体现。但是,经济增长未必与民主自由的扩大相联系。随着经济的增长,民众不能获得充分的自由和民主,不能认为经济是发展的,或者说经济发展的质量是不高的。

（三）无"根"的增长

世界上有多种文化,这些文化使各个民族和种族的生活丰富多彩。一种具有包容性的增长模式能够培育和延续优秀的文化传统,从而能够为人们以各种方式享受他们喜爱的文化提供机会。因此,排外性和歧视性的增长模式也能够毁灭文化的多样性,从而降低人们的生活质量。

（四）无未来的增长

有些国家的经济增长显著,但其自然资源的损耗和生态环境的恶化越来越严重。这不仅损害了当代人们的生活条件和健康,而且还危及子孙后代。不少国家在经济增长过程中,始终伴随着森林毁坏、河流污染、生物多样性的毁灭、自然资源的耗竭。在我国,这种无未来的增长表现得十分突出。

由此可见,单纯追求经济活动的数量上的增长,忽视经济、社会、自然的协调与和谐发展,就违背了人类经济活动的发展目标,人类社会不可能持续地发展。

## 二、经济发展目标

经济发展既是物质上的发展,又是精神上的一种状态。

任何一个国家,其经济发展的目标至少涵盖下述三个方面:

第一,增加人们基本生活必需品的数量,并保证这些生活必需品的公平分配。

第二,提高生活水平。除了让人们获得更高的收入外,还要提供更多可获得收入的工作岗位,提供接受更好教育的机会,并对文化和人道主义给予应有的重视。

第三,把人们从奴役和依附中解放出来,扩大个人与国家在经济和社会方面选择的范围。

经济发展的目标可以概括为两大方面:

### (一)经济发展的结果目标

经济发展的结果目标就是实现以人的全面发展为中心的社会发展。具体来说,就是要不断满足人们日益增长的物质和文化需求,不断改善人们的生存与生活条件,不断提高人们的物质生活与精神生活质量,不断完善人们的综合素质,不断解放人类自身,不断促进社会进步。

### (二)经济发展的过程目标

经济发展的过程目标是根据不同发展阶段的需要,从发展的手段、发展的方式和发展的要求等角度,制定的具有发展战略意义的具体目标。根据科学发展观的思想,现阶段中国经济发展的过程目标主要包括以下几个方面:

第一,保持经济理性地发展,在保证经济发展质量的前提下,使经济增长率保持在一个合理的区间内,实现国民经济又好又快地发展。

第二,保持经济的协调发展和合理的经济结构,使区域之间在经济发展上存在的差距保持在一个合理的范围之内。正确处理好结构、速度、效率与效益之间的关系,处理好社会再生产各环节和社会再生产各领域之间的关系,使国民经济发展的整体效率与效益不断得到提高。

第三,保持经济的可持续发展,实现经济发展方式与发展手段的转变,提高自主创新能力,保持经济发展的强大动力。

第四,保持经济的安全发展,努力控制经济发展过程中的各种风险因素,减少各类风险因素对经济发展的负面影响。

第五,促使自然条件更加优越。经济发展过程与自然环境有着密不可分的关系,一方面,经济发展需要消耗一定的自然资源,导致资源的耗减;另一方面,经济发展对生态环境会造成破坏。如果在经济发展过程中不注意节约自然资源、保护好生态环境，则经济发展不可持续、人类生存环境将会恶化、人民生活水平不可能持续提高，并可能带来严重的社会问题。所以，在经济发展过程中，注意自然资源和生态环境保护与优化，也是经济发展的重要目标之一。

第六，促使社会更加和谐。在社会进步的过程中，由于各种原因使地区之间的各种社会性差异逐步缩小，社会制度、体制、机制更加完善，社会事业得到发展，社会服务水平得到提高，社会变得更加公平、自由与民主，人们的综合素质变得更加完美。

上述关于经济发展目标的论述，对于阐释经济发展质量的内涵、属性与构建经济发展质量指标体系具有重要意义。

### 三、经济发展的统计度量问题

度量经济发展是一个极其复杂的问题。从理论上说，对经济发展的度量必须符合经济发展的含义及其基本目标，这就要求度量经济发展既要反映经济发展的数量方面，也要体现经济发展的质量方面；既要反映经济方面的发展，也要体现非经济方面的社会进步。同时，度量的标准与指标应简单易行，符合科学原则。显然，在实践中要做到上述各点，还是有一定的难度。

目前，人们一般更多地使用人均国民生产总值来作为经济发展水平的尺度，该指标考虑了人口增加与国民产出水平的关系，可以在一定程度上反映一个国家或一个地区的经济发展水平及生活消费水平。学术界一般认为，单纯使用这一指标来作为经济发展的衡量标准或尺度存在不少的问题：第一，人均国民生产总值未能清楚地显示出产品和劳务的类型与构成以及使用它们所能带来的实际福利究竟有多大。国内生产总值反映了全部产业的增加值总和，但人们得到的福利不一定与该总和的变化方向一致。例如，人均国民生产总值的增加，可能伴随人们闲暇时间的减少，闲暇带来的福利就会减少。第二，人均国民生产总值未能清楚地显示收入是如何分配的，在收入分配上是否存在不公平现象，贫富差距究竟有多大。第三，人均国民生产总值的高低并不一定能够真正反映一国或一个地区拥有的经济实力，经济实力是由多要素构成的。第四，人均国民生产总值只反映了经济发展的数量方面，而不能反映经济发展的质量方面。经济发展既有数量特性，又有质量属性。经济发展的质量属性也是多元的，期望通过某个指标来反映这些属性也是不可能的。第五，人均国民生产总值只度量了正规经济的发展水平。第六，人均国民生产总值不能全面反映社会生活的诸多问题，如贫富差异、就业状况、社会福利、期望寿命、教育卫生事业发达程度、社会公平、自然资源保护、生态环境状况以及经济发展成本等，而这些方面又是与衡量经济发展直接相关的问题。

当然,任何一个统计指标都会存在某种或某些缺陷,国内生产总值也不例外,我们不可能设计一个万能指标来全面地反映经济发展的数量与质量。在现阶段,还没有其他任何一个指标能够完全代替国内生产总值来反映一国或一个地区的经济总量。比较现实的方法是,应该设计一套指标体系,对经济发展过程与结果的数量特征与质量特征进行反映。

除了上述人均国民生产总值及国内生产总值指标外,人们有时也使用贫困程度指标来衡量经济发展。贫困是经济不发达的集中表现,人们满足其基本需求所必需的最低水平被视为贫困状态,这个最低水平通常被称为贫困线。一旦用贫困线将穷人区分出来后,衡量一国贫困程度的最简单的方法就是计算穷人在总人口中的比例,即人头指数。人头指数的缺陷是无法对贫困程度进行度量,但是,收入不足量或者说贫穷差距(指穷人总收入短缺数额占总消费的比例)弥补了这个缺陷,该指标衡量的是为消除贫困现象而将每个穷人的收入提高到贫困线以上所需的转移支付额。

在各种综合性发展指标体系中,比较有代表性的是联合国社会发展研究所设计的指标体系。该指标体系包含中、小学注册入学人数、每间居室平均居住人数等七项社会指标;人均消费电力的千瓦时数、人均对外贸易额等九项经济指标。该指标体系虽然涉及方面多,但缺乏层次与逻辑结构,并不能系统地反映地区或国家的综合发展。

世界银行也设计了一套反映一国社会和经济发展主要特征的世界发展指标体系。与联合国社会发展研究所设计的指标体系有所不同,该指标体系涉及一国的经济概况、生产情况、财政和货币账户、贸易和国际收支平衡、外部融资、人力资源六个方面的内容,共32项一级指标。

联合国社会发展研究所设计的指标体系和世界银行的发展指标体系均属于前文所提及的第一类指标。而用生活质量来衡量发展水平的指标主要有物质生活质量指数和人类发展指数。

度量经济发展的指标应该包括经济发展数量方面的指标和经济发展质量方面的指标两大模块。前文所介绍的关于经济发展的度量指标由于考察面不全,没有对经济发展过程与发展结果的各个方面进行系统的反映,因此,都不能成为系统度量经济发展的数量与质量的指标。

## 第三节　早期经济发展思想

### 一、重商主义

从 15 世纪末开始,西欧的封建社会趋于瓦解,自然经济衰落,商品经济兴起。在封建社会内部,资本主义关系开始萌芽和成长。在这一发展过程中,商业资本发挥了突出的作用。重商主义者从商业资本的运动出发,提出了他们的财富观和增长观。重商主义者的财富概念是极其狭隘的,在他们的心目中,金银货币成了社会财富的唯一代表。

重商主义者把金银货币等同于社会财富的观点,决定了他们对国内商业和国外贸易的看法。他们认为,国内商业既不能从国外带回金银货币,也不能把金银货币带出国外。国内商业的盛衰可以间接影响国外贸易的状况,但绝不能使国家变得更加富裕或贫困。他们十分强调国外贸易的重要性,把它置于理论和政策建议的中心地位。在他们看来,对外贸易是社会财富的唯一源泉,只有在对外贸易中保证做到商品输出大于商品输入才能有更多的金银货币流入国内,从而才能不断地增加一国的国民财富,实现一国的经济增长。用当代经济发展理论的术语来说,重商主义者把对外贸易看成"增长的发动机"。

因此,当代经济发展理论中以产出增长为发展物质动力的基本思想在重商主义中是没有丝毫痕迹的。应当指出的是,重商主义倡导的保护工业、限制输入、鼓励输出等政策措施,尽管在当时有其具体目的,却深深地影响当代经济发展理论,并在一些发展中国家的发展实践中得到再现。

### 二、威廉·配第（William Petty）

威廉·配第被称为英国古典政治经济学的创始人。作为由重商主义向古典学派过渡时期的经济学家,在他的著作中也存在很多重商主义的观点。例如,他十分重视商业和对外贸易。但是,配第在他的著作中提出了一些有关经济增长的思想,如劳动分工可以提高劳动生产率,进而促进财富的增长;财富的物质形式是劳动产品,价值形式是纯收入,财富的大小主要取决于劳动者人数的多少,因而人口稀少是贫困的原因,增加人口可以促进经济增长;经济增长的源泉是土地和劳动两个因素,"劳动是财富之父,土地是财富之母";国家应干预经济活动,利用税收政策来调节经济增长;等等。

值得注意的是配第关于在社会经济发展过程中产业比例变动的看法。他认为,随着时间的推移,社会经济的发展,从事农业的人数比起从事工业的人数将相对减少,从事工业的人数比起从事服务业的人数又将相对减少。

### 三、重农学派

重农学派认为,金银货币并非国民的真正财富,因为金银货币既不能提供消费,也不能不断再生产财富。货币的职能是作为流通手段,货币如果脱离流通过程,不和其他财富相交换,就不能促进国家财富的经常再生产。重农学派同时否认对外贸易是社会财富的源泉,在他们看来,对外贸易不过是以一定价值的产品去交换另一种相等价值的产品,交换双方无损失,也不得益。

重农学派认为,经济增长的唯一源泉是农业,社会财富就是从土地上生产出来的农产品,社会财富的增加可以保证人口的增长,人口和社会财富的增长反过来又使农业发达、商业兴旺、工业繁荣,又进一步促使社会财富不断增长。这种循环周转、生生不息的经济增长观点,是当代经济发展理论的一个重要思想源头。

在当代经济发展理论中受到十分重视和普遍应用的投入产出法(它可以显示各个部门的投入和产出以及社会总投入和总产出,也可以显示影响发展过程中的重要因素)显然是从重农学派的代表人物魁奈提出的经济表中汲取了思想营养。

## 第四节 发展理论范式的演变

从20世纪40年代发展经济学产生到今天,发展经济学似乎画了一个圈,从终点又回到了起点。但是,如果从研究范式的演变来考察,则可以发现今天的发展经济学已具有全新的内容和视野。事实上,发展经济学每经过一次研究范式的重大转变,就会有效地增强人们对发展中国家的认识和对经济发展机制的理解。如果自早期重商主义算起,在发展经济学作为一门学科兴起之前,经济增长和经济发展的思想早在15世纪就已出现,以后的古典经济学者大都从不同视角观察和分析经济增长和经济发展问题。他们的这些思想被统称为早期发展思想,其蕴含了有关经济增长和发展的大量远见卓识,不仅为后来者提供了大量的观点和素材,而且在一定意义上约束和规定了发展经济学的研究思路。

## 一、"集中化观点"：使政策正确

### （一）超发展理论的兴起

20世纪40年代崭露头角的发展经济学未能"成功地"汇入主流经济学，其主要原因是它们的缔造者没有用一种适于当时已有的建模技术的方法表达他们的思想。致命的问题是该领域的先驱没有明确地说明市场结构，即在他们所描述的假想经济中的竞争状况。他认为发展经济学衰落的一个重要原因是超发展理论不使用正式的模型来表达，而其根本原因则是无法使规模经济与完全竞争市场结构相容。虽然规模经济对于超发展理论来说非常关键，但它却很难引进主流经济理论的正式模型。由此，发展经济学的创始人不能十分清晰地表述自己的观点，使他们很难与其他经济学家交流基本思想，甚至这些创始人彼此之间也难以沟通。

### （二）范式I的模型、观点与特征

1. 结构主义的含义

以结构主义为主导，20世纪50年代和60年代发展经济学家创造了数目可观的新概念和新模型，包括两缺口模型、不平衡增长、剩余出路、荷兰病、隐蔽失业、结构性通货膨胀、依附、指导性计划、适用技术、大推进、增长极、不断上升的储蓄比率和低水平均衡陷阱等。在这些理论模型中，除了前述的超发展理论所包含的需求互补性和平衡增长的思想外，另外两个重要的理论模型是二元经济模型和结构变革模型。这些构成了以结构主义为核心的范式I的基本范畴。

2. 二元经济模型

在二元经济模型中，不发达经济由两个部门组成：一个是传统的、人口过剩的、仅能维持生存的农村部门，以劳动的边际生产率等于零为特征；另一个则是高劳动生产率的现代城市工业部门，是从仅能维持生存部门转移出来的劳动力逐渐进入的部门。该模型研究的重点是集中于劳动力的转移过程和现代部门的产出与就业的增长上。现代部门这一自我增长和就业扩张的过程被假定一直持续到新的工业部门将所有的农村剩余劳动力都吸收完毕为止。随着现代部门就业和工资的持续增长，劳动供给曲线变为向上倾斜。伴随经济活动不断地从传统的乡村农业向现代城市工业的转移，将会发生经济结构的变动。

3. 结构变革模型

结构变革模型致力于考察在新产业取代传统农业作为经济增长动力的一段时期内，一个不发达经济的产业和制度结构变动的连续过程。该模型认为，除了物质和人力资本的积累之外,一个国家的经济结构也要有一些相互联系的变化,以便完成从传统经济体系向现代经济体系的转变。这些经济结构变革实际上包含了所有经济函数的改变,包括生产的转变和消费者需求构成的变化、国际贸易、资源利用以及诸如城市化与国家人口的增长及分布等这些经济社会因素的变化。基于对国内国际条件的考虑,结构主义思路的发展经济学家在分配上主张对收入增量的重新分配,在对外贸易政策上主张进口替代或出口鼓励发展战略。

经济增长是生产结构转变的一个方面,生产结构的转变首先要适应需求结构的变化,而且能够更有效率地对技术加以利用。在预见力不足和要素流动有限制的既定条件下,结构转变有可能在非均衡的条件下发生,在生产要素市场上尤其如此。因此,劳动和资本从生产率较低的部门向生产率较高的部门转移能够加速经济增长。总体而言,结构变动分析者对"正确的"经济政策结合可以产生自我持续地增长有利模式这一点持乐观的态度。

4. 范式 I 的基本特征

以结构主义为核心的范式 I 成为发展经济学第一阶段的主流,这一范式不仅曾经在理论界产生了巨大的影响,而且被应用于许多发展中国家的实践。综合其理论观点和政策主张,范式 I 的基本特征主要是唯资本论、唯工业化论和唯计划化论。

第一,强调物质资本积累的重要性和必要性。范式 I 认为劳动力是一般发展中国家比较充裕的生产要素,不会成为经济增长的约束条件,束缚经济增长的首要因素被归结为资本匮乏。因此,如何提高资本形成率被看成推动发展中国家经济增长的极其紧迫的问题。这一观点可以说是当时发展经济学家们的共识。

第二,强调工业化的重要性和必要性。工业化问题一直是发展理论研究的焦点。范式 I 认为,发展中国家的主要经济部门是传统农业,这成为发展中国家与发达国家经济上的主要差别之一。因此,在这一阶段,工业化被看作摆脱贫困、实现经济发展的必由之路。另外,工业化以及与之相联系的城市化被认为是吸收剩余劳动力的唯一途径。

第三,强调计划化的重要性和必要性。强调计划化、强调国家干预是强调资本积累和工业化逻辑的必然结果,因为加速资本积累和调节工业布局及进程不能寄希望于私营部门和自发活动,大推进论、平衡增长论,甚至二元结构论都包含着计划化和国家干预的意味。事实上,在范式 I 的指导下,20 世纪 50 年代成为对计划化热情最高的年代。

遗憾的是,范式 I 所形成的上述理论和实践并未能够给发展中国家带来预期的经济增长,相反,在很多地方导致的是灾难。其原因正如张五常所批评的,早期的发展经济学家由于不了解实际情况,"草率地提出异想天开的理论和使人发笑的政策"。

（三）激进主义的发展理论

从理论渊源上来看,激进主义或多或少地受到马克思主义的影响,采用了马克思主义的观点和方法分析发展中国家国内的阶级关系及国际环境中帝国主义和殖民主义的势力。

以中心—外围论为基点,激进经济学家提出了依附论,从此"依附"进入了发展经济学的词汇表。低速度发展并不是资本主义以前的落后状态,相反,其是一种特定形式的资本主义——依附性的资本主义发展的结果。依附是一种决定性的处境,在这种处境中,一些国家的经济受其他国家经济发展和扩张的制约。某些国家能够通过自身的动力进行扩张,而其他国家处于依附地位,其扩张只能是处于支配地位国家扩张的反映。这时,两个或多个经济相互依存的关系便成为一种依附关系。

概括来说,激进主义发展理论主要关注三个重大问题:一是对发展中国家落后的历史及其欧美社会的根源问题的分析;二是对国际资本主义体系的形式和运行问题的探讨;三是对国际剥削与不平等交换问题的思考。

## 二、"新古典主义"观点：使价格正确

（一）范式Ⅱ的理论基础与政策主张

1. 新古典主义的复兴

新古典主义的复兴首先表现为对经济计划化和市场作用的重新评价上。从20世纪60年代中期对计划化的批评开始,至20世纪60年代晚期,"计划化的危机"已经出现在许多著作和文章的题目中。之后,新古典主义的应用范围进一步扩大,在农业问题、国际贸易问题、项目评估问题等研究领域,新古典主义理论和方法都占据了重要地位。随着新古典主义的复兴,持单一经济学观点的人日益增多。

2. 范式Ⅱ的基本观点

范式Ⅱ将经济发展过程看作一个渐进的、连续的过程。同时,还将经济发展过程看作一个和谐的、累积的过程,经济发展的结果一般会使所有收入阶层受益。因为,随着经济发展会出现纵向的"涓流效应"（trickling down effect）和横向的"扩散效应",这两种效应会自然而然地促使经济发展的利益得到普及。在理论分析上,范式Ⅱ从发展中国家经济有伸缩性的假设开始。这种经济的特征是理性经济行动,即存在使风险和时间贴现的利润或效用最大化的经济主体。要素是流动的、供给曲线

是富有弹性的、制度影响是有限的,这些确保了产品和要素市场的充分竞争。因此,范式Ⅱ是研究市场与价格,并预期它们一般能够很好运行的模式,而且在市场与价格运行有问题的地方寻找纠正这些缺点的市场和定价方法(如税收和补贴)。

在国际贸易问题上,范式Ⅱ认为如果对外贸易自由化,穷国和富国都会得益;富国向穷国投资,借方和贷方同样有收益。因此,他们认为不是南北冲突,而是自由化的国际经济秩序的维持才会实现南北双方的共赢。

在发展策略上,范式Ⅱ认为发展中国家的落后并非来自发达国家和国际机构控制的掠夺活动,而是因为在发展中国家的经济中随处可见政府的过度管制、腐败、效率低下和缺乏经济刺激等现象,所需要的是通过市场价格这只"看不见的手"来实现资源配置和刺激经济增长。

### (二)华盛顿共识

华盛顿共识的核心内容是开放和自由化将导致增长,它对发展中国家的建议是稳定货币和自由贸易、开放国内市场、让政策制定者早点"回家",停止干预。华盛顿共识告诉转轨经济国家,只要将大规模国有企业私有化并维持相应的金融指标和宏观经济指标,经济增长就会启动而且不断持续下去。然而,这种建立在新古典经济学信条基础之上的过于乐观主义的共识在整个转轨过程中遭到越来越多的否定和抨击。

20世纪90年代前期,拉丁美洲发展中国家、东欧以及苏联转轨国家基本按照华盛顿共识进行了广泛的经济改革和经济转轨,其中包括金融和贸易的自由化以及国有企业的大规模私有化运动。经济学家以这些成败参半的改革和转轨实践来重新审视华盛顿共识,发现了原有共识的许多不完善之处,因此在华盛顿共识的基础上又增添了新的10条内容:①除其他方式外,通过维持财政纪律来提高储蓄水平;②将公共支出转化为方向明确的社会支出;③除其他方式之外,通过引进经济上敏感的土地税来改革税收体系;④加强银行的监管;⑤维持竞争性汇率,使汇率在保持浮动的同时作为名义锚发挥作用;⑥实施区域内贸易自由化;⑦除其他方式外,通过私有化和放松管制(包括劳动力市场)来建立竞争性市场经济体系;⑧为所有经济主体明确界定产权;⑨建立关键性的制度,如独立的中央银行、强大的预算部门,独立而廉洁的司法部门,以及担负生产性使命的企业代理人制度;⑩提高教育支出,将教育支出倾斜到初级和中等教育。新的10条共识在基本原则和政策趋向上与原有的共识并没有明显区别,但新的共识突出强调了制度建设在经济改革和经济转轨中的重要性,注意到了建立关键性的组织和制度以及提高制度质量在整个制度变迁过程中的巨大作用。这些转变在一定程度上体现了范式Ⅲ的主导思想。

# 第二章 经济发展的宏观视角

## 第一节 宏观经济管理

### 一、宏观经济管理的必要性

(一)加强宏观经济管理,可以弥补市场调节缺陷

市场机制不是万能的,具有自身内在的缺陷,如市场机制调节的盲目性、滞后性、短暂性、分化性和市场调节在某些领域的无效性,这就需要通过国家宏观经济管理,来弥补市场缺陷。

(二)加强宏观经济管理,可以维护市场秩序

市场经济条件下,保证市场竞争的公平是发挥市场配置资源优越性的条件之一。仅仅靠市场自发调节,容易形成市场垄断和过度投机,不仅不能确保市场竞争的公平,还会破坏公平竞争机制,造成市场秩序混乱。政府通过建立、维护和保障市场经济有序运行和公平竞争的制度规范,进行严格的市场监管,保障市场公平交易。

宏观经济管理的必然性在于生产的社会化所导致的社会分工和协作关系的发展。在社会化大生产条件下,社会分工越专业、越细密和越广泛,所要求的协作和相互依赖关系就越密切。这就需要对社会经济活动的各个方面、各个部门、各个地区以及社会生产的各个环节进行计划、组织、指挥和协调,因而客观上要求对国民经济进行统一的管理,要求协助宏观管理系统来调节社会生产的各个方面和各个环节,以保持整个国民经济活动协调一致地运行。特别是随着分工和协作关系的不断深化,国民经济活动就更加离不开宏观经济管理。

### 二、宏观经济管理的目标

宏观经济管理目标是指一定时期内国家政府对一定范围的经济总体进行管理所要达到的预期结果。宏观经济管理目标是宏观经济管理的出发点和归宿,也是宏观经济决策的首要内容。

在有利于发挥市场基础调节作用和企业自主经营、增强活力的情况下,通过正确发挥政府宏观经济管理职能,保证整个国民经济持续、快速、健康地发展,以达到取得较好宏观效益、提高人们物质和文化生活水平的目的,是我国宏观经济管理目标的总概括。

## 第二节 经济发展模式与宏观管理目标

### 一、传统经济发展模式的基本特征及其运行轨迹

与经济体制模式相联系,我国的经济发展模式也经历了一个从传统模式向新模式的转变。为了把握新发展模式的基本内容和特征,我们需要从历史演变的角度,回顾传统经济发展模式及其转变。

（一）传统经济发展模式的基本特征

这种经济发展模式主要表现出以下几个基本特征。

1. 以高速度增长为主要目标

在这样一个发展模式中,经济增长速度一直是处于最重要的中心地位。然而,这又是以赶超先进国家为中心而展开的。在以高速度增长为主要目标的赶超发展方针指引下,追求产量、产值的增长成为宏观经济管理的首要任务。

2. 以超经济的强制力量为手段

从战略指导思想来说,主张从建立和优先发展重工业入手,用重工业生产的生产资料逐步装备农业、轻工业和其他产业部门,随后逐步建立独立、完整的工业体系和国民经济体系,并逐步改善人们的生活。在这一战略思想的引导下,我们一直把重工业,特别是重加工业作为固定的经济建设重心,实行倾斜的超前发展。然而,在一个基本上是封闭自守的经济系统中,向重工业倾斜的超前发展基本上或者完全依靠国内积累的建设资金。由于重工业的优先发展需要大量资金,国家只好采取超经济的强制力量,以保证这种倾斜的超前发展。因此,向重工业倾斜的超前发展实质上是以农业、轻工业等产业部门的相对停滞为代价的。

3. 以高积累、高投入为背景

为了通过倾斜的超前发展,迅速建立和形成一个独立、完整的工业体系和国民经济体系,就需要有高积累、高投入,以便大批地建设新的项目。因此,经济发展是以外延扩大作为基本方式的。在这样的发展模式下,大铺摊子、拉长基建战线、一哄而

上、竞相扩展等现象已成为必然的结果。

4.一种封闭式的内向型经济发展模式

虽然,在这一发展模式下也存在着一定的对外经济技术交流关系,但通过出口一部分初级产品和轻工业产品换回发展重工业所需的生产资料,最终是为了实现经济上自给自足的目标,而且这种对外经济关系被限制在一个极小的范围内。因此、从本质上说,这是一种封闭式的内向型经济发展模式。在这一发展模式下,经济的自给自足程度就成为衡量经济发展程度的重要标志。这种传统的经济发展模式是一定历史条件下的特定产物,有其深刻的历史背景。传统经济发展模式受其历史局限性和主观判断错误的影响,存在着自身固有的缺陷。

（二）传统发展模式下经济的超常规发展轨迹

为了全面考察传统发展模式,并对其做出科学的评价,我们需要进一步分析传统发展模式下经济发展的轨迹。从总体上说,在传统发展模式下,我国的经济发展经历了一个偏离世界性标准的进程,留下了超常规的发展轨迹,其主要表现在以下几个方面:

1.总量增长与结构转换不同步

我国的结构转换严重滞后于总量增长,近年来,"短缺"与"过剩"并存已成为普遍现象,这种滞后严重制约了总量的均衡与增长。

2.产业配置顺序超前发展

我国在产业配置顺序上的超前发展,比一般后发展国家更为显著。重加工工业的超前发展,导致了农业、轻工业和基础工业先天发育不足以及产业之间产生的严重矛盾。因为,重加工工业的超前发展是基于超经济强制地约束农业经济的发展。农业劳动生产率增长缓慢的同时,重加工业的超前发展严重损害了轻工业的发展。轻工业发展不足使积累的主要来源的转换没有顺利实现,这不仅直接影响了农业承担积累主要来源的重大压力,而且未能完成满足资金密集型基础工业发展需要的历史任务。在资金积累不足的情况下,基础工业发展严重滞后,成为国民经济的关键性限制因素。

3.高积累、高投入与低效益、低产出相联系

在我国工业化体系初步建立以后,那些曾经塑造了我国工业化体系的条件,如低收入、高积累和重型产品结构等,却反过来成为束缚自身继续发展的因素,从而造成高积累、高投入与高效益、高产出的错位,使国民经济难以走上良性循环的轨道。

### 4.农业、轻工业、重工业之间的互相制约超乎寻常

在我国经济结构变动中,却出现了农业、轻工业、重工业之间形成强大的相互制约力,三者产值平分天下的僵持局面。不仅农业与工业之间的结构变动呈拉锯状,而且轻工业与重工业之间的结构变动也是反反复复。这种农业、轻工业、重工业在经济结构中的势均力敌状态,造成较多的摩擦,使各种经济关系难以协调。

除以上几个主要方面之外,我国经济发展的超常规轨迹还表现在许多方面,如产业组织结构失衡、区域经济发展结构失衡、资源与生产能力错位、技术结构发展迟缓、中低技术繁衍等。这些都从不同的侧面反映了传统发展模式下我国经济发展非同寻常的特殊性。

## 二、新的经济发展模式的选择

传统的经济发展模式虽然在特定的历史条件下起到过积极的作用,但由于其本身的缺陷以及条件的变化,已造成了不少严重问题。因此,要对经济发展模式做出新的选择。新的经济发展模式的选择,既要遵循经济发展的一般规律,又要充分考虑到我国经济发展进程中的基本特征,同时还要正视我们正面临的压力和挑战。

### (一)我国经济发展进程的基本特征

从传统经济向现代经济转化,是一个世界性的历史过程,任何一个国家的经济发展都会受到支配这个进程的共同规律的影响,从而表现出具有统计意义的经济高速增长和变动的状态。但是,由于各国经济发展的历史背景和内外条件不同,在其经济发展进程中会出现差异,甚至是极大的偏差。因此,在把握经济发展共同规律的基础上,必须研究各国从传统经济向现代经济转化中的特殊性。

与其他国家相比,我国经济发展的历史背景和内外条件更为特殊,不仅与发达国家有明显的差别,而且与一般发展中国家也不相同。这就不可避免地使我国经济发展走出了一条与众不同的道路。我们认为,我国经济发展进程中的基本特征,可以归纳为"三超",即超后发展国家、超大国经济和超多劳动就业人口。

这三个基本特征,不仅构造了我国经济发展的基本性状,而且也界定了我们选择经济发展战略的可能性空间,决定了我国经济发展非同一般的超常规轨迹。

### (二)我国经济发展新阶段及其面临的挑战

除了考虑到我国经济发展进程的基本特征外,我们还应该看到,经过四十年的努力,我们已基本实现了经济建设的第一步任务,解决了人们的温饱问题,我国的经济发展开始进入一个新阶段。

如果说过去的经济发展主要是以低层次消费的满足来推动的话，那么在这个新阶段，国民经济的增长就是以非必需品的增长为主要动因。这是经济发展过程中的一个重大的质的变化。

但是，我国进入这个新成长阶段，与先行的发达国家不同，不是单靠自身获得的科学、技术和文化的进步来推动的，而是像许多发展中国家一样，不得不借助于外来的技术和知识，并受到外部消费模式的强烈影响。因此，在经济发展新阶段，我国将面临一系列新的问题和困难。

1. 非必需品的选择

非必需品在消费方面具有很大的选择空间和替代弹性，而在生产方面，其不同的选择对资源约束、产业带动效应、就业弹性以及国民收入的增长有着非常不同的影响。因此，我们一方面必须依靠非必需品的需求来推动经济的增长，另一方面又要避免这种需求完全脱离本国的资源条件与供给能力，对本国的产业发展与结构转换产生不利的影响。

2. 供给结构的调整

在这一阶段，以非必需品为主的消费结构的变动比较迅速，面对供给结构的长期超稳态却难以适应，从而形成严重的滞后发展。因此，国内结构性矛盾可能会升级。这样，我们就面临着大规模调整供给结构的艰巨任务。这种结构调整已经使产业结构合理化与高级化。

3. 劳动力市场的就业压力

在满足非必需品需求的结构变动中，还要考虑如何在严重的资源约束的情况下，实现众多劳动力的充分就业。因为，在这一新阶段，将有大批农业剩余劳动力转移出来要求加入其他产业部门，但同时又不可能特别加大制造业在国民经济结构中的比重。

4. 国际竞争的压力

随着对外开放的深入发展，外汇需求加速递增将成为必然现象，为缩小国际收支逆差，扩大出口创汇能力成为重要问题。然而，我国以初级产品为主的出口结构正面临着世界市场初级产品需求减少、价格下降的严重挑战，出口竞争加剧，创汇能力削弱。

5. 新技术革命的冲突

正在蓬勃兴起的世界新技术革命日益强化着技术在经济发展中的作用，使发展中国家的劳动力资源优势逐步丧失。如果无视新技术革命对产业结构的冲击和对国民经济的影响，那么我国与世界的经济、技术差距将会进一步拉大。

### （三）向新的经济发展模式转变

新的经济发展模式不是对传统经济发展模式的彻底否定，两者之间存在着本质的区别。

1.经济模式转变

传统经济发展模式向新经济发展模式的转变，是一种革命性的转变，历史性的转变。具体来说，有以下几个方面的本质性转变：①发展目标的转变，即由以单纯赶超发达国家生产力水平为目标，转变为以不断改善人们的生活由温饱型向小康型过渡为目标；②发展重心的转变，即由追求产值产量的增长转变为注重经济效益，增长要服从经济效益的提高；③发展策略的转变，即由超前的倾斜发展转变为有重点的协调发展，在理顺关系的基础上突出重点；④发展手段的转变，即由以外延型生产为主转变为以内涵型生产为主，提高产品质量，讲究产品适销对路；⑤发展方式的转变，即由波动性增长转变为稳定增长、稳中求进，尽量避免大起大落、反复无常。

2.经济体制改革

这种经济发展模式转变的实现，从根本上说，有赖于经济体制改革的成功。传统的经济体制不可能保证新的经济发展模式的实现，所以经济体制模式的转变是实现新经济发展模式的根本保证。在此基础上，建立新的经济发展模式要着力于以下几个方面：①对国民经济进行较大的调整；②要确立新的经济理论、思想观念和政策主张；③要端正政府和企业的经济行为。

## 三、新经济发展模式下的宏观管理目标

从一般意义上说，宏观管理目标是由充分就业、经济增长、经济稳定、国际收支平衡、资源合理配置、收入公平分配等目标构成的完整体系。但在不同的经济发展模式下，宏观管理目标的组合、重点以及协调方式是不同的。因此，随着传统经济发展模式向新的发展模式的转变，宏观管理目标的性质也会发生重大变化。

### （一）宏观管理目标之间的交替关系

宏观管理目标之间存在着固定的关联。这种关联有两种类型：一种是互补关系，即一种目标的实现能促进另一种目标的实现；另一种是交替关系，即一种目标的实现对另一种目标的实现起排斥作用。在宏观经济管理中，许多矛盾与困难往往就是由目标之间的交替关系所引起的。目标之间的交替关系主要有以下几种：

1.经济增长和物价稳定之间的交替关系

为了使经济增长，就要鼓励投资，而为了鼓励投资，一是维持较低的利息率水平；

二是实际工资率下降,使投资者有较高的预期利润率。前者会引起信贷膨胀、货币流通量增大,后者会刺激物价上涨。

在供给变动缓慢的条件下,经济增长又会扩大对投资品和消费品的总需求,由此带动物价上涨。在各部门经济增长不平衡的情况下,即使总供求关系基本平衡,个别市场的供不应求也会产生连锁反应,带动物价上涨。

然而,要稳定物价,就要实行紧缩,这又必然会制约经济增长。因此,在充分就业的条件下,经济增长目标与稳定物价目标之间存在着相互排斥的关系。

2. 经济效率与经济平等之间的交替关系

经济效率的目标要求个人收入的多少依经济效率高低为转移,从而要求拉开收入差别。同样,它也要求投资的收益多少依经济效率高低为转移,以此来刺激投资与提高投资效益。然而,经济平等的目标要求缩小贫富收入差距,这样社会的经济效率就会下降。同样,忽视投资收益的差别,使利润率降低,就会削弱投资意向,难以实现资源配置的优化。

因此,经济效率与经济平等(收入均等化)不可能兼而有之。在一定限度内,强调平等就要牺牲一些效率,强调效率就要拉开收入的差距。

3. 国内均衡与国际均衡之间的交替关系

国内均衡主要是指充分就业和物价稳定,而国际均衡主要是指国际收支平衡。充分就业意味着工资率的提高和国内收入水平的上升,其结果是一方面较高的工资成本不利于本国产品在国际市场上的竞争,从而不利于国际收支平衡;另一方面对商品的需求增加,在稳定物价的条件下,不仅使商品进口增加,而且要减少出口,把原来准备满足国外市场需求的产品转用于满足国内扩大了的需求,于是国际收支趋于恶化。

如果要实现国际收支平衡目标,那么一方面意味着外汇储备的增加,外汇储备增加意味着国内货币量增加,这会造成通货膨胀的压力,从而不利于物价稳定;另一方面,消除国际收支赤字需要实行紧缩,抑制国内的有效需求,从而不利于充分就业目标的实现。

宏观管理目标之间的交替关系决定了决策者必须对各种目标进行价值判断,权衡其轻重缓急,斟酌其利弊得失,确定各个目标的数值的大小和各种目标的实施顺序,并尽量协调各个目标之间的关系,使所确定的宏观管理目标体系成为一个协调的有机整体。

## （二）新发展模式下宏观管理目标的转变

决策者是依据什么来对各种具有交替关系的目标进行价值判断、权衡轻重缓急、斟酌利弊得失，使其形成一个有机整体的呢？其中最重要的依据，就是经济发展模式。

从这个意义上来说，经济发展模式决定了宏观管理目标的性质。有什么样的经济发展模式，就有什么样的宏观管理目标。宏观管理目标体系中各个目标数值的大小和目标实施的先后顺序，都是服从于经济发展模式需要的。

在传统经济发展模式下，宏观管理目标所突出的是经济增长与收入分配均等化，并以其为核心构建了一个宏观管理目标体系。在这个宏观管理目标体系中，经济增长目标优先于结构调整目标，收入分配均等化目标优先于经济效率目标，其他一些管理目标都是围绕着这两个目标而展开的。

按照经济学的观点，经济增长和收入分配均等化之间也是一种交替关系。因为充分就业条件下的经济增长会造成通货膨胀，而通货膨胀又会使货币收入者的实际收入下降，使资产所有者的非货币资产的实际价值上升，结果发生了有利于后者而不利于前者的财富和收入的再分配。

当传统经济发展模式向新的经济发展模式转变之后，这种宏观管理目标体系已很难适应新经济发展模式的需要。以协调为中心，从效益到数量增长的发展模式要求用新的价值判断准则对各项管理目标进行重新判断，在主次位置、先后顺序上实行新的组合。

按照新的经济发展模式的要求，宏观经济管理目标首先应该突出一个效益问题，以效益为中心构建宏观管理目标体系。具体地说，围绕着经济效益目标，讲求经济稳定和经济增长，在"稳中求进"的过程中，实现充分就业、收入分配公平、国际收支平衡等目标。当然，在这种宏观管理目标体系中，诸目标之间仍然存在着矛盾与摩擦，需要根据各个时期的具体情况加以协调。

## （三）新发展模式下宏观管理目标的协调

从我国现阶段的实际情况来看，新的发展模式下的宏观管理目标的协调，主要有以下几个方面。

### 1. 实行技术先导

依靠消耗大量资源来发展经济是没有出路的，况且我国的人均资源占有量并不高。因此，发展科学技术，改善有限资源的使用方式，是建立新发展模式的基本要求。

然而，我国大规模的劳动大军和就业压力，无疑是对科技进步的一种强大制约。

我们面临着一个两难问题,即扩大非农就业与加快科技进步的矛盾。我们不能脱离中国劳动力过剩的现实来提高科技水平、发展技术密集型经济,而要在合理分工的基础上加快技术进步。

除此之外,我们要把科技工作的重点放在推进传统产业的技术改造上。因为在今后相当长的时间内,传统产业仍将是我国经济的主体。传统产业在我国经济增长中仍起着重要作用。但是,传统产业的技术装备和工艺水平又是落后的。因此,要着重推进大规模生产的产业技术和装备的现代化,积极推广普遍运用的科技成果,加速中小企业的技术进步。与此同时,要不失时机地追踪世界高技术发展动向,开拓新兴技术领域,把高技术渗透到传统产业中,并逐步形成若干新兴产业,从而提高我国经济发展水平,使国民经济在科技进步的基础上不断发展。

2. 优化产业结构

合理的产业结构是提高经济效益的基本条件,也是国民经济持续、稳定协调发展的重要保证。目前我国产业结构的深刻矛盾,已成为经济发展的严重羁绊,因此,优化产业结构是新发展模式的一项重要任务。

按照国际经验,后发展国家在进行结构调整和改造时总会伴随着一定的总量失衡,这是不可避免的。但是总量失衡太大,也不利于结构的调整和改造。因此,我们应在坚持总量平衡的同时优化产业结构。这就是说,要合理确定全社会固定资产投资总规模和恰当规定消费水平提高的幅度,使建设规模同国力相适应,社会购买力的增长幅度同生产发展相适应,并以此为前提来优化产业结构。

所谓优化产业结构,首先要使其合理化,然后才是相对地使其高级化。产业结构合理化就是要解决由于某些产业发展不足而影响整体结构协调的问题。长期以来,我国加工工业发展过快,而农业、轻工业、基础工业和基础产业则发展不足,所以结构合理化的任务是较重的。

在重视产业结构合理化的同时,还应积极推进产业结构高级化。我国产业结构的高级化,应按不同的地区发展水平分层次高级化。发达地区要逐步形成资金密集型和技术密集型为主体的产业结构,并使新兴产业和高技术产业初具规模。落后地区要以第一次产业和轻工业相互依托的方式实现轻工业的大发展,形成以劳动密集型为主体的产业结构。这样,在总体上就能形成以高技术产业为先导,资金密集型产业为骨干,劳动密集型产业为基础的合理产业结构。

3. 改善消费结构

适当的消费水平和合理的消费结构,也是提高经济效益的一个重要条件。我们要根据人们生活的需要来组织生产。但同时也要根据生产发展的可能性来确定消费水平,并对消费结构进行正确的引导和调节,不能盲目追随外国的消费结构和消费方式。根据我国人口众多而资源相对不足的国情,我们应该选择适合我国国情的消费模式。

## 第三节　宏观经济管理中的市场环境

### 一、完整的市场体系

一个完整的市场体系是由各种生活资料和生产要素的专业市场构成的。因为人们之间的经济关系是贯穿于整个社会再生产过程中的,既包括消费也包括生产,所以市场关系是通过各种与社会再生产过程有关的要素的交换表现出来的,完整的市场关系应该是一个由各种要素市场构成的体系。一般来说,它包括商品(消费品和生产资料)市场、技术市场、劳动力市场和资金市场。

（一）商品市场

商品市场是由以实物形态出现的消费资料和生产资料市场构成的,它是完整的市场体系的基础。

作为基础产品和中间产品的生产资料市场与社会生产有着重大的直接联系。生产资料市场既反映生产资料的生产规模和产品结构,又对整个固定资产规模及投资效果起制约作用,同时也为新的社会扩大再生产提供必要条件和发挥机制调节作用。因此,生产资料市场实际上是经济运行主体的中心。

作为最终产品的消费品市场与广大居民的生活有着极为密切的关系。该市场的参与者是由生产者和消费者共同构成的,小宗买卖与现货交易较为普遍,交易的技术性要求较低,市场选择性较强。消费品市场不仅集中反映了整个国民经济发展状况,而且涉及广大居民物质和文化生活的所有需求,是保证劳动力简单再生产和扩大再生产的重要条件。因此,消费品市场对整个国民经济发展有着重要影响。

生产资料市场与消费品市场虽然有重大的区别,但两者都是以实物形态商品为交换客体的,具有同一性,并以此区别于其他专业市场。

（二）技术市场

技术市场按其经济用途可细分为初级技术市场、配套技术市场和服务性技术市场。这些市场促使技术商品的普遍推广和及时应用，推动技术成果更快地转化为生产力。由于技术商品是一种知识形态的特殊商品，所以技术市场的运行具有不同于其他专业市场的特点。

1. 技术市场存在着双重序列的供求关系

技术市场存在着双重序列的供求关系，即技术卖方寻求买方的序列和技术买方寻求卖方的序列。这是因为技术商品有其特殊的生产规律：一方面，是先有了技术成果，然后设法在生产过程中推广应用；另一方面，是生产发展先提出开发新技术的客观要求，然后才有技术成果的供给。这两种相反的供求关系序列，都有一个时滞问题，从而难以从某个时点上确定市场的供求现状。在技术市场上，供不应求与供过于求，总是同时存在的。

2. 市场的卖方垄断地位具有常态性

由于技术商品具有主体知识载体软件等特征，再生产比第一次生产容易得多，所以为保护技术商品生产者的利益，鼓励技术商品生产，在一定时期内技术商品要有垄断权。它不允许别人重复生产以前已经取得的技术成果，否则就将受到法律制裁。在一般情况下，每一技术商品都应具有独创性，同一技术商品不允许批量生产。因此，在技术市场上，同一技术商品的卖方是独一无二的，不存在同一技术商品卖方之间的竞争，相反同一技术商品的买方则是众多的，存在着买方之间的竞争，从而在总体上是卖方垄断市场。

3. 市场的交易具有较大的随意性

由于技术商品的使用价值是不确定的，客观上并不能全部转化为生产力。技术商品的价值也不具有社会同一尺度，不存在同一技术商品的劳动比较的可能性，只能借助技术商品使用后的效果来评价，所以在市场交易时主要由供求关系决定其价格。

4. 市场的交易形式较多的是使用权让渡

由于技术商品作为知识信息具有不守恒性，即它从一个人传递到另一个人，一般都不使技术商品丧失所传递的信息。因而技术商品的生产者往往在一定时期内，只让渡技术的使用权，而不出卖其所有权。这样，根据技术商品的传递特点，生产者就可以向多个需求者让渡其技术使用权，这是其他专业市场不具有的交易方式。

（三）劳动力市场

劳动力市场在商品经济发展中起着重要作用。它使劳动力按照供求关系的要求进行流动，有利于劳动力资源的开发和利用，以满足各地区、各部门和各企业对劳动力的合理需求,实现劳动力与生产资料在质和量两方面的有机结合。同时,劳动力市场的供求关系也有利于消除工资刚性和收入攀比的弊端,调整收入分配关系,促使劳动者不断提高自身素质,发展社会所需要的技能。

### (四)资金市场

在发达的商品经济中,资金市场是市场体系的轴心。资金市场按期限长短可细分为货币市场和资本市场。货币市场主要用来调节短期资金。它通过银行之间的拆放、商业票据的贴现、短期国库券的出售等方式,融通短期资金,调整资金余缺,加快资金周转,提高资金利用率。资本市场主要用来进行货币资金的商品化交易,把实际储蓄转变为中长期的实际投资。它通过储蓄手段吸收社会多余的货币收入,发行公债、股票、债券等形式筹集长期资金,利用证券交易流通创造虚拟信贷资金,从而加速资金的积累,为社会再生产规模的扩大创造条件。

在资金市场上,信贷资金作为商品,既不是被付出,也不是被卖出,而只是被贷出,并且这种贷出是以一定时期后本金和利息的回流为条件的,从而资金商品具有二重价值,即资金本身的价值和增值的价值。此外,资金商品的贷出和流回,只表现为借贷双方之间法律契约的结果,而不表现为现实再生产过程的归宿和结果。因此,资金市场的运行也有自身的特殊性。

1. 市场的供求关系缺乏相对稳定性

在资金市场上,对于同一资金商品,一个人既可以扮演供给者,又是需求者的双重角色,所以市场的供求对象没有相对稳定的分工。这种供求两极一体化的倾向,使市场的供求关系极为复杂多变,不可能建立较为固定的供求业务和供求渠道。

2. 市场的运行建立在信用投机的支点上

资金市场所从事的是信用活动。任何信用,都具有风险性,有风险就必然有投机。信用投机,尤其是技术性投机,承担了别人不愿承担的风险,提供了头寸,使市场更加活跃,具有灵活性,使资金更具有流动性,使市场的资金价格趋于稳定。

3. 市场的流通工具和中介机构作用重大

资金市场的交易,除少数直接借贷的债权债务关系外,大多数要以信用工具作为媒介。然而,那些国债、公司债、股票、商业票据、银行承兑汇票和可转让大额定期存单等信用工具,则要通过一系列商业银行、储蓄机构、投资公司、保险公司、证券交易所等中介机构来实现。

4. 市场活动的虚拟性创造

资金市场的信用活动,既不是商品形态变化的媒介,又不是现实生产过程的媒介，它的扩大和收缩并不以再生产本身的扩大和停滞为基础。这种信用活动创造了虚拟资金，加速了整个再生产过程。

（五）市场体系的结构均衡性

作为一个市场体系，不仅是全方位开放的市场，而且各个市场之间存在着结构均衡的客观要求。这是市场主体之间经济关系得以完整反映的前提，也是宏观间接控制的必要条件。

1. 市场门类的完整性

在商品经济条件下，市场是人们经济活动的主要可能性空间。在这个活动空间中，人们不仅要实现商品的价值，更为重要的是，人们为价值创造而进行生产要素配置。价值实现与价值创造的一致性，要求市场必须全方位开放，具有完整性。残缺的市场体系不仅使现有的市场不能充分发挥作用，而且会妨碍整个经济运行一体化。

2. 市场规模的协调性

一个市场体系的功能优化不在于某类市场规模的大小，而在于各类市场规模的协调效应。所以，各类市场的活动量必须彼此适应，协调有序。任何一类市场的"规模剩余"和"规模不足"都将导致市场体系结构的失衡及其功能的衰减。

3. 市场信号的协同性

各类市场之间的联系程度取决于市场信号之间的协同能力。只有当某一市场信号能及时转换成其他市场的变化信号，产生市场信号和谐联动时，市场体系才具有整体效应，从而才能对经济进行有效调节。

总之，市场体系的结构完整和均衡，是市场活动正常进行的基本条件，也是间接控制的必要条件之一。否则，间接控制就无法从总体上把握经济运行的状况，也无法综合运用各种经济杠杆进行宏观调控。

## 二、买方的市场主权

在市场竞争关系中，商品供给等于某种商品的卖者或生产者的总和，商品需求等于某种商品的买者或消费者的总和。这两个总和作为两种力量集合互相发生作用，决定着市场主权的位置。以买方集团占优势的"消费者主权"或者以卖方集团占优势的"生产者主权"，这两种不同的竞争态势，对整个经济活动有不同的影响。宏观间接控制所要求的是"消费者主权"的买方市场。

（一）市场主权归属的决定机制

在买方与卖方的竞争中，其优势的归属是通过各自集团内部的竞争实现的。因为竞争关系是一种复合关系,即由买方之间争夺同一卖方的竞争和卖方之间争夺同一买方的竞争复合而成。买方之间的竞争,主要表现为竞相购买自己所需的商品;卖方之间的竞争,主要表现为竞相推销自己所生产的商品。在这一过程中,究竟哪一方能占据优势,掌握市场主权,取决于双方的内部竞争强度。如果买方之间的竞争强度大,消费者竞相愿出更高的价钱来购买商品,必然会抬高商品的售价,使卖方处于优势地位。如果卖方之间的竞争强度大,生产者彼此削价出售商品,则必然会降低商品的售价,使买方处于优势地位。一般来说,决定竞争强度的因素有以下两方面:

1. 供求状况

市场上商品供过于求,卖方之间争夺销售市场的竞争就会加剧,商品售价被迫降低。与此相反,市场上商品供不应求,买方之间争购商品的竞争就会加剧,哄抬商品价格上升。

2. 市场信息效率

市场的商品交换是以信息交流为前提的,商品信息量越大,商品交换的选择就越高,被排除的选择就越多,从而使竞争加剧。所以,市场信息效率对竞争强度有直接影响。在供求状况不变时,市场信息效率不同,竞争强度也会发生变化。

总之,供求状况和市场信息效率共同决定着竞争强度,买方之间与卖方之间的竞争强度的比较,决定了市场主权的归属。

（二）市场主权不同归属的比较

市场主权归属于买方还是卖方,其结果是截然不同的。生产者之间竞争强度的增大,会促使生产专业化的发展,有利于商品经济的发展;而消费者之间竞争强度的增大,则迫使大家自给自足地生产,不利于商品经济的发展。因此,"消费者主权"的买方市场较之"生产者主权"的卖方市场有更多的优越性,具体表现在以下几点:

1. 消费者控制生产者有利于实现生产目的

在生产适度过剩的情况下,消费者就能扩大对所需商品进行充分挑选的余地。随着消费者选择的多样化,消费对生产的可控性日益提高,生产就不断地按照消费者的需要进行。与此相反,卖方市场是生产者控制消费者的市场。在有支付能力的需求过剩的情况下,生产者生产什么,消费者就只能消费什么;生产者生产多少,消费者就只能消费多少。消费者被迫接受质次价高、品种单调的商品,其正当的权益经常受到损害。

2. 买方宽松的市场环境有利于发挥市场机制的作用

在平等多极的竞争中,产品供给适度过剩,可以提高市场信息效率,使价格信号较为准确地反映供求关系,引导资金的合理投向,使短线产品的生产受到刺激,长线产品的生产受到抑制。在产品供给短缺时,强大的购买力不仅会推动短线产品价格上涨,而且也可能带动长线产品价格上涨,市场信息效率低下,给投资决策带来盲目性。

3.消费者主权有利于建立良性经济环境

产品供给适度过剩将转化为生产者提高效率的压力,生产效率的提高将使产品价格下降,从而创造出新的需求,使供给过剩程度减轻或消失。随着生产效率的进一步提高,又会形成新的生产过剩,这又将造成效率进一步提高的压力,结果仍是以创造新需求来减缓生产过剩。因此,在这一循环中,始终伴随着生产效率的不断提高和新需求的不断创造。在卖方市场中,质次价高的商品仍有销路,效率低下的企业照样生存,缺乏提高效率、降低价格和创造新需求的压力,总是保持着供不应求的恶性循环。

4.消费者主权有利于资源利用的充分选择

生产者集团内部竞争的强化,将推动生产者采用新技术和先进设备、改进工艺、提高质量、降低成本,并促使企业按需生产,使产品适销对路。消费者集团内部竞争的强化,将使企业安于现状,不仅阻碍新技术和新设备的采用,还会把已经淘汰的落后技术和陈旧设备动员起来进行生产,这势必会造成资源浪费、产品质量低下。同时,强大的购买力也会助长生产的盲目性,造成大量的滞存积压产品。可见,消费者主权的买方市场在运行过程中具有更大的优越性。

(三)买方市场的形成

形成买方市场有一个必要的前提条件,就是在生产稳定发展的基础上控制消费需求,使消费需求有计划地增长。也就是说,生产消费的需求必须在生产能力所能承受的范围之内,否则生产建设规模过度扩张就会造成生产资料短缺;生活消费的增长必须以生产力的增长为前提,否则生活消费超前就会造成生活资料短缺。

在市场信息效率既定的条件下,总体意义上的买方市场可以用总供给大于总需求来表示。由于总供给与总需求的关系受多种因素影响,其变化相当复杂,所以判断总体意义上的买方市场是比较困难的。一般来说,总量关系的短期变化可能与政策调整有关,总量关系的长期趋势则与体制因素相联系。例如,在传统社会主义体制下,企业预算约束软化导致的"投资饥渴症"和扩张冲动,使总量关系呈现常态短缺,尽管在短期内,采取紧缩政策对总量关系进行强制性调整,有可能在强烈摩擦下压缩出一个暂时性的买方市场,但不可能从根本上改变卖方市场的基本格局。因此,要形成总体意义上的买方市场，必须从政策上和体制上同时入手，通过政策调整使总需求有计划地增长，为体制改革奠定一个良好的基础，通过体制改革消除需求膨胀机制，提高社会总供给能力，最终形成产品的绝对供应量大于市场需求量的买方市场。

总体意义上的买方市场虽然在某种意义上反映了消费者主权，但它并没有反映产品的结构性矛盾。如果大部分有支付能力的需求所对应的是供给短缺的商品，而大量供给的商品所对应的是有效需求不足的购买力，那么即使存在总体意义上的买方市场，也无法保证消费者市场的主体地位。因为从结构意义上考察，有相当部分的供给都是无效供给，真正的有效供给相对于市场需求仍然是短缺的，实质上还是卖方市场。所以，完整的买方市场是总量与结构相统一的供大于求的市场。结构意义上的买方市场的形成，主要在于产业结构与需求结构的协调性。一般来说，当一个国家的经济发展达到一定的程度，基本解决生活温饱问题后，需求结构将产生较大变化，如果产业结构不能随之调整，就会导致严重的结构性矛盾。因此，关键在于产业结构转换。但由于生产要受到各种物质技术条件的约束，产业结构的转换具有较大刚性，所以要调整需求结构，使其有计划地变化，不能过度迅速和超前。

个体意义上的买方市场形成，在很大程度上取决于具体商品的供需弹性。一般来说，供给弹性小的商品，容易形成短期的买方市场。需求弹性小的商品，如果需求量有限，只要生产能力跟得上，还是容易形成买方市场的。需求弹性大的商品，一般有利于形成买方市场，但如果受生产能力的制约，尽管需求量有限，也不易形成买方市场。需求弹性大，供给弹性小的商品，因销售者宁愿削价出售，不愿库存积压商品，在一定程度上有利于买方市场的形成。需求弹性大，供给弹性也较大的商品，如服装等，则主要取决于需求量与生产量的关系，只要社会购买力有一定限量，生产能力跟得上，就有可能形成买方市场。

买方市场形成的历史顺序，一般是先有生产资料市场，后有生活资料市场。这是因为生产资料是生活资料生产加速发展的基础，首先形成生产资料买方市场，有利于生活资料买方市场的发育。如果反历史顺序，在消费需求总量既定的前提下，那些需求弹性大的生活资料也可能形成买方市场，但这是不稳定的，并且首先形成的生活资料买方市场不利于推动生产资料买方市场的发育。消费品生产部门发展过快超过基础设施的承受能力，能源、交通和原材料的供应紧张就会严重影响消费品生产部门，使这些部门的生产能力闲置、开工不足，最终导致生活资料买方市场向卖方市场逆转。同时，强大的消费品生产加工能力加剧了对生产资料的争夺，使生产资料市场难以转向买方市场。

因此,我们应在稳步提高人们生活水平的前提下,注重发展基础工业,重视基础设施建设,以带动直接生产部门的生产,这有利于生产资料买方市场的形成,使生活资料买方市场建立在稳固的基础之上。

### 三、多样化的市场交换方式

多样化的市场交换方式是较发达市场的基本标志之一,是市场有效运行的必要条件。它反映了市场主体之间复杂的经济关系和联结方式。各种不同功效的市场交换方式的组合,使交换过程的连续性与间断性有机地统一起来,有利于宏观间接控制的有效实施。多样化的市场交换方式包括现货交易、期货交易和贷款交易三种基本类型。

#### (一)现货交易市场

现货交易是买卖双方成交后即时或在极短期限内进行交割的交易方式。

1. 现货交易的基本特性

现货交易的基本特性表现为①它是单纯的买卖关系,交换双方一旦成交,便"银货两清",不存在其他条件的约束。②买卖事宜的当即性,交换双方只是直接依据当时的商品供求状况确定商品价格和数量,既不能预先确定,也不能事后了结。③买卖关系的实在性,成交契约当即付诸实施,不会出现因延期执行所造成的某种虚假性。现货交易方式,无论从逻辑上,还是历史上来说,都是最古老、最简单、最基本的交换方式。因为大部分商品按其自身属性来说,适用于这种交换方式。

2. 现货交易对商品经济的调节

现货交易市场是建立在由生产和消费直接决定的供求关系基础上的,其最大的特点是随机波动性。市场价格和数量都不能预先确定,而要根据即时的供求关系确定。人们对未来商品交易价格和数量的预期,也只是以当前的价格和数量以及其他可利用的资料为基础。这一特点使现货交易市场对商品经济运行具有灵活的调节作用,具体表现在:①有利于竞争选择,释放潜在的经济能量。市场的波动性是实行竞争选择的前提条件之一。市场的波动越大,竞争选择的范围越广,竞争选择的强度越大,所以现货交易市场的竞争选择机制作用较为明显。②有利于掌握真实的供求关系,对经济活动进行及时的反馈控制。除了投机商人的囤货哄价,在一般情况下,现货交易价格信号能比较直接地反映实际供求状况,并且反应较为灵敏。这有助于企业对自身的经营做出及时调整,也便于政府及时采取相应的经济手段调控市场。

③有助于及时改善供求关系,防止不良的扩散效应和联动效应。由于现货交易关系比较单一,该市场的价格波动往往具有暂时性和局部性,至多波及某些替代商品和相关商品的供求关系,不会引起强烈的连锁反应。

当然,现货交易方式也有其消极作用。在现货交易市场上,当前供求的均衡是通过无数次偶然性的交换达到的,市场价格的涨落幅度较大,价格信号较为短促,市场风险较大。这些容易引起企业行为短期化、投资个量微型化、投资方向轻型化等倾向,不利于经济的稳定发展。

(二)期货交易市场

期货交易是先达成交易契约,然后在将来某一日期进行银货交割的交易方式。

1. 期货交易的基本特性

期货交易的基本特性表现为①它不仅是买卖关系,而且还是一种履行义务的关系,即买进期货者到期有接受所买货物的义务,卖出期货者到期有支付所卖货物的义务。②对于期货交易来说,成交仅仅意味着远期交易合同的建立,只有到了未来某一时点的银货交割完毕,交易关系才算终结,从成交到交割要延续一段时间。③期货买卖成交时,并不要求买卖双方手头有现货,不仅如此,在未到交割期以前,买卖双方还可以转卖或买回。所以期货交易具有投机性,会出现买进卖出均无实物和货款过手的"买空卖空"的现象。

2. 期货交易市场的组成

套期保值者和投机者都是期货交易市场的主要人群,前者参与期货交易是为了减少业务上的风险,后者参与期货交易是为了牟取利润而自愿承担一定的风险。在该市场上,投机者是必不可少的。首先,由于套期保值者更愿意销售期货,如果期货市场全由套期保值者组成,则购买期货的需求一方总是相对微弱的,所以需要通过投机者的活动来调整期货供求之间的不平衡。其次,由于套期保值者不愿承担风险,单由他们的交易而达成的期货价格通常是不合理的,要大大低于一般预期价格。当投机者参与市场活动后,只要期货价格低于他们的预期价格,他们就会买进期货以牟取利润,这种敢于承担风险的行为会把期货价格提高到一个更为合理的水平。因此,期货市场必须由这两部分人组成,才具有合理性、流动性和灵活性。

3. 预期确定性

期货交易市场是建立在未来供求关系预先确定的基础上,其最大特点是预期确定性。期货市场的特点决定了它对经济运行的稳定性具有积极作用,具体表现为①有利于生产者转移风险、套期保值,保证再生产过程的正常进行。生产者通过出售或购进期货,就可以避免由市场价格波动带来的损失,例如就销售者来说,如果交易期内价格下跌,并反映在期货价格上,期货合同的收益将有助于弥补实际销售因价格下跌带来的损失。如果交易期内价格上涨,期货头寸的损失同样会由实际销售因价格上涨带来的收益所弥补,这样,生产者就能免受市场风险干扰而安心生产。②有利于市场价格的稳定,减轻市场波动。在期货市场上,投机者利用专门知识对商品期货价格做出预测,并承担价格风险进行"多头"和"空头"的投机活动。当供给的增加会引起价格大幅度下降时,他们就买进存货,以便在以后以有利的价格抛出,这样就维持了现期价格。当供给短缺时,他们抛出存货,因而防止了价格猛涨。③有利于提高市场预测的准确度,产生对将来某一时点上的收益曲线形状和价格水平较为合理的预期。期货价格反映了许多买方与卖方对今后一段时间内供求关系和价格走势的综合看法。这种通过把形形色色的个别分散的见解组合成一个易识别的预测量,虽然不能说是完全正确的,但总比个别一次性的价格预测更准确和更有用。④有利于完善信息交流,促进市场全面竞争。期货市场作为买卖双方为未来实际交易而预先签订契约的中心,不仅使买卖双方互相了解其对方的情况,减少了互相寻找的盲目性,而且使各种短期与长期的信息大量汇集,扩大了可利用的市场信息范围。

期货交易市场虽然有利于消除因人们对商品价格和数量预期不一致所引起的不均衡,但它仍然不可能消除由于社会需求心理或资源不可预料的变化而产生的不均衡,以致人们经常发现自己不愿意或不能够购销他们曾经计划购销的商品而不得不另行增加现货交易,或用现货交易抵销合同。另外,期货市场也具有某种负效应的调节作用,例如,对期货价格的投机也许会成为支配价格的真实力量,价格就会因投机者操纵而剧烈波动,从而对经济产生危害。

(三)贷款交易市场

贷款交易是通过信贷关系所进行的商品交易,它反映了银货交割在时间上的异步性,即市场主体之间成交后,或者是以现在的商品来换取将来收款的约定;或者是以现在的货币交付来换取将来取货的约定。前者被称为延期付款交易,后者被称为预先付款交易。

延期付款交易有助于刺激有效需求,适用于商品供大于求状况;预先付款交易有助于刺激有效供给,适用于商品供不应求状况。这两种交易方式都是一笔货币贷款与一宗商品交换,所不同的是:前者是卖方贷款给买方所进行的现货交易,属于抵押贷款,以卖方保留商品所有权为基础;后者是买方贷款给卖方所进行的期货交易,属于信用贷款,以卖方的信用为基础。

可见，贷款交易无非是在现货和期货交易基础上又增加了借贷关系的交易方式。这是一种更为复杂的交易方式，它具有以下基本特性：①在商品交换关系中渗透着借贷的债权债务关系，现期交付货物或货款的一方是债权人，远期交付货款或货物的一方则是债务人，他们在商品交换中也就实现了资金融通。②贷款交易在完成一般商品交换的同时提供了信贷，从而使受贷者在商品交换中获得提前实现商品的使用价值或价值的优惠，即买方受贷者能提前实现商品使用价值的消费，卖方受贷者能提前实现商品的价值。③贷款交易虽然是成交后其中一方的货物或货款当即交付，但另一方的货款或货物交付总是要延续到以后某一日期才完成。

贷款交易市场是建立在再生产过程中直接信用基础上的，其最大的特点是信用关系的连锁性。在该市场的商品交换中，借贷关系随着商品生产序列和流通序列不断发生，从而会使相互关联的部门和行业连接起来。贷款交易市场的这一特点，使它对经济运行具有较大的弹性调节作用。

1. 有利于调节供给与需求在时间上的分离

当供求关系在时间序列上表现为不平衡时，采取商品的出售条件按照商品的生产条件来调节的办法，使需求提前实现；或者采取商品的生产条件按照商品的出售条件来调节的办法，使生产按需进行。这样就可以使再生产避免因供求在时间上的分离所造成的停顿。

2. 有利于调节短期的资金融通

贷款交易利用商品交换关系实现买方与卖方之间的信贷，提供短期的资金融通，使大量分散的短期闲置资金得以充分利用。

3. 有利于加快流通

贷款交易市场用短期信贷关系弥补货物或货币缺口，使商品交换关系得以建立，这不仅扩大了商品销售，加快了市场的流通，而且也加强了交易双方的经济责任，从而有力地促进了消费和投资。

4. 有利于促进银行信用的发展

贷款交易市场上的商业信用是与现实再生产过程直接相联系的，它是整个信用制度的基础。贷款交易市场的扩大，必然推动银行间接信用的发展，这是因为：一方面，商业信用为了保证其连续性，需要银行做后盾；另一方面，商业票据作为信用货币要到银行去贴现。

当然，贷款交易市场中的信用关系仅限于买卖双方，其活动范围是有限的，而且它在经济系统中不确定因素的冲击下往往显得很脆弱，更容易产生连锁性的信用危机，直接影响再生产过程的顺利进行。

# 第三章 经济发展的微观视角

## 第一节 消费者、生产者与市场

### 一、消费者理论

（一）消费者行为理论模型

1. 彼得模型

彼得模型俗称轮状模型图，是在消费者行为概念的基础上提出来的。该模型认为消费者行为、感知、认知、行为、环境、营销策略之间是互相作用的。彼得模型可以在一定程度的感知与认知上解释消费者行为，帮助企业制定营销策略。消费者行为分析轮状模型图，包括感知与认知、行为、环境、营销策略四部分内容，如下所示。

第一，感知与认知是指消费者对于外部环境的事物与行为刺激可能产生心理上的两种反应，感知是人对直接作用于感觉器官（如眼睛、耳朵、鼻子、嘴、手指等）上客观事物的个别属性的反映，认知是人脑对外部环境做出反应的各种思想和知识结构。

第二，行为，即消费者在做什么。

第三，环境是指消费者的外部世界中各种自然的、社会的刺激因素的综合体。例如，政治环境、法律环境、文化环境、自然环境、人口环境等。

第四，营销策略指的是企业进行的一系列营销活动，包括战略和营销组合的使用，消费者会采取一种什么样的购买行为，与企业的营销策略有着密切的关系。感知与认知、行为、营销策略和环境四个因素有着本质上的联系。

感知与认知是消费者的心理活动，心理活动在一定程度上会决定消费者的行为。通常来讲，有什么样的心理就会有什么样的行为。相对应地，消费者行为对感知也会产生重要影响。营销刺激和外在环境也是相互作用的。营销刺激会直接地形成外在环境的一部分，而外面的大环境也会对营销策略产生影响。感知与认知、行为、环境、营销策略是随着时间的推移不断地产生交互作用的。消费者的感知与认知对环境的把握是营销成功的基础,而企业的营销活动又可以改变消费者行为、感知与认知等。但不可否认,营销策略也会被其他因素所改变。

2. 霍金斯模型

霍金斯模型,即消费者决策过程的模型,是关于消费者心理与行为的模型,该模型被称为将心理学与营销策略整合的最佳典范。

消费者在内外因素影响下形成自我概念和生活方式,然后消费者的自我概念和生活方式导致一致的需要与欲望产生,这些需要与欲望大部分要求以消费行为的方式获得满足与体验。同时这些也会影响今后的消费心理与行为,特别是对自我概念和生活方式起调节作用。

自我概念是一个人对自身一切的知觉、了解和感受的总和。生活方式是指人们如何生活。一般而言,消费者在外部因素和内部因素的作用下首先形成自我概念和自我意识,自我概念再进一步折射为人的生活方式。人的自我概念与生活方式对消费者的消费行为和选择会产生双向的影响,同时,人们的自我概念与现在的生活方式或追求的生活方式也决定了人们的消费方式、消费决策与消费行为。

另外,自我概念与生活方式固然重要,但如果消费者处处根据其生活方式而思考,这也未免过于主观,消费者有时在做一些与生活方式相一致的消费决策时,自身却浑然不觉,这与参与程度有一定的关系。

3. 刺激—反应模型

(1) 刺激—中介—反应模型

这一模型是人的行为在一定的刺激下通过活动,最后产生反应,它是人类行为的一般模式,简称 SOR 模型。

任何一位消费者的购买行为,均是来自消费者自身内部的生理、心理因素或是在外部环境影响下而产生的刺激带来的行为活动。消费者的购买行为,其过程可归结为消费者在各种因素刺激下,产生购买动机,在动机的驱使下,做出购买某商品的决策,实施购买行为,再形成购后评价。消费者购买行为的一般模式是营销部门计划扩大商品销售的依据。营销部门要认真研究和把握购买者的内心世界。

消费者购买行为模式是对消费者实际购买过程进行形象说明的模式。所谓模式,是指某种事物的标准形式。消费者购买行为模式是指用于表述消费者购买行为过程中的全部或局部变量之间因果关系的图式理论描述。

(2) 科特勒的刺激—反应模型

科特勒的刺激—反应模式清晰地说明了消费者购买行为的一般模式。刺激作用于消费者，经消费者本人内部过程的加工和中介作用，最后使消费者产生各种外部的与产品购买有关的行为。因此，该模式易于掌握和应用。

（二）消费者购买决策理论

1. 习惯建立理论

该理论认为，消费者的购买行为实质上是一种习惯建立的过程。习惯建立理论的主要内容如下：

①消费者对商品的反复使用形成兴趣与喜好。

②消费者对购买某一种商品的"刺激—反应"的巩固程度。

③强化物可以促进习惯性购买行为的形成。任何新行为的建立和形成都必须使用强化物，而且，只有通过强化物的反复作用，才能使一种新的行为产生、发展、完善和巩固。

习惯建立理论提出，消费者的购买行为，与其对某种商品有关信息的了解程度关联不大，消费者在内在需要激发和外在商品的刺激下，购买了该商品并在使用过程中感觉不错（正强化），那么他可能会再次购买并使用。消费者多次购买某商品，带来的都是正面的反映，购买、使用都是愉快的经历，那么在多种因素的影响下，消费者逐渐形成了一种固定化反应模式，即消费习惯。具有消费习惯的消费者在每次产生消费需要时，首先想到的就是习惯购买的商品，相应的购买行为也就此产生。因此，消费者的购买行为实际上是重复购买并形成习惯的过程，是通过学习逐步建立稳固的条件反射的过程。

以习惯建立理论的角度来看存在于现实生活中的许多消费行为，可以得到消费行为的解释，消费者通过习惯理论来购入商品，不仅可以最大限度地节省选择商品的精力，还可以避免产生一些不必要的风险。当然，习惯建立理论并不能解释所有的消费者购买行为。

2. 效用理论

效用概念最早出现于心理学著作中，用来说明人类的行为可由追求快乐、避免痛苦来解释，后来这一概念成为西方经济学中的一个基本概念，偏好和收入的相互作用导致人们做出消费选择，而效用则是人们从这种消费选择中获得的愉快或者需要满足。通俗地说，就是一种商品能够给人带来多大的快乐和满足。

效用理论把市场中的消费者描绘成"经济人"或理性的决策者，从而给行为学家很多启示。首先，在商品经济条件下，在有限货币与完全竞争的市场中，"效用"是决定消费者追求心理满足和享受欲望最大化的心理活动过程。其次，将消费者的心理活动公式化、数量化,使人们便于理解。但需要指出的是,作为一个消费者,他有自己的习惯、价值观和知识经验等,受这些因素的限制,他很难按照效用最大的模式去追求最大效益。

3. 象征性社会行为理论

象征性社会行为理论认为任何商品都是社会商品,都具有某种特定的社会含义,特别是某些专业性强的商品,其社会含义更明显。消费者选择某一商标的商品,主要依赖于这种商标的商品与自我概念的一致性,也就是所谓商品的象征意义。

4. 认知理论

认知理论是20世纪90年代以来较为流行的消费行为理论,认知理论把顾客的消费行为看成一个信息处理过程,顾客从接受商品信息开始,直到最后做出购买行为,始终与对信息的加工和处理直接相关。这个对商品信息的处理过程就是消费者接收、存储、加工、使用信息的过程,它包括注意、知觉、记忆、思维等一系列认知过程。顾客认知的形成,是由引起刺激的情景和自己内心的思维过程造成的,同样的刺激,同样的情景,对不同的人往往产生不同的效果。认知理论指导企业必须尽最大努力确保其商品和服务在顾客心中形成良好的认知。

(三)消费者行为的影响因素

影响消费者行为的因素主要有两种,分别是个人内在因素与外部环境因素,在此基础上,还可以继续进行细分,将个人内在因素划分为生理因素与心理因素,将外部环境因素划分为自然环境因素和社会环境因素。可以说消费者行为的产生,是消费者个人与环境交互作用的结果。消费者个人内在因素与外部环境因素,直接影响着和制约着消费者行为的行为方式、指向及强度。

(四)消费者购买决策的影响因素

1. 他人态度

他人态度是影响购买决策的重要因素之一。他人态度对消费者购买决策的影响程度,取决于他人反对态度的强度及对他人劝告的可接受程度。

2. 预期环境因素

消费者购买决策要受到产品价格、产品的预期收益、个人收入等因素的影响,这些因素是消费者可以预测到的,被称为预期环境因素。

3. 非预期环境因素

消费者在做出购买决策过程中除了受到以上因素影响外,还要受到营销人员态度、广告促销、购买条件等因素的影响,这些因素难以预测到,被称为非预期环境因素,它往往与企业营销手段有关。因此,在消费者的购买决策阶段,营销人员一方面要向消费者提供更多详细的有关产品的信息,便于消费者比较优缺点;另一方面,则应通过各种销售服务,促成方便顾客购买的条件,加深其对企业及商品的良好印象,促使消费者做出购买本企业商品的决策。

## 二、生产者理论

生产者理论主要研究生产者的行为规律,即在资源稀缺的条件下,生产者如何通过合理的资源配置,实现利润最大化。广义的生产者理论涉及这样三个主要问题:投入要素与产量之间的关系、成本与收益的关系、垄断与竞争的关系。以下重点分析第一个问题,即生产者如何通过生产要素与产品的合理组合实现利润最大化。生产是对各种生产要素进行组合以制成产品的行为。在生产中要投入各种生产要素并生产出产品,所以,生产也就是把投入变为产出的过程。

### (一)生产者

生产是厂商对各种生产要素进行合理组合,以最大限度地生产出产品的行为过程。生产要素的数量、组合与产量之间的关系可以用生产函数来表现。因此,在具体分析生产者行为规律之前,有必要先介绍厂商生产要素、生产函数等相关概念。厂商在西方经济学中被称为生产者,即企业,是指能够独立做出生产决策的经济单位。在市场经济条件下,厂商作为理性的"经济人"所追求的生产目标一般是利润最大化。厂商可以采取个人性质、合伙性质和公司性质的经营组织形式。在生产者行为的分析中,经济学家经常假设厂商总是试图谋求最大的利润(或最小的亏损)。基于这种假设,就可以对厂商所要生产的数量和为其产品制定的价格做出预测。当然,经济学家实际上并不认为追求利润最大化是人们从事生产和交易活动的唯一动机。企业家还有其他的目标,比如,企业的生存、安逸的生活以及优厚的薪水等。尽管如此,从长期来看,厂商的活动看起来很接近于追求最大利润。特别是,如果要建立一个简化的模型,就更有理由认为厂商在制定产量时的支配性动机是追求最大利润。即使在实际生活中企业没有追求或不愿追求利润最大化,利润最大化也是可以作为一个参考指标去衡量其他目标的实现情况。

### (二)生产函数

厂商是通过生产活动来实现最大利润的目标的。生产是将投入的生产要素转换成有效产品和服务的活动。以数学语言来说,生产某种商品时生产要素的投入数量与产品产出数量之间的关系,即为生产函数。厂商根据生产函数具体规定的技术约束,把投入要素转变为产出。在某一时刻,生产函数是代表给定的投入量所能产出的最大产量,反过来也可以说,它表示支持一定水平的产出量所需要的最小投入量。因此,在经济分析中,生产函数是表示生产要素的数量及其某种数量组合与它所能生产出来的最大产量之间的依存关系,其理论本质在于刻画厂商所面对的技术约束。

在形式化分析的许多方面,厂商是与消费者相似的。消费者有一种效用函数,厂商有一种生产函数。但实际上,消费者和厂商的分析之间存在着某些实质性的差异。效用函数是主观的,效用并没有一种明确的基数计量方法;生产函数却是客观的,投入和产出是很容易计量的。理性的消费者在既定的收入条件下实现效用最大化;企业家是在既定的投入下使产出数量最大化,但产出最大化并非其目标。要实现利润最大化,厂商还必须考虑到成本随产量变化而发生的变动,即必须考虑到成本函数。也就是说,厂商的利润最大化问题既涉及生产的技术方面,也涉及生产的经济方面。生产函数只说明:投入要素的各种组合情况都具有技术效率。这就是说,如果减少任何一种要素的投入量就要增加另一种要素的投入量,没有其他生产方式能够得到同样的产量。而技术上无效率的要素组合脱离了生产函数,因为这类组合至少多用了一种投入要素,其他要素投入量则同以前一样,其所生产出的产量却同其他方式一样多。

(三)生产要素

生产要素是指生产活动中所使用的各种经济资源。这些经济资源在物质形态上千差万别,但它们可以归类为四种基本形式:劳动、资本、土地和企业家才能。劳动是指劳动者所提供的服务,可以分为脑力劳动和体力劳动。

资本是社会经济资源的总称。它有多种表现形式,其基本表现形式为物质资本如厂房、设备、原材料和库存等。此外,它还包括货币资本(流动资金、票据和有价证券)、无形资本(商标、专利和专有技术)和人力资本(经教育、培育和保健获得的体力智力、能力和文化)。

企业家才能是指企业所有者或经营者所具有的管理、组织和协调生产活动的能力。劳动、资本和土地的配置需要企业家进行组织。企业家的基本职责是:组织生产、销售产品和承担风险。生产任何一种产品或劳务,都必须利用各种生产要素。

## 三、市场理论

### （一）市场

市场是商品经济的范畴。哪里有商品,哪里就有市场。但对于什么是市场,却有多种理解。最初,人们把市场看作商品交换的场所,如农贸市场、小商品市场等。它是指买方和卖方聚集在一起进行交换商品和劳务的地点。但随着商品经济的发展,市场范围的扩大,人们认识到,市场不一定是商品交换的场所,哪里存在商品交换关系哪里就存在市场。可见,市场的含义,不单指商品和劳务集散的场所,而且指由商品交换联结起来的人与人之间的各种经济关系的总和。

作为市场,其由三个要素构成：一是市场主体,即自主经营、自负盈亏的独立的经济法人。它包括从事商品和劳务交易的企业、集团和个人。二是市场客体,指通过市场进行交换的有形或无形的产品、现实存在的产品或未来存在的产品。三是市场中介,指联结市场各主体之间的有形或无形的媒介与桥梁。市场中介包括联系生产者之间、消费者之间、生产者与消费者、同类生产者和不同类生产者、同类消费者与不同类消费者之间的媒介体系模式。在市场经济中,价格、竞争、市场信息、交易中介人、交易裁判和仲裁机关等都是市场中介。市场的规模和发育程度集中反映了市场经济的发展水平和发育程度。因此,在发展市场经济过程中,必须积极培育市场。

### （二）市场经济

1. 市场经济概述

市场经济是通过市场机制来配置资源的经济运行方式。它不是社会制度。众所周知,在任何社会制度下,人们都必须从事以产品和劳务为核心的经济活动。而当人们进行经济活动时,首先要解决以何种方式配置资源的问题。这种资源配置方式,就是通常所说的经济运行方式。由于运用调节的主要手段不同,人们把经济运行方式分为计划与市场两种形式。前者指采用计划方式来配置资源,被称为计划经济；后者指以市场方式来配置资源,被称为市场经济。可见,市场经济作为经济活动的资源配置方式,不论资本主义还是社会主义都可以使用。它与社会制度没有必然的联系。虽然,市场经济是随着现代化大生产和资本主义生产方式的产生而产生的,但它并不是由资本主义制度所决定的。因为市场经济的形成与发展直接决定于商品经济的发达程度。迄今为止,商品经济发展经历了简单商品经济、扩大的商品经济和发达的商品经济三个阶段。只有当商品经济进入扩大发展阶段以后,市场经济的形成与发展才具备条件。因为在这个阶段不仅大部分产品已经实现了商品化,而且这种商品化还扩大到生产要素领域。这时,市场机制成为社会资源配置的主要手段。

2. 市场经济的运转条件

①要有一定数量的产权明晰、组织结构完整的企业。

②要有完备的市场体系,成为社会经济活动和交往的枢纽。

③要有完整的价格信号体系,能够迅速、准确、明晰地反映市场供求的变化。

④要有完善的规章制度,既要有规范各种基本经济关系的法规,又要有确定市场运作规则的法规,还要有规范特定方面经济行为的单行法规。

⑤要有发达的市场中介服务组织,如信息咨询服务机构行业协会、同业公会、会计师事务所、律师事务所等市场经济作为经济运行方式。

3. 市场经济的特征

市场经济的特征可以归结为以下几个方面:

①市场对资源配置起基础性作用。这里的资源包括人力、物力、财力等经济资源。

②市场体系得到充分发展,不仅有众多的买者和卖者,还有一个完整的市场体系,并形成全国统一开放的市场。

③从事经营活动的企业,是独立自主、自负盈亏的经济实体,是市场主体。

④社会经济运行主要利用市场所提供的各种经济信号、市场信息调节资源的流动和社会生产的比例。

⑤在统一的市场规则下,形成一定的市场秩序,社会生产、流通、分配和消费在市场中枢的联系和调节下,形成有序的社会再生产网络。

⑥政府依据市场经济运行规律,对经济实行必要的宏观调控,运用经济政策、经济法规、计划指导和必要的行政手段引导市场经济的发展。

# 第二节　市场需求分析

## 一、需求的含义

需求与供给这两个词汇不仅是经济学最常用的两个词,还是经济领域最常见的两个术语。需求与供给作为市场经济运行的力量,直接影响着每种物品的产量及出售的价格。市场价格在资源配置的过程中发挥着重要作用,既决定着商品的分配,又引导着资源的流向。如果你想知道,任何一种事件或政策将如何影响经济并且产生什么样的效应,就应该先考虑它将如何影响需求和供给。

需求是指买方在某一特定时期内,按照"每一价格"水平,愿意而且能够购买的商品量。消费者购买愿望和支付能力,共同构成了需求,缺少任何一个条件都不能成为有效需求。这也就是说,需求是买方根据其欲望和购买能力所决定想要购买的数量。

## 二、需求表与需求曲线

对需求的最基本表示是需求表和需求曲线,直接表示价格与需求量之间的基本关系。

### (一)需求表

需求表是表示在不影响购买的情况下,一种物品在每一价格水平下与之相对应的需求量之间关系的表格。需求表是以数字表格的形式来说明需求这个概念的,它反映出在不同价格水平下购买者对该商品或货物的需求量。

### (二)需求曲线

需求曲线是表示一种商品价格和需求数量之间关系的图形,它的横坐标表示的是数量,纵坐标表示的是价格。通常,需求曲线是向右下方倾斜的,即需求曲线的斜率为负,这反映出商品的价格和需求之间是负相关关系。

### (三)需求定理

从需求表和需求曲线中得出,价格与需求量之间,商品的需求量与其价格是呈反方向变动的,这种关系对经济生活中大部分物品都是适用的,而且,这种关系非常普遍,因此,经济学家称之为需求定理。

需求定理的基本内容是：在其他条件不变的情况下，购买者对某种商品的需求量与价格呈反方向变动，即需求量随着商品本身价格的上升而减少，随着商品本身价格的下降而增加。

### 三、影响需求的因素

除了价格因素以外，还有许多因素会影响需求使之发生变化。其中，以下几方面是比较重要的影响因素。

（一）收入

假如经济危机出现了，公司为了应对危机，会相应地减少员工收入。当收入减少时，个人或家庭的需求一般会相应地减少，消费支出的数额会相应地减少，因此，个人或家庭不得不在大多数物品上相应减少消费。在经济学中，当收入减少时，对一种物品的需求也相应减少，这种物品就是正常物品。一般把正常物品定义为，在其他条件相同时，收入增加会引起需求量相应增加的物品。

在人们的日常生活中，消费者购买的物品，并不都是正常物品，随着人们收入水平的提高，人们会对某种物品的需求减少，这种物品就是所谓的低档物品。从经济学的角度看低档物品，将其定义为：在其他条件相同时，随着收入的增加，引起需求量相应减少的物品。

（二）相关商品的价格

相关商品是指与所讨论的商品具有替代或者互补关系的商品。

在其他条件不变时，当一种商品价格下降时，减少了另一种商品的需求量，这两种物品被称为替代品。两种替代商品之间的关系是，价格与需求呈现出同方向变动，即一种商品价格上升，将引起另一种商品需求增加。

在其他条件不变时，当一种商品价格下降时，增加了另一种商品的需求量，这两种物品被称为互补品。两种互补商品之间的关系是，价格与需求呈反方向变动，即一种商品的价格上升，将引起另一种商品需求减少。

（三）偏好

决定需求的另一明显因素是消费者偏好。人们一般更乐于购买具有个人偏好的商品。人们的偏好，受很多因素的影响，如广告，从众心理等。当人们的消费偏好发生变动时，相应地对不同商品的需求也会发生变化。

## （四）预期

人们对未来的预期也会影响人们现期对物品与劳务的需求。对于某一产品来说，人们通过预期认为该产品的价格会发生变化，若预期结果是涨价，人们会增加购入数量；若预期结果是降价，那么人们会减少当前的购入数量。

## （五）购买者的数量

购买者数量的多少是影响需求的因素之一，如人口增加将会使商品需求数量增加，反之，购买者数量的减少会使商品需求数量减少。

## （六）其他因素

在影响需求变动的因素中，如民族、风俗习惯、地理区域、社会制度及一国政府采取的不同政策等，都会对需求产生影响。

## 四、需求量变动与需求变动

### （一）需求量的变动

需求量的变动是指其他条件不变的情况下，商品本身价格变动所引起的商品需求量的变动。需求量的变动表现为同一条需求曲线上点的移动。在影响消费者购买决策的许多其他因素不变的情况下，价格的变化直接影响着消费者的消费需求，在经济学中，这就是"需求量的变动"。

### （二）需求的变动

在经济分析中，除了要明确"需求量的变动"，还要注意区分"需求的变动"。需求的变动是指商品本身价格不变的情况下，其他因素变动所引起的商品需求的变动。需求的变动表现为需求曲线的左右平行移动。

在需求曲线中，当出现影响消费者的商品需求因素，也就是需求的变动，在某种既定价格时，当人们对商品需求减少时，表现在需求曲线中就是曲线向左移；当人们对商品需求增加时，在需求曲线中就表现为需求曲线向右移。总而言之，需求曲线向右移动被称为需求的增加，需求曲线向左移动被称为需求的减少。

引起需求量变动和需求变动的原因不同，其不仅受到商品价格、收入、相关商品价格的影响，还受到偏好、预期、购买者数量的影响。

## 第三节 市场供给分析

### 一、供给的含义

供给是指卖方在某一特定时期内,在每一价格水平时,生产者愿意而且能够提供的商品量。供给是生产愿望和生产能力的统一,缺少任何一个条件都不能成为有效供给。这也就是说,供给是卖方根据其生产愿望和生产能力决定想要提供的商品数量。通常用供给表、供给曲线和供给函数三种形式来表述供给。

### 二、供给表

供给表是表示在影响卖方提供某种商品供给的所有条件中,仅有价格因素变动的情况下,商品价格与供给量之间关系的表格。

### 三、供给曲线

如果供给表用图形表示,根据供给表描出的曲线就是供给曲线。供给曲线是表示一种商品价格和供给数量之间关系的图形。横坐标轴表示的是供给数量,纵坐标轴表示的是价格。若是供给曲线是向右上方倾斜的,这反映出商品的价格和供给量之间是正相关的关系。

### 四、供给定理

从供给表和供给曲线中可以得出,某种商品的供给量与其价格是呈现出相同方向变动的。价格与供给量之间的这种关系对经济中大部分物品都是适用的,而且,实际上这种关系非常普遍,因此,经济学家称之为供给定理。

供给定理的基本内容是:在其他条件相同时,某种商品的供给量与价格呈现出同方向变动,即供给量随着商品本身价格的上升而增加,随着商品本身价格的下降而减少。

### 五、影响供给的因素

有许多变量会影响供给,使供给曲线发生移动,以下因素尤为重要。

#### (一)生产要素价格

为了生产某种商品,生产者要购买和使用各种生产要素,如工人、设备、厂房、原材料、管理人员等。当这些投入要素中的一种或几种价格上升时,生产某种商品的成本就会上升,厂商利用原有投入的资金,将会提供相对减少的商品。如果要素价格大幅度上涨,厂商则会停止生产,不再生产和供给该商品。由此可见,一种商品的供给量与生产该商品的投入要素价格呈负相关。

### (二) 技术

在资源既定的条件下,生产技术的提高会使资源得到更充分的利用,从而引起供给增加。生产加工过程的机械化、自动化将减少生产原有商品所必需的劳动量,进而减少厂商的生产成本,增加商品的供给量。

### (三) 相关商品的价格

两种互补商品中,一种商品价格上升,对另一种商品的需求减少,供给将随之减少。互补商品中一种商品的价格和另一种商品的供给呈负相关。

两种替代商品中,一种商品价格上升,对另一种商品的需求增加,供给将随之增加。替代商品中一种商品的价格和另一种商品的供给呈正相关。

### (四) 预期

企业现在的商品供给量还取决于对未来的预期。若是预期未来某种商品的价格会上升,企业就将把现在生产的商品储存起来,而减少当前的市场供给。

### (五) 生产者的数量

生产者的数量一般和商品的供给呈正相关关系,即如果新的生产者进入该种商品市场,那么,市场上同类产品的供给就会增加。

## 六、供给量的变动与供给的变动

### (一) 供给量的变动

供给量的变动是指其他条件不变的情况下,商品本身价格变动所引起的商品供给量的变动。供给量的变动表现为沿着同一条供给曲线上的点移动。

影响生产者生产决策的许多其他因素不变的情况下,在任何一种既定的价格水平时,生产者提供相对应的商品数量。价格变化会直接导致商品供给数量的变化,在经济学中被称为"供给量的变动"。

### (二) 供给的变动

与需求相同,在经济分析中,除了要明确"供给量的变动",还要注意区分"供给的变动"。供给的变动是指商品本身价格不变的情况下其他因素变动所引起的商品供给的变动。供给的变动表现为供给曲线左右平行移动。

供给的变动,在某种既定价格时,当某种商品价格上涨时,厂商对该商品的供给减少,此时供给曲线向左移;在某种既定价格时,通过科技手段来使该商品的生产能力变强时,此时供给曲线向右移。供给曲线向右移动被称为供给的增加,供给曲线向左移动被称为供给的减少。

## 第四节 市场均衡与政府政策

### 一、市场与均衡

市场上,需求和供给主要是通过价格调节的,围绕着这一主题首先分析需求曲线和供给曲线如何共同决定均衡价格和均衡产量(均衡价格下的需求量和供给量),为什么市场处于均衡状态时社会总剩余达到最大,买者和卖者之间的竞价如何使得非均衡状态向均衡调整。最后,简要介绍一下一般均衡理论,并讨论市场中的非价格机制。

市场将消费决策和生产决策分开,消费者不生产自己消费的产品,生产者也不消费自己生产的产品。但市场又通过交换将消费者和生产者联系起来。市场通常被理解为买卖双方交易的场所,如传统的庙会、集市,现代的购物中心、百货商店等,都是市场。但市场又不仅仅是这些看得见、摸得着的实体场所。市场的本质是一种交易关系,它是一个超越了物理空间的概念。随着信息时代的到来,电商已经成为交易的一种新的形式,很多交易是在互联网上依托电商服务器完成的,在这里我们看不到具体的交易场所,但是这些网络虚拟的交易场所仍然是在我们经济学研究的市场中进行的。市场的类型多种多样,不仅有物质产品和服务产品的交易市场,也有作为投入品的要素市场。还有很多无形的标的物也可以成为市场的交易对象,比如专利市场、思想市场等。

无论什么市场,都存在买者和卖者两方。市场交易是一个竞争的过程,不仅有买者和卖者之间的竞争,而且有买者之间的竞争和卖者之间的竞争。比如,生产者之间为获得客户、销售产品而竞争,消费者之间为获得产品而竞争。竞争,意味着每个人都有自由选择的权利,即向谁买、买什么和卖给谁、卖什么的自由。只有在各方都有自由选择权利的制度下,才可以谈得上交易,才能够称之为市场。

（一）均衡价格

1. 均衡定义

经济学分析市场的一个基本工具是均衡。均衡分析有一百多年的历史，至今仍然是一个强有力的分析工具。均衡分析最初是经济学家从物理学中借用过来的，它是一种分析不同力量相互作用的方法。在宇宙空间中存在着各种各样的力量，各种力量相互作用，达到一种稳定的状态，即均衡状态。在均衡状态下，没有任何事物会发生新的变化。市场上，供给和需求是两种基本的力量。经济学中的市场均衡，就是指供给和需求的平衡状态。

2. 市场均衡核心

关于市场均衡的概念述说起来就是供给和需求的平衡状态。价格是市场均衡的核心，需求和供给都受价格影响，都是价格的函数。但需求和供给对价格做出反应的方向不同，即需求量随着价格的下跌而上升，供给量随着价格的上升而上升。因此，需求量和供给量不可能在任何价格下都相等。但需求和供给的反向变化也意味着，使得需求量和供给量相等的价格是存在的。在经济学上，我们把使得需求量和供给量相等的价格称为"均衡价格"，对应的需求量（供给量）称为"均衡产量"。也就是说，在均衡价格下，所有的需求量都能得到满足，所有愿意在这个价格下出售的产品都可以卖出去。

3. 均衡价格与边际成本

均衡价格是指，当需求量等于供给量的状况下，由需求曲线和供给曲线的交点决定的。

（1）供给曲线与边际成本曲线重合

供给曲线与边际成本曲线重合，需求曲线与消费者的边际效用曲线也是重合的。需求曲线上的价格代表了消费者的最高支付意愿，也就是厂商要把某一固定产量的商品全部销售出去，可以卖出的最高价格。为什么随着产量的增加，消费者愿意付的钱越来越少？因为边际效用是递减的。也就是说，每个人一开始总是满足最迫切的需要，他愿意为最迫切的需要付出的代价最大，迫切的需要满足之后，对于不那么迫切的需要，愿意付出的代价相对较小。

（2）供给曲线与生产者的边际成本曲线重合

它可以理解为厂商愿意接受的最低价格。只有消费者愿意付出的价格高于或至少不低于生产者愿意接受的价格时，交易才会给双方带来好处，产品才有可能成交。假设一件商品买家最高只愿意出 10 元钱，但卖家最低只能接受 12 元钱，那么交易就不会出现。因此,有效率的交易只会出现在均衡点的左侧,即需求曲线高于供给曲线的部分。

4. 均衡价格与边际效用

根据前面的论述,均衡价格也可以看作消费者的边际效用等于生产者的边际成本时对应的价格水平。这是因为消费者的最优选择意味着他愿意接受的市场价格等于其边际效用,生产者的最优选择意味着他愿意接受的市场价格等于其边际成本。这样一来,价格就把生产者和消费者联系在一起,均衡实现了双方最优。这个原理可以表示为:

边际效用 = 均衡价格 = 边际成本

可见价格是一个杠杆,它在消费者和生产者分离的情况下实现了"鲁滨孙经济"中消费者和生产者一体化情况下的最优选择条件,如下所示:

边际效用 = 边际成本

5. 均衡状态下的总剩余

交换带来的社会福利增加总额,即总剩余。总剩余包括两部分:一部分是消费者剩余,另一部分是生产者剩余。消费者剩余就是消费者支付的价格和他实际支付的价格之间的差额。总收入和总成本之间的差值即生产者获得的生产者剩余,也就是利润,其计算公式如下所示。

总剩余 = 消费者剩余 + 生产者剩余

均衡不是现实,而是现实发生变化背后的引力。只有在均衡条件下,总剩余才能达到最大,此时的市场效率是最大的。如果市场处于均衡状态的左侧,有一部分价值没有办法实现;如果市场处在均衡状态的右侧,消费者愿意支付的价格小于生产者愿意接受的最低价格,由此会出现亏损,造成社会福利的损失。所以均衡本身对应的是经济学上讲的"最大效率",偏离均衡就会带来效率损失。当然,现实生活中我们不可能总是达到最大效率这种状态。更准确地说,均衡不是现实,而是现实发生变化背后的引力。下面我们分析一下非均衡状态如何向均衡状态调整。

(二)均衡的移动和调整

不管是供给曲线,还是需求曲线,均会受到很多因素的影响,并且这些影响因素是随时间变化的。影响需求曲线移动的因素有:消费者偏好、收入、替代品和互补品的价格,或者其他制度性的、文化的因素的变化。影响供给曲线移动的因素有:生产技术、要素价格和原材料价格、要素供给量的变化。因此,均衡点就随时间变化而变化,价格和供求的调整过程是动态的,就像追踪一个移动的靶子,而不是追逐着一个固定的目标。

从动态角度看,市场总是处于调整当中,现实经济总是处于非均衡状态。现实中的价格总是和理论上的均衡价格不完全一样,但市场价格总是围绕随时间变化的均衡点不断调整。这就是均衡分析的意义所在。

最后需要指出的一点是,前面我们把均衡点的变化和调整过程当作一个非人格化的过程。事实上,在现实市场中,均衡点的变化和调整主要是通过企业家活动实现的。企业家是善于判断未来、发现不均衡并组织生产、从事创新活动的人。尽管企业家也会犯错误,但正是他们的存在,使得市场经济不仅有序,而且在不断发展。

### (三)非均衡状态及其调整

非均衡状态可以划分为两类,分别是:实际价格低于均衡价格,和实际价格高于均衡价格。通常情况下,当价格低于均衡价格时,消费者愿意购买的数量大于生产者愿意出售的数量,这就出现了供不应求的现象;当价格高于均衡价格时,消费者愿意购买的数量小于生产者愿意出售的数量,这就出现了供大于求的现象。无论哪种情况,都有一方的意愿不能实现,从而导致效率损失。

1. 非均衡状态概述

出现非均衡状态,最基本的原因是在现实市场中,信息是不完全的。在传统的教科书中,通常假定信息是完全的,每个人都知道供求曲线和交点的位置。在这个假设下,不会有非均衡,这与现实是有出入的。市场通常由若干买家和卖家组成,他们当中每一个个体的决策都会影响整个市场,但没人知道市场的需求曲线和供给曲线具体是什么形状,消费者甚至连自己的需求曲线都画不出来,生产者也画不出自己的供给曲线,更没有人能准确知道其他人的需求和供给,因此,没有人确知均衡点究竟在哪里。但实际交易就是在这种情况下发生的。尽管出于自身利益的考虑,消费者会寻找合适的卖方,生产者也会寻找合适的买方,并希望获得对自己最有利的交易条件,但这又会带来交易成本和等待的成本。因此,交易不可能从均衡价格开始。不均衡状态还可以理解为一种后悔的状态,即当消费者按照商家的标价购买一件商品后,过一段时间发现该商品价格下降了,那当初消费者实际支付的价格就是非均衡价格,这就表现出消费者的"后悔"。同样,当生产者把产品卖出后如果发现价格上涨了,也会感到"后悔"。

2. 现实交易向均衡状态的调整

尽管现实不可能处于均衡状态,但现实交易总是有向均衡状态调整的趋势。这种调整是买者和卖者竞争的结果,买者之间和卖者之间的竞争使从不均衡的价格趋向均衡。现在我们就来分析一下可能的调整过程。首先,考虑价格低于均衡价格的情况。此时,市场上供给的产品数量将少于消费者愿意购买的数量。当一部分消费者发现自己的购买意愿难以实现时,他们就愿意支付更高的价格,企业看到奇货可居,也会提高价格。随着价格的上升,一方面,消费者会减少需求,有些消费者甚至会完全退出市场;另一方面,企业会修正自己的预期,看到价格上升就会增加供给。如此这般,只要供给小于需求,价格就会向上调整,需求量随之减少,供给量随之增加,直到均衡为止。

现在考虑价格高于均衡价格的情况。如果市场价格高于均衡价格水平,企业会选择较高的产量,但在市场上,需求量低于产出量,造成部分商品生产出来后卖不出去。此时,由于销售困难,部分厂商会选择降价销售,以便清理库存,结果市场价格逐渐下降。随着价格的下降,企业相应地减少产量,部分原来的生产者退出了市场,导致市场供给量下降,同时,随着价格的走低,部分潜在消费者进入了市场,需求量增加。如此这般,只要供给大于需求,价格就会向下调整,需求量随之增加,供给量随之减少,直至均衡为止。

### (四)一般均衡与非价格机制的调整

#### 1. 一般均衡理论

前面讲的单一产品市场的均衡是局部均衡。一般均衡或总体均衡,是指所有市场同时达到均衡的状态。这里的市场不仅包括产品市场,还包括劳动力市场和资本市场。以下是产品市场的一般均衡。

(1)一般均衡定义

所有的产品,需求量等于供给量,即市场实现了一般均衡,或者说,消费者的总支出等于生产者的总收入。

一般均衡又称为瓦尔拉斯均衡。经济学家花了将近一百年的时间,证明一般均衡的存在性和稳定性。最初,经济学家试图用求解联立方程的方式证明解的存在性和稳定性,但并不成功。20世纪50年代,阿罗、德布罗等人应用拓扑学和数学上的不动点定理,建立了现在经济学的一般均衡理论,并因此获得了诺贝尔经济学奖。因此,一般均衡又称为"阿罗—德布罗定理"。

(2)一般均衡的基本特征

在均衡状态,每个消费者都达到效用最大化的消费选择,每个生产者都达到利润最大化的产量选择;所有的产品市场都出清,所有的要素市场都达到供求平衡;所有消费者都能买到自己想买的产品,所有生产者都能卖出自己计划生产的产品;想找工作的劳动者一定能找到工作,想雇人的企业一定能雇到人;想借钱的生产者一定能借到钱,能出贷的贷款人一定能把钱贷出去。

(3)一般均衡的条件

一般均衡有一个条件,如果一种产品出现过剩,则价格等于零,等于说它给人们带来的边际效用为零。完全竞争企业的收入等于成本,没有超额利润。

(4)理论上的一般均衡

理论上,一般均衡是通过价格的不断试错而实现的。对于任意给定的一组价格,如果某种产品供过于求,该产品的价格就向下调整;如果供不应求,该产品的价格就向上调整。这样,经过若干次的调整,所有产品的价格都趋于均衡。

(5)一般均衡的意义

一般均衡在理论上很完美,但现实经济不可能达到一般均衡。尽管如此,一般均衡理论仍然是很有意义的,如下所示。

第一,它为分析市场提供了一个参照系。第二,它有助于分析政策的直接和间接效果。

人们知道,一个经济体系中,任何一个市场的价格变化不仅仅会引起该商品需求和供给的变化,而且会对其他商品的需求和供给产生影响,甚至引发劳动力市场、土地市场等要素市场的变化。这就是我们日常讲的"牵一发而动全身"。一般均衡模型可以把这些直接效果和间接效果都考虑进去,因此,可以分析任何一个变量的变化引起的总体效果。

比如说,当政府对某种商品征税时,为了理解由此引起的整个经济的总效率如何变化,我们不仅要考虑税收如何影响商品的供求和价格,而且要考虑其他商品和要素的供求和价格如何变化。只有这样,我们才能准确评价政府征税对现实经济的总体影响。因此,一般均衡理论对福利经济学非常重要。当然,正因为一般均衡分析过于复杂,大部分经济学家仍然偏好于局部均衡分析。一般均衡理论也意味着,如果由于某种原因某种商品的市场偏离了原来的均衡,则所有其他商品的市场也应该偏离原来的均衡。

比如说,假定经济由两种商品组成,在均衡的情况下,第一种商品的产量是8个单位,第二种商品的产量是10个单位。如果政府规定第一种商品只能生产7个单位,那么,第二种商品的最优产量就应该做相应的调整。这就是所谓的"次优理论"。

2. 市场的非价格机制

（1）非价格机制调节概述

非价格机制，是指通过配额、排队、限制等手段来调节供求。一般来说，价格是协调供求最有效的手段，如果价格不受管制，那么自由的市场竞价会使市场趋向均衡，尽管不能每时每刻都达到均衡。有时候政府会出于收入分配或其他目的限制竞价，如政府对一些特定产品实行配额生产或消费，政府有时候也要求企业必须雇用某些特定的员工。如我们前面指出的，整体来说，政府利用非价格手段干预市场会使经济产生效率损失。

但值得注意的是，在市场经济中，企业也会使用一些非价格手段调节需求。比如说，当某种产品非常紧俏的时候，厂家并不一定把价格提高到供求相等的水平，而是在维持价格不变的情况下实行限额购买。特别是，在金融市场和劳动力市场上，企业使用非价格手段更为频繁。比如说，银行并不把利率调整到某一水平，使得所有想贷款的人都能贷到款，而是对所有申请贷款的人进行资格审查，然后决定将款项贷给谁、不贷给谁以及贷多少。在劳动力市场上，即使求职者愿意以更低的工资获得工作机会，企业也可能不愿意降低工资，而是宁可在保持工资不变的情况下少雇用工人。

（2）非价格机制的应用

企业为什么使用非价格手段？无疑，有些情况下企业这样做是出于非经济因素的考虑，包括社会公正、舆论压力等。比如说，在自然灾害发生时，企业不愿意把产品价格提高到供求均衡的水平，可能是因为希望给每个人提供基本的生活保障，也可能是害怕被民众批评"发国难财"。但总体来说，企业使用非价格手段通常也是出于利润最大化的动机。事实上，这些手段之所以被认为是非价格手段，是因为人们对产品的定义有误解。很多非价格机制，在其本质上可以还原价格机制。

现实中有一种定价叫作打包价格机制。例如，迪士尼乐园的一张门票包含若干活动项目，理论上消费者拿一张通票可以玩所有的项目，但实际上一天下来去不了几个地方，因为每个地方都排着很长的队。所以，名义价格不变，不等于实际价格不变，非价格调节机制可以改变真实的价格。

## 二、政府干预的效率损失

（一）价格管制及其后果

在市场经济国家，政府有时会对价格和工资实行限制。与计划经济的政府定价不同的是，市场经济国家的价格管制一般只规定最高限价或最低限价，而不是直接定价。最高限价，即规定交易价格不能高于某个特定的水平，也就是卖出商品的标价不能超过规定的最高价格。最高价格一定低于均衡价格，否则是没有意义的。

最高限价会带来什么后果呢？从效率上来看，本来一些不是非常需要这个商品的人也进入了市场，该商品对这些消费者的效用并不高，但他们也很可能获得该商品，这对于社会资源是一种浪费。而该商品对另外一些人的价值较大，但在限价后他们可能买不到这种商品，这又是一种损失。政府会有什么对策呢？既然需求大于供给，政府可以选择的一个办法是强制企业生产市场需要的产量。这就是为什么价格管制经常会伴随计划性生产的主要原因。强制生产的结果是什么？假如政府的生产计划确实能够实现，此时生产的边际成本远远大于商品给消费者带来的边际价值，这是一种资源的浪费。

有时候政府制定了最高限价并强制企业生产，如果企业亏损则给予财政补贴。但这会弱化企业降低成本的积极性，甚至诱导企业故意增加成本、制造亏损，因为亏损越多，得到的补贴越多，不亏损就没有补贴。这又是一种效率损失。

现在我们转向讨论最低限价政策。最低限价的直接目的是使得交易价格高于市场均衡价格。与最高限价的情况相反，如果政府为了保护某个产业，出台政策规定相关产品的交易价格不能低于某个最低价格，这将导致供过于求。

为了解决供过于求的问题，政府就不得不实行配额生产。即便政府能够保证把配额分配给成本最低的企业，但由于与需求量对应的产量小于均衡价格下的产量，也存在效率损失。当然，政府也可以强制消费者购买过剩的产量，但这样做不仅损害了效率，而且限制了消费者的选择自由。如果政府既不能成功地实行生产配额，也不能成功地强制消费，最低限价也就没有办法维持。解决问题的办法是把生产者价格和消费者价格分开，这就需要对生产者给予价格补贴，每单位产品的补贴额等于生产者价格和消费者价格的差额。对生产者来说，这种补贴是一种收益，但对整个社会来讲，则是总剩余的减少。

（二）税收如何影响价格

政府干预市场的另一个方式是征税。政府需要征税获得财政收入，税收的结构和额度将会改变市场的均衡状态。政府征税类似在供求之间加入一个楔子，对价格和交易量都会产生影响。税负最终是由谁来承担？这依赖于需求曲线和供给曲线的特征。但是无论如何，税负通常会降低交易效率。

1. 从量税

现在我们引入政府征税。税收中有一种税叫作从量税，是对生产者销售的每一单位产品进行征税。征收这种从量税以后,成交价格上涨了,均衡数量下降了。

表面上看消费者没有直接交税,但并非如此,实际上消费者与生产者共同承担起了税收。政府征走的税收可以作为转移支付,不会降低总剩余,但是征税后交易量的下降却降低了总剩余。可见,从量税会导致一定的效率损失。另外一种从量税是对消费者征税,与政府对生产者征税时相同。

现在我们来看一种特殊的情况。假如供给曲线价格没有关系,而需求曲线向下倾斜,垂直的供给曲线并不发生变化,均衡价格、量产也不变化,在这种情况下,税收全部由生产者承担。如果从量税是对消费者征收的,消费量没变,实际支出与没有税收时是一样的,税收仍然全部由生产者承担。再看另外一种情况,假如供给是有弹性的,而需求是无弹性的,也就是我们通常所说的"刚需"。生产者没有承担税收,此时税负全部由消费者承担。假设供求曲线不变,税负这时仍全部由消费者承担。只要需求和供给都有一定的弹性,税收就会造成生产效率的下降。

由此我们可以得出这样的结论:如果供给是无限弹性的,需求是有弹性的,税收将全部由生产者承担;如果需求是无限弹性的,供给是有弹性的,税收将全部由消费者承担。

一般情况下,无论向哪一方征税,供给弹性和需求弹性的比值直接决定着税负的分担比例,简单来讲,就是供给与需求哪一方弹性小,相应的负担的税收就大,一方面,需求弹性相对小,则消费者承担的税负比重高;另一方面,供给弹性相对小,则生产者承担的税负比重高。政府的税收政策一般会带来效率损失。只有在需求或供给无弹性的时候,税收才不造成效率损失,此时税负全部由消费者或生产者承担,没有导致交易数量的变化。只要需求和供给都有一定的弹性,税收就会造成生产效率下降。

生活必需品的需求弹性是比较小的,比如粮食价格上涨50%,人们的消费量不会减少50%,所以对生活必需品的征税大部分转嫁给消费者。奢侈品通常需求弹性比较大,承担税负的主要是生产者。

2. 从价税

从量税是根据销售数量定额征收,从价税是根据销售价格按一定比例征收。无论哪种情况,只要供给和需求都是有弹性的,税收就会产生效率损失。

3. 所得税

除了对交易征税,政府还会对个人和企业的收入征税,称为所得税。它是以所得额为课税对象税收的总称。很多地方征收公司所得税,同时还有个人所得税。所得税收影响生产者的积极性,因而会影响产品价格。

总体来讲,税负不可能最终只由纳税人来承担,也会有效率损失。因为税负影响生产者的积极性,所以生产者会提高价格。假如所得税税率过高,没人愿意生产了,行业的供给量将会减少,导致市场价格上升,因此消费者就要承担部分税收。设想一个极端的情况,假如我们征收 100% 的利润税,企业赚的钱都纳税了,没人愿意办企业了,最后损害的将是我们社会上的每一个人。

# 第四章 企业在经济管理中的发展与创新

## 第一节 企业经济管理发展与创新

在市场经济体制下，尤其随着我国社会主义市场经济体制的日益完善，企业依照创新特别是制度创新来赢得更大市场份额、获取更大市场竞争力的要求越来越迫切。经济管理主要是指企业依托自己的长远规划和战略目标，采用系统理论发现企业管理中的不足，并提出有针对性的解决措施，以期能够提高企业的核心竞争力，增加企业的经营利润，并获得可持续发展能力。

### 一、当前企业发展的环境概况

知识经济已经成了当前企业发展环境的典型特点。在知识经济时代，各种信息化手段的运用是不可或缺的，唯有紧紧抓住信息化变革的脉搏，重视各种先进信息技术的运用，尤其是现代化决策系统的构建，才能够在实质意义上变革企业的作业流程、精简企业的管理层次，实现信息传递、消息反馈和管理效率的三重提升。收集整理是适应知识经济时代的关键因素，企业变革经济管理制度必须要高度重视企业管理人员思维模式、管理理念的现代化和时代化，及时主动更新自身的知识结构，为企业的经济管理创新提供必要的智力支持。

（一）企业进行经济管理创新的必要性

1. 经济管理创新是新形势下更新企业管理理念的必然要求

不可否认的是，虽然我国企业在适应市场经济体制、参与国际市场竞争方面的进步巨大，但是相对于有着几百年市场经营经验的国外企业而言，还有许多地方需要学习和变革。缺乏先进的管理理念是我国企业普遍存在的问题。不少企业已经充分认识到了企业革新经济管理的重要性，但是由于各方面的原因，只有少数企业取得了良好的实际表现。拖后腿的管理理念使不少企业只能够进行表面的经济管理革新，没有获得本质性的转变。其突出表现就是，企业采用旧的管理理念指导企业一切运营和制度革新，导致企业无法完全适应市场经济体制的各种运行规则，最终阻碍企业的长远发展。

2.经济全球化是新形势下更新企业管理理念的外在动力

世界经济的联系日益密切已经成了不争的事实,其他国家的经济波动便会直接反映在国际市场当中,并有可能对本国的经济发展产生不利影响。面对日益激烈的国际市场竞争环境,我国企业单纯依赖低成本优势占领国际市场的时代正在渐渐远去。通过实现企业经济管理的创新,提高产品质量、突出企业特色、增强企业创新能力,已经成了企业实现可持续发展的必要条件。通过对最近几年国外企业发展战略调整的观察,我们可以清晰地看出,国外企业都在不约而同地进行自我变革,努力突出自己的特色优势,这应该能够给我国的企业发展提供充分的启示。

（二）在新的历史形势下企业进行经济管理创新的途径和方法

1.以先进理念作为指导思想

探索新的历史形势下企业进行经济管理创新的途径和方法,必须要有先进的理念作为指导。只有在先进理念的指导下才能够确保经济管理制度创新方向和原则的正确性,才能够保证企业的创新规划符合企业的根本发展战略,才能够保证企业制定出科学的、合理的管理策略和执行方法。具体而言,在企业进行经济管理创新中贯彻先进理念,必须要做好以下两点：

第一,坚持上下结合的理念贯彻路径。企业的管理层和领导人需要自觉地掌握先进理念,作为企业发展的领头人,他们的经营理念是否先进将会直接决定企业的发展状况；同时,企业职工作为企业数量最多的集体,他们是执行先进理念的一线人员,他们的理念是否先进将会直接影响企业各种管理制度、经营方针的执行效果。因此,贯彻和落实先进理念需要企业高层和企业基层共同努力,让企业的全体人员均能够以先进的理念创新经济管理,并高效执行各种相关政策。

第二,要勇于破除旧理念。破除旧理念需要极大的勇气和卓越的见识。企业领导层在逐步纠正旧理念的过程中,需要循序渐进,严禁急功近利,坚持步步为营,让企业组织在彻底消化一部分新理念的基础上来逐步推动新理念的完全落实,避免因为行动的过激和过急导致企业无所适从。

2.实现经济制度的创新与完善

制度的完善与创新能够让经济管理的改革持久发挥作用,这是在探索企业经济管理创新过程中总结出的重要经验。企业经济管理的创新成果需要通过制度的建立来进行巩固。完善和创新相关制度,企业必须要学会通过建立约束性条款的方式来让企业自身和全体员工依照相关规定自觉运行,并密切企业和全体人员之间的联系。为了激发企业潜在的创新能力,需要构建起全面、有效的激励体系,让员工的各种有益创新行为能够得到奖励,形成示范效益,进而增强整个企业的创新氛围和创新活力。另外,与制度创新相匹配的组织建设和组织创新也应该同步进行,让组织成为制度得以落实的有力载体,推动企业的全面可持续发展。

3.强化企业的内部控制管理

第一,加强对企业各部门的调控。企业的内部控制是经济管理中重要的组成部分,一些以财务为依靠的企业不能适应市场经济发展的要求,所以,需要对财务部门做出改变,使财务管理向着全面化的发展趋势发展下去。

第二,完善企业监督体系。随着市场经济的发展,完善一定的财务内部监控工作对竞争激烈的市场经济体制有着不可估量的作用,实行内控机制,提高财务等各部门的认真、负责的态度,避免各种不合规章制度的行为发生。

4.提高企业的信息化技术实力

信息化技术是实现经济全球化和经济一体化的基本保证,是当代社会化生产高速发展的首要条件之一。加快技术的革新,帮助企业转换经营机制以及推行现代企业制度,可以极大增强企业产品的市场竞争力。当前企业信息化实现的标志之一就是对信息的快速反应能力,其是企业检验整个企业用工率和其产业链在市场的竞争力的重要浮标。实现企业信息化既是社会改革的需求,也是企业适应市场发展的需要。当前我国企业随着信息化技术的不断发展,企业内部的改革不断地深入,绝大部分企业管理方式正在向创新管理方面迈进。为在未来更加激烈的市场站稳脚步,企业变革管理方式,加强管理信息化创新方面的建设是未来必然的选择和出路。

在新的历史形势下,企业的经济管理制度必须与时俱进,不断适应变化的客观环境,满足企业新环境下的发展需求。因此,要创新企业经济管理制度,必须高度契合企业的发展宗旨,有清晰明确的经营目标和管理措施,能够保证获取完成企业发展目标的各种必需资源。

## 二、企业经济管理创新存在的主要问题

对一个企业而言,创新能够使其适应内外部环境的变换,打破系统原有的平衡,创造企业新的目标、结构,实现新的平衡状态。没有创新就没有发展,特别是在当前市场波动剧烈,企业生存压力大的背景下,只有企业经济管理的创新,才能将企业计划、组织、领导、控制等职能推进到一个新的层次,适应环境的变换,赢得竞争的优势。

## （一）部分企业经济管理创新重形式轻落实

创新的重要作用已经得到了企业上下的普遍认可，但在如何落实方面，许多企业还存在着重形式轻落实的问题。

一是管理层缺乏对经济管理创新的认识。当前企业管理者往往将更多的精力投入企业设备升级、人力资源培养等方面，但对经济管理创新缺乏全面的认识，使创新的力度不够，效果不佳。

二是工作人员缺乏对经济管理创新的动力。经济管理人员往往依照企业传统的管理模式和经验，对经济管理创新缺乏必要的认识，在工作中照搬照抄以往的方式，创新力度不足。

三是企业上下缺乏经济管理创新的氛围。企业整体创新氛围不浓，特别是一些中小企业，其多为家族式、合伙式模式，没有在企业中将创新作为企业发展的最核心动力并加以落实。

## （二）部分企业经济管理创新缺乏人才支撑

人才是企业经济管理实施的关键，但在实际工作中发现，企业经济管理工作人员存在的不少问题影响了创新的形成。

一是观念不正确。许多人员将创新作为企业管理层的行为，而对自身的作用没有充分的认识，往往是被动式的工作，而对能否更好地提高工作质量没有足够认识。

二是动力不足。企业对员工创新的鼓励措施不到位，没有充分调动员工的积极性，影响其作用的发挥。

三是监管不得力。企业内部管理不规范，对经济管理行为没有给予科学的评估标准，干好干坏的差距不明显，造成了企业管理的效益低下。

## （三）部分企业经济管理创新缺乏必要保障

企业经济管理活动是一个涉及企业方方面面的系统工程，其创新的实现需要一定的条件作为保证。但在实际的工作中，许多企业由于缺乏必要的保障，导致创新难以实现。

一是经济管理组织不合理，一些很好的创新方法难以得到有效的落实，而组织结构的不合理也造成企业经济管理效率不高。

二是经济管理评价不科学。企业对经济管理工作的评估体系不科学，也使得相关人员工作标准不明，影响了工作的质量和效果。

三是缺乏必要的奖励机制。许多企业对经济管理创新没有足够的奖励，一些企业只能照搬照抄其他企业的经验,而不能针对自身的特点采取必要的措施,加以改进,造成了经济管理的效益低下,而对一些有着一定价值的创新模式没有加以落实,对相关人员给予的奖励不足,也造成了员工对企业经济管理的兴趣不足,影响了经济管理的开展。

### 三、企业经济管理创新应把握的重点环节

企业经济管理作为企业的一项核心工作,其创新的价值对企业发展具有重要作用,因此要抓住重要的环节,以点带面促进企业经济管理质量的跃升。

#### (一)经济管理的观念创新是基础

经济管理必须要紧密结合市场的发展变化和企业现实的特点,而不能一味地沿袭传统的模式,因此,首先要在观念上树立与时俱进的意识。

一是管理层要树立创新是核心的意识。要求企业管理层要将创新作为企业管理的重点,将创新作为考评员工工作质量的重要依据,为其提供良好的外部环境。

二是工作人员要树立创新是职责的意识。要培养其创新的内在动力,使其随时以改进管理模式、创新工作方法作为工作的重要职责,加以贯彻落实。

三是员工要树立创新是义务的意识。要积极鼓励普通员工加入企业经济管理创新的活动中,集思广益,实现企业经济管理质量的提升。

#### (二)经济管理的技术创新是保障

要发挥当前科技进步的优势,将计算机、网络、自动化平台等先进的设备加入经济管理活动中。

一是建立完善的管理数据库。企业经济管理涉及企业的方方面面,因此,建立完善的数据库能够有效地提高管理的质量和效益,为管理人员提供精确的数据,促进管理质量。

二是建立亲民的管理平台。要建立科学的互动平台,能够让员工有通畅的渠道反映问题、提出建议,为经济管理工作的改进提供支持,如建立企业论坛、聊天群等模式。

#### (三)经济管理的组织创新是关键

组织模式代表了一种对资源的配置方式,包括对人、财、物资源及其结构的稳定性安排。特别是在当前信息量大、市场变化剧烈的环境下,如何建立适应市场要求,满足企业发展需要的管理组织模式就成了企业经济管理创新的关键。

一是建立精干的管理组织。要通过职能分工细化等方法,结合先进的科技手段建立精干的管理组织体系,摆脱传统的机构臃肿、人浮于事的问题。

二是培养核心的团队精神。要通过企业文化的影响、管理结构的改变,提高企业管理人员的凝聚力、向心力,形成企业经济管理的合力,为创新的落实提供可靠保证。

三是树立高效的组织形式。通过分工合作、责任追究等方法,促进企业管理模式的改变。

### (四)经济管理的人才培养是核心

一是加强现有人员的培养。对企业现有的经济管理人员可以通过在职培训、脱岗培训等方式提升其素质,将创新的观念渗透其思想,促进其管理质量提高。

二是提高新进人员的素质。在对新进人员的招录方面,提高标准,改变传统的以学历为条件的方法,对其创新能力、综合素质进行考核。

三是科学规划人员的发展。企业要为其经济管理人员的发展提供保障,在岗位设置、薪酬等方面给予保证。

## 四、网络经济下企业财务管理的创新

进入21世纪以来,随着网络通信和多媒体技术的迅速发展,网上企业、虚拟企业等新的企业系统应运而生,网络经济逐渐形成。网络经济改变了人们的传统的资本、财富和价值观念,使财务管理的环境发生了变化,给企业参与市场竞争带来了新的机遇与挑战,对企业经营管理全面创新发挥了重要的推动作用。财务管理作为企业经营管理的重要组成部分,面临着自身能否快速跟上新技术、适应网络经济的挑战。

### (一)财务管理目标的创新

网络经济的主要标志之一是人类生产经营活动和社会活动网络化。财务管理必须顺应潮流,充分利用互联网资源,从管理目标、管理内容和管理模式进行创新。传统财务管理目标以"利润最大化""股东财富最大化""企业价值最大化"为主,它是由于物质资本占主导地位的工业经济时代物质资源的稀缺性和使用上的排他性等原因产生的,体现了股东至上的原则。然而,在网络经济下,人力资源、知识资源在企业资源中占主导地位,企业相关利益主体发生了改变,若财务管理的目标仅归结为股东的目标,而忽视其他相关主体,必然导致企业相关主体的冲突,最终损害企业的利益和财务管理内容的创新。

### 1. 融资、投资创新

在传统经济形式下,企业的融资是指以低成本、低风险筹措企业所需的各种金融资本。投资资金的运用主要指固定资产投资和项目投资。而在网络经济下,人力资本、知识资本的管理是企业财务管理的重心。因此,企业的融资、投资重心将转向人力资本和知识资本。目前,在网络经济下企业的竞争是人力资本和知识资本的竞争,谁拥有了人力资本和知识资本,便拥有了发展、生产的主动权。因此,筹集知识资本和储备人力资本将成为网络经济下财务管理的重要环节。

### 2. 资本结构优化创新

资本结构是企业财务状况和发展战略的基础。而网络财务中资本结构优化创新包括以下几个层面:一是确立传统金融资本与知识资本的比例关系;二是确立传统金融资本内部的比例关系、形式和层次;三是确立知识资产证券化的种类、期限,非证券化知识资产的权益形式、债务形式以及知识资本中人力资本的产权形式等。通常情况下,企业资本结构的优化创新是通过投资与融资管理而实现的。只有优化资本结构,使企业各类资本形式动态组合达到收益与风险的相互配比,才能实现企业知识占有与使用量的最大化。

### 3. 收益分配模式创新

在网络经济下,企业资源的重心转向人力资源和知识资源,有知识的劳动者成为企业的拥有者。企业的资本可分为物质资本和知识资本。企业的拥有者发生了变化,收益分配模式必然发生变革。收益分配模式由传统的按资分配变为在企业的物质资本和知识资本的各所有者之间分配,按照各所有者为企业做出贡献大小及所承担风险大小进行分配。

在互联网环境下,任何物理距离都将变成鼠标的距离,财务管理的能力必须延伸到全球任何一个节点。财务管理模式只有从过去的局部、分散管理向远程处理和集中式管理转变,才能实时监控财务状况,以回避高速度运营产生的巨大风险。企业集团利用互联网,可以对所有的分支机构实行数据的远程处理、远程报账、远程审计等远距离财务监控,也可以掌握如监控远程库存、销售点经营等业务情况。这种管理模式的创新,使企业集团在互联网上通过网页登录,即可轻松地实现集中式管理,对所有分支机构进行集中记账、集中资金调配,从而提高企业竞争力。

### (二)网络经济下企业财务管理的缺陷

网络经济是以互联网为载体而运行的经济形式,也是电子商务充分发展的经济。由于经济活动的数字化、网络化,出现了许多新的媒体空间,如虚拟市场、虚拟银行等。许多传统的商业运作方式将随之消失,取而代之的是电子支付、电子采购和电子订单,商业活动主要以电子商务的形式在互联网上进行,使企业购销活动更便捷,费用更低廉,对存货的量化监控更精确。这种特殊的商业模式,使企业传统的财务管理的缺陷暴露无遗。

在网络环境下,电子商务的贸易双方从贸易谈判、签订合同到货款支付等无须当面进行,均可以通过计算机互联网络在最短的时间内来完成,使整个交易远程化、实时化、虚拟化。这些变化首先对财务管理方法的及时性、适应性、弹性等提出了更高要求,并使企业财务分析的内容和标准发生新的变化。传统财务管理没有实现网络在线办公、电子支付等手段,使财务预测、计划、决策等各环节工作的时间相对较长,不能适应电子商务发展的需要。另外,分散的财务管理模式不利于电子商务的发展,不能满足新的管理模式和工作方式的需要。

财务管理传统的结算资料主要来自财务会计的成果,借助经济数学和统计学的一些基本方法,对以财务报表为核心的会计资料进行处理,并据以预测未来经济条件下企业可能达到的损益状况。在网络环境下,电子商务能在世界各地瞬间进行,通过计算机自动处理,企业的原料采购、产品生产与销售、银行汇兑等过程均可通过计算机网络完成。

不能避免财务管理出现的新风险。在网络经济下传统企业财务管理首先遇到的是网络交易安全问题。由于财务管理中涉及的交易用户由传统的面对面的交易改为通过互联网进行交易,而互联网体系使用的是开放式的TCP/IP协议,并且以广播的形式进行传播,交易用户的信息很容易被窃取和篡改。即使是合法身份的交易人,由于采用无纸交易,交易对方也可能会抵赖交易,从而给网络交易安全带来极大威胁。传统的财务管理多采用基于内部网的财务软件,没有考虑到来自互联网的安全威胁,而企业财务数据属重大商业机密,如遭破坏或泄露,将造成极大的损失。

(三)网络经济下财务管理创新的实施构想

企业财务管理创新是网络经济全球化的客观要求,也是企业发展的当务之急,在此人们提出几点实施财务管理创新的构想。

网络经济的兴起,使创造企业财富的核心要素由物质资本转向人力资本和知识资本。因此,企业理财必须转变观念,不能只盯住物质资本和金融资本。首先,企业财务只有坚持以人为本的管理,充分调动员工的积极性、主动性和创造性,才能从根本上提升企业财务管理的水平。其次,企业财务人员,必须树立正确的风险观,善于观察和面对复杂的竞争环境,能够科学、准确地预测市场环境下的不确定因素。最后,要重视和利用知识资本。企业既要为知识创造及其商品化提供相应的经营资产,又要充分利用知识资本,使企业保持持续的利润增长。

加强财务人员的网络技术培训。在以数字化技术为先导的网络经济下,财务管理创新的关键是对网络技术的普及与应用。而对财务人员进行网络技术培训,可提高财务人员的适应能力和创新能力。因为如果已拥有经济和财会理论基础的财务人员学习现代网络技术,就可将经济、财会、网络有机地结合起来,从多角度分析新经济环境的需要,制定合适的财务策略。同时,通过技术培训可使财务人员不断汲取新的知识,开发企业信息,并根据变化的理财环境,对企业的运行状况和不断扩大的业务范围进行评估和风险分析。只有这样,财务管理人员才能适应网络经济发展的要求,实现财务管理的创新。

## 五、电子商务企业管理创新

由于电子商务彻底改变了现有作业方式与手段,又能充分利用资源,缩短商业循环与周期,提高运营效率,降低成本,提高服务质量,电子商务的发展将为企业带来前所未有的发展机会。它将对厂商生产行为、市场营销、企业组织、国内外贸易的手段和方式等产生巨大的冲击,并将引起经营管理思想、行为模式以及管理理论和方法的深刻变革。

### (一)电子商务对企业管理的重要影响

1. 电子商务对企业人力资源管理的重要影响

现如今,市场的竞争已经逐渐转变为人力资源的竞争,做好人力资源管理工作,能够在更大程度上提升企业的竞争力。电子商务作为一种新型的生产力,是由电子商务技能型的人才进行控制的,它使得企业在人力资源的引进、奖励、培训、录用以及测试等方面的工作都变得更加容易,且所需要的费用也得到降低,为企业的发展凝聚更多的人才;同时,借助于电子商务进行人才招聘已被更多的企业所采纳,相关的人才流动手段和人才测评也日益流行起来,企业与员工之间的交流也变得更加自由、顺畅,这不仅促使企业的人力资源管理工作更好地跟上时代发展的步伐,而且也带动了企业其他工作的改革与创新。

2. 电子商务对企业财务管理的重要影响

传统意义上的财务管理模式已经无法满足最新形势的发展要求,电子商务的发展与进步要求财务管理要逐步实现从静态事后核算到参与企业经营过程的、动态性的方向转变,从具有独立职能、内部性的管理模式向资金流、信息流、物流的集成性管理方向发展,从封闭式、单机性的财务数据的处理手段到集成化、互联网的方式迈进。总之,在电子商务的发展要求下,企业的财务管理必须具有战略性、智能性、预测性以及实时性等特征,督促财务管理工作的不断完善与进步。

3. 电子商务对企业生产管理的重要影响

在实施电子商务之后,企业的各个生产阶段都能够运用网络进行联系,传统意义上的直线生产也可以逐渐转变为网络经济背景下的并行生产。如此一来,可以节约诸多不必要的等待时间,在提高生产效率的基础上,督促企业更好、更快地完成现场管理与全面质量的管理。电子商务对企业生产流程的重要影响可以概括为生产过程的现代化、低库存生产以及数字化的定制生产等,使企业的生产、供应、配送与设计各环节更加有条不紊地进行。

(二)电子商务背景下企业管理创新的良好策略

1. 重视企业人力资源管理的改革与创新

在知识经济时代到来的今天,人力资源在社会各行各业发展中的重要性不言而喻,尤其是在电子商务背景下,企业更是要重视人力资源管理工作的创新。具体来说,首先,企业应当根据实际发展情况,积极有效地运用现有的便利条件,充分发挥电子商务在人力资源的录用、引进与培训等方面的优势,开发出适合企业发展的人才培养模式,并且通过电子商务专题会议、主题性的拓展训练活动、邀请外界专家来企业指导等多种方式,使得电子商务模式在人力资源管理中的普及力度得到进一步的加强;其次,企业领导者要经常性地深入员工的日常工作和生活中,加强与员工的沟通和交流,鼓励员工针对电子商务积极地提出自己的想法与建议,从而在集思广益的前提下为电子商务的合理运用提供必要的帮助,同时也会拉近与员工之间的距离,督促企业开展更有针对性的人力资源管理工作。

2. 加强企业财务管理的创新

面对着知识经济和电子商务、经济全球化等浪潮的冲击,企业的财务管理工作只有不断地加强完善与创新,才能在这股浪潮中冲出一片天地。具体来说,一是要注重财务管理理论的创新。企业投资决策的重点要放在企业的无形资产、财务目标的变化等方面,要规定人力资本所有者参与到企业税后的利润分配等,让理论的完善指导财务实践的顺利进行。二是财务管理手段的创新。在电子商务背景下,企业要结合自身财务的实际情况,构建与完善更为合理的财务管理信息化系统,实现从传统的纸质数据、电算化的初步磁盘数据到网页数据的过渡和转变,帮助与引导企业逐步实现企业财务和业务的协同以及审计、查账、远程报表等动态性的管理,在减少管理成本的情况下,不断地提高财务管理效率,让财务管理工作更好地跟上时代发展的步伐。三是要注重信息系统的安全建设。除了必要的防火墙设置、用户权限规定、常规性的检查等工作之外,还要派遣专业人士定期或者不定期地针对电子商务背景下财务管理的走向,对该信息系统进行实时的补充与完善,让企业的整个财务工作迈入更加科学合理的轨道。

3. 强调企业生产管理的创新

在电子商务不断发展的大环境中,企业生产管理被提出了更多的要求,重视企业生产管理的创新,不仅是企业应对电子商务发展要求的重要举措,更是企业实现长足发展的保障。企业要在更大的程度上重视现场管理,即从生产基层就对人员、生产方法、物料以及设备等多方面进行有效的管理与控制,构建更加科学的基层管理体制,将成本管控与工作质量提升融入生产过程中,从而达到效益更大、成本更低、质量更高的局面。同时,要重视产品的低碳性设计和营销,一方面,要强化低碳产品的生产工艺与设计;另一方面,还要强化外部营销,在降低营销成本的基础上不断地推陈出新,发掘出更适合企业产品发展的广阔平台。这不仅是满足电子商务发展要求的关键环节,更有利于企业的长足发展。再有,企业生产管理的创新还要注重"软实力"的完善,即企业文化,企业文化的构建与完善是一个长期的、系统的工程,是通过树立一种新型的价值观念、道德观念与职业理念等所营造出的一种良好的工作氛围,因此,企业领导者要采取诸如员工手册内容的完善、设立文化宣传栏、以特定文化为主题的拓展训练活动等方式,让企业文化迅速渗透到员工的思想及工作中,逐步培养员工对企业发展的使命感与责任感,在扎实地推动各项生产管理质量得以强化的同时,也为电子商务在企业中的顺利推行提供重要的"软实力"基础。

## 六、建筑企业档案管理创新

建筑企业档案管理的创新最主要的方向是对建筑企业的档案进行信息化管理,使建筑企业的档案管理从传统的管理模式发展为信息化管理模式。我们知道,档案信息可以用于解决企业面临的纠纷和问题,为企业减少不必要的损失,它可以间接地为企业带来经济效益,属于企业的无形资产。作为建筑企业,实现档案管理的创新,对其进行信息化管理可以解决建筑企业因基地分散、施工单位流动性大、施工期限长带来的建筑企业的档案管理收集整理难度大、管理烦琐等一系列问题。

## （一）建筑企业档案信息化管理的必要性和特点

### 1.建筑企业档案信息化管理的必要性

档案资源是指国家机构、社会组织和个人在社会活动中形成的对国家和社会有价值的档案综合。当前因为计算机技术和网络技术的发展，对传统的档案管理进行创新必然要向着网络化、电子化、动态化、信息化的发展方向发展。建筑企业之前的档案管理主要是依靠人工，建筑档案的分类整理、使用检索等全靠手工，效率较低。现在建筑工程档案的数目日益增多，工程资料、图纸数量也很庞大。对这些档案依照传统的档案管理方法，大量的纸质档案不仅保存困难、翻阅不易，还不符合节约型社会要求。这就需要我们对档案管理进行创新，并且当前信息化时代的到来也给建筑企业的档案管理发展带来了发展方向。建筑企业档案管理必须要抓住新的发展模式，在档案管理中要探索新的管理方法，使建筑企业档案管理可以与时俱进地保持创新，不断提高建筑企业档案管理的科技含量。

### 2.建筑企业档案信息化管理的特点

对建筑企业档案进行信息化管理后可以实现档案的信息化存储，并且可以自动查取档案；档案信息可以进行实时共享，档案信息化管理具有智能化，档案信息化管理可以进行社会化服务。

## （二）当前建筑企业档案信息化管理面临的问题

虽然电子信息技术给建筑企业的档案管理的创新指明了发展方向，带来了新的机遇，但是在目前阶段对建筑企业的档案进行信息化管理还存在很多问题。

### 1.档案安全问题

对建筑企业的档案进行信息化管理虽然有种种便利，但是它本身也存在缺陷。计算机系统和网络化技术本身的安全性就无法得到保障，硬件资源极易被人为破坏，也容易受自然灾害破坏；软件资源和信息化系统易受到病毒破坏。同时，因为内部管理措施不够完善等问题，建筑企业档案管理信息化的安全性问题有待解决。

### 2.没有相关标准和立法

因为档案管理本身就是一件复杂的事情，档案管理的信息化又是一个新兴的档案管理方法，同时因为建筑企业基地分散、施工单位流动性大、施工期限长等问题，档案一般进行多头管理，所以标准化问题成为档案信息化管理的一大难题。档案管理信息化作为新兴事物，相关立法程序较少，出现问题时很难运用法律方式解决。

### 3.相关技术支持不全面和技术人员缺乏

建筑企业信息化管理过程中产生的电子文件因其保管条件、保管期限等方面的局限性,如果不能很好地解决,那么最终带给建筑企业的不仅不是便利,反而会适得其反。在建立档案信息化管理的初期,需要把很多纸质档案进行扫描转化,但是当前多数单位装备的扫描仪数量少、转化慢,无法短时间将纸质档案转化为电子档案。当前掌握信息技术又明白档案管理的专业知识的人才匮乏,无法满足档案信息化管理的需求。

（三）建筑企业档案信息化管理问题的解决办法

1. 建立档案信息化管理的可追溯系统

建筑企业不同于其他企业,对其档案管理需要建立可追溯系统,对文件自动生成、修改,保留文件的原始状态。在对建筑企业档案可追溯系统进行设计时,需要考虑到文件自动生成的可靠性,为其进一步发展提供条件。

2. 制定信息化档案的使用制度

建筑企业在实行档案信息化管理模式之后,一定要制定相应的规章制度。制定统一的档案格式标准,在对档案进行相关查阅使用时也应制定相关制度,使档案的使用者按照制度填写使用原因和使用内容。在进行档案利用时必须要遵照制度,使用专门的软件狗,防止档案被恶意修改或者被传播。因为档案的信息化管理必然会带来相关的电子文件,这时要对电子文件按照国家相关安全保密制度进行保密,保证系统安全。

3. 完善技术支持,进行技术人员培训

建筑企业档案信息化管理相关技术支持需要遵照当前信息化技术发展,吸收信息化技术的新成就,保证档案的长期安全。对于相关技术人员的匮乏问题,需要对档案人员进行相关培训,提高他们的工作素养和工作技能。在对建筑企业档案管理从业人员的培训中,应该添加档案信息化管理的培训,使他们可以掌握相关档案信息化管理的知识技能。

# 第二节 现代企业经济管理应采取的创新策略

一个企业的精髓所在就是该企业的经济效益,这不但是判断某个企业运行是否良好的关键标准,而且是企业之间相互竞争的依据,而提高资金使用效率正是提高经济收益的前提条件。因此,加强企业经济管理,提高资金使用效率在企业经营的过程中占据着核心地位,是每个现代企业不可忽视的一个重要问题。随着经济全球化与一体化进程的不断加快,市场竞争日益激烈,在此时代背景下,企业要想在竞争中脱颖而出,必须不断更新设备,提高经济管理水平,不断创新,让企业的经济管理更好地服务于生产经营,认识到经济管理的创新对企业发展的重要性。

## 一、企业经济管理创新的重要性

随着现代企业的不断涌现,企业管理方面的经验也在不断得到积累和丰富,企业所面临的种种问题也在各个企业精英的思考和探索中得到解决。当下,对于如何加强企业经济管理,提高资金使用效率也正是众多企业有待解决的一个重大问题。

### (一)经济改革的要求

企业经济管理作为优化和整合企业资源的重要手段,从一定程度上来说,可以将其看成一种生产力的表现形式。当今市场经济处于高速发展时期,科学技术的更新也日新月异,知识经济和互联网经济在当今社会中的作用不断凸显,企业在新经济时代下,如果不加强对经济管理创新,就会落后于其他企业,不能适应时代发展和市场经济的发展,在竞争中也会处于不利地位。

### (二)企业发展的需求

对于不同的企业而言,其经营的环境和管理体系也是不同的,但是影响企业经营环境和管理体系的因素基本相同。首先,企业经营环境和管理体系都受到了全球经济化趋势日益加强的影响;其次,受到了以知识经济为主体的新经济发展形势的引导;最后,还受到了互联网技术发展的影响。在外部环境影响下,企业面临外部环境的逐渐开放,企业在国际市场中的竞争压力也越来越大。就当前来说,新经济环境和新经济形势对企业来说既是挑战,也是一种机遇,企业要加强竞争实力,必然要创新经济管理,才能不断地发展和进步。

## 二、经济管理的职能

随着企业各项制度的不断完善,组织结构的不断建立健全,作为企业管理核心内容之一的经济管理,其具体的管理和职能的内容也在发生着变化。企业的经济管理职能其实就是企业的经济管理通过企业的再生产环节而体现出来的功能。具体一点说,经济管理的职能由两个方面的内容决定:一方面,是指财务工作本质的影响;另一方面,是指来自管理的理论和实践发展的影响。由于现代社会的经济利益体制及关系逐渐丰富,企业给经济管理划定的范围逐渐扩大,同时也给经济管理的职能赋予更多的可能和更大的权限。经济管理的主要职能体现在以下几个方面:首先,财务计划职能,主要体现在规划和安排未来某一个时间段的财务活动;其次,财务组织职能,主要体现在科学地对财务系统中相关的各种因素、各个部分等按照一定的顺序和关系进行合理的组织整理;再次,财务控制职能,这一职能的设立是十分有必要的,这是为了实现对财务工作中的失误和偏差的及时发现和改正;最后,财务协调职能,这是为了避免一些不必要的财务纠纷,从而利用各种合理的财务协调手段和途径等来维护企业良好的配合关系,以及舒适的财务环境。经济管理自从被企业管理独立划分出来并得到广泛使用以来,其职能得到了相当快速的发展。

## 三、现代企业经济管理中的创新策略

### (一)企业经济管理理念创新

思想观念的转变和思想理念的创新都是企业经济管理理念创新的先导,要正确理解企业经济管理理念创新的概念,切实贯彻理念创新。纵览我国企业现状,陈旧的经济管理理念仍阻碍着我国企业经济管理的发展,大部分企业管理者思想观念落后,思想更新意识薄弱,竞争意识、危机意识不强。所以,企业要大力倡导理念创新,把理念创新视为经济管理创新的根基,日后的其他管理创新机制都要以理念创新为指导。企业经济管理理念创新不仅纠正了陈旧的、过时的思维模式,还通过独特的视角、思维方法、管理机制为企业经济管理创新提供指导,在企业中树立创新管理与科学管理的理念,真正做到创新管理,让企业的生产经营在理念创新的道路上越走越远。

### (二)加强对企业经济管理理念的创新

企业要实现经济管理的创新,首先就要实现对企业经济管理理念的创新。只有企业掌握了如今的管理理念,才能更好地带领企业的员工实施创新活动。企业高层领导对此也要重视,可以在企业内部营造一种积极向上的创新环境,让企业所有员工在创新氛围的感染下,积极地学习和创新,掌握必要的创新知识和创新能力。在当前市场经济环境发展的新形势下,企业在市场中的竞争压力也越来越大,因此企业应该建立一种危机意识和制定战略管理机制,从市场环境出发,结合企业当前存在的实际问题,做到统筹全局。

### (三)加强对企业经济管理制度的创新

企业要实现管理,离不开企业制度的支持,企业在经济管理创新中也受到了企业管理制度的制约。因此,企业要实现经济管理的创新,就要加强对企业经济管理制度的创新。应该坚持以人为本的人性化管理机制,为企业员工创造良好的发展条件,加强对人力资源管理的重视,完善人力资源管理制度,建立健全监督机制和决策机制,并让企业所有员工都积极参与进来,调动员工工作的积极性。

(四)加强对企业经济管理组织模式的创新

在企业经营发展的过程中,经济管理组织在其中也发挥着巨大的作用,实施有效的经济管理组织可以提高企业经济管理效益。因此,企业要认识到企业经济管理组织模式的重要性,加强对经济管理组织模式的创新。首先,在管理组织的建设上要实施柔性化的管理方式,促进管理组织的多样化;其次,要实现企业经济管理模式的扁平化,简化企业组织层次,提高企业经济管理效益;最后,要促进虚拟化管理机制的建立,借助先进的计算机技术对经济管理组织进行合理的规划,实现对经济管理信息的整合,从而建立起一种无形的经济管理机制,促进企业经济的发展。随着经济全球化进程的加快和市场经济改革的完善,企业也面临着巨大的竞争压力。创新作为企业发展的基本动力,在当前经济发展的时代下,也是企业提高竞争实力的基本途径。企业要想在当下获得更好的发展,提高企业在市场中的竞争实力,就必须对经济管理引起重视,针对企业当前存在的问题,制定出有效的经济管理创新对策,不断提高企业经济管理水平。

# 第五章 中国绿色经济发展

## 第一节 中国发展绿色经济的探索

绿色经济是指能够遵循"开发需求、降低成本、加大动力、协调一致、宏观有控"等五项准则，并且得以可持续发展的经济。"绿色经济"既是指具体的一个微观单位经济，又是指一个国家的国民经济，甚至是全球范围的经济。

绿色经济是一种以资源节约型和环境友好型经济为主要内容，资源消耗低、环境污染少、产品附加值高、生产方式集约的一种经济形态。绿色经济综合性强、覆盖范围广，带动效应明显，能够形成并带动一大批新兴产业，有助于创造就业和扩大内需，是推动经济走出危机"泥淖"和实现经济"稳增长"的重要支撑。同时，绿色经济以资源节约和环境友好为重要特征，以经济绿色化和绿色产业化为内涵，包括低碳经济、循环经济和生态经济在内的高技术产业，有利于转变我国经济高能耗、高物耗、高污染、高排放的粗放发展模式，有利于推动我国经济集约式发展和可持续增长。

绿色科技创新是发展绿色经济的重要支撑和保障。当前，应当大力推进绿色科技创新体系建设。一是要加快形成充满活力的绿色科技工作机制。当前，尤其要重视通过各种政策手段，引导社会力量投资和参与绿色技术和产品的研发与推广，使企业真正成为绿色科研开发投入主体、技术创新主体、科研成果应用主体，积极构建以企业为主体、市场为导向、产学研相结合的创新体系。二是要积极构建科研与人才培养有机结合的知识创新机制。要着力推进绿色科技的基础研究、共性技术研究和前沿技术研究，形成一批学科优势明显的研究基地和创新团队，争取在一批重点领域和关键环节有所突破；要积极开展国际合作交流，学习借鉴国外先进的绿色发展经验和理念，通过绿色技术与设备的引进、消化、吸收、再创新，不断增强我国绿色自主创新能力。

推动绿色经济健康发展，必须结合我国国情和发展实践，借鉴发达国家的经验和教训，进一步构建科学合理的激励和惩戒机制，既要对符合绿色发展要求的产业和项目给予政策支持,同时也要对落后产业采取更为严格的惩戒措施,分类指导、有保有压,科学发挥市场引导和宏观调控的积极作用。一是要完善绿色经济发展的法律保障体系。要加快推动与绿色经济发展的立法工作,处理好相关法律法规之间的衔接与协调,逐步构建系统、完善、高效的绿色经济发展的法律体系。二是要完善绿色经济发展的政策保障体系。要加快建立反映市场供求关系、资源稀缺程度、环境损害成本的生产要素和资源价格形成机制,体现环境容量资源的价格属性、生态保护的合理回报、生态投资的资本收益,充分发挥市场对绿色经济发展的基础性作用。要制定科学合理的政府采购和补贴政策,健全绿色投资政策,采取绿色产品的鼓励性政策和非绿色产品的约束性政策的双向激励政策,调动地方政府、企业和社会发展绿色经济的积极性。

中国发展绿色经济新探索,既是基于世界各国对绿色经济发展探索的这一全球背景,也是基于过去几十年中国发展绿色经济的已有探索成果,中国绿色经济是在可持续发展框架下进行的。绿色经济是可持续经济的实现形态和形象概括。它的本质是以生态经济协调发展为核心的可持续发展经济。

在当代中国,以经济建设为中心是兴国之要,发展仍是解决我国所有问题的关键。我们相信,只要我们始终高举科学发展的旗帜,把生态文明建设的理念、原则、目标等深刻融入和全面贯穿到我国经济、政治、文化、社会建设的各方面和全过程,通过发展绿色经济,促进生产方式和生活方式的根本性变革,推动经济、社会、生态实现绿色发展、循环发展、低碳发展,我们一定能够共建绿色中国,共创生态文明,共享美好未来。

## 第二节　中国发展绿色经济的主客观条件

中国发展绿色经济主观条件是坚持党的基本路线,客观条件是转变经济发展方式和供给侧结构改革。在主客观条件的影响下,中国绿色经济才能实现又好又快地发展。

### 一、中国处于经济发展的转型期

绿色经济与传统经济发展模式最大的区别在于经济发展方式的转型,这一判断提出的依据是发达国家的经验和对我国经济发展过程中问题的思考。改革开放以来,中国的经济发展取得了举世瞩目的成绩。然而,我国在取得巨大经济效益和社会建设成就的同时也付出了环境、资源和生态方面的代价。鉴于此,为了逐步减少这些代价和避免这些代价的继续蔓延,在未来,我国必须在保护生态环境、减少资源浪费、提高资源利用率的基础上,以科学发展观统领我国未来经济社会发展全局,加快转变经济发展方式。十九大报告提出,我们要建设的现代化是人与自然和谐共生的现代化,既要创造更多物质财富和精神财富以满足人民日益增长的美好生活需要,也要提供更多优质生态产品以满足人民日益增长的优美生态环境需要。必须坚持节约优先、保护优先、自然恢复为主的方针,形成节约资源和保护环境的空间格局、产业结构、生产方式、生活方式。

展望未来,生态环境脆弱、资源相对短缺、环境容量不足,已经成为我国推进现代化建设进程中的严峻难题,是我们党和国家不得不面对并且必须加以妥善解决的问题。因此,减少资源浪费和提高资源利用率,修复和保护生态环境,以科学发展观统领我国未来经济社会发展全局,加快建设资源节约型和环境友好型社会,促进人与自然和谐发展,成为我国未来30多年科学发展的必经之路。过去30多年我国的经济社会发展实践表明,传统粗放型的经济发展方式是与可持续发展理念背道而驰的。因此,未来我国已经不能再延续过去30多年那种粗放型经济发展方式,转变经济发展方式是保持未来我国经济可持续发展必然的战略选择。

要以科学发展为主题,以加快转变经济发展方式为主线,是关系我国发展全局的战略抉择。顺应未来我国经济社会的发展规律和客观要求,在生态、资源和环境系统的承受力、承载力许可的范围内维持经济系统的运行,既能实现经济的可持续增长,也能保证生态、资源和环境的可持续循环利用,更能确保资源节约型社会和环境友好型社会建设的顺利推进。我国经济已由高速增长阶段转向高质量发展阶段,建设现代化经济体系是跨越关口的迫切需求和我国发展的战略目标。这既跟我国经济进入新常态的判断内涵是一致的,也是对我国发展实际的一个准确判断。经过改革开放多年的发展,我国已经有220多种产品的产量居全世界第一,但很多行业产能不是少而是过剩了,所以要去产能,如今我们的问题关键就在于质量还不够高。

## 二、中国的发展战略要坚持党的基本路线

改革开放以来,党和国家工作重点一直是以经济建设为中心,坚持四项基本原则,坚持改革开放。

我国社会主要矛盾已经转化为人民日益增长的美好生活需要和不平衡不充分的发展之间的矛盾。目前人民对美好生活的需要,不仅对物质文化生活提出了更高要求,而且在民主、法治、公平、正义、安全、环境等方面的要求日益增长。我国社会生

产力水平总体上显著提高,更突出的矛盾是城乡、区域、收入分配等存在的不平衡不充分等问题,这已成为满足人民日益增长的美好生活需要的主要制约因素。社会主要矛盾发生变化,关系全局、影响深远,这对党和国家工作提出了许多新要求。特别指出,社会主要矛盾的变化并没有改变我们对我国社会主义所处历史阶段的判断,中国社会主义仍然处于并将长期处于社会主义初级阶段的基本国情没有变。由此可见,未来中国继续坚持党的基本路线这一问题从主观上直接决定着中国发展绿色经济新探索的总体思路。

## 第三节 中国绿色经济发展新常态

### 一、人与自然和谐发展

#### (一)充分发挥政府的作用

人与自然的和谐共生是一个非常根本的理念性作用,要有度有序地利用自然资源,调整优化空间结构,划定农业空间和生态空间的保护红线。自然资源、生态空间是有限度的,不是无限度地扩展,现在可以根据科学的方法来确定生态的红线,即生态的上线,我们就应该按照红线的规定来进行经济生产活动,要通过红线来构建合理的四大空间格局,即城市化格局、农业发展格局、生态安全格局、自然岸线格局。设立统一规范的国家生态文明试验区,例如,生态环境部就进行了国家生态文明试点示范区;国家发展改革委、财政部、国土资源部、水利部、农业部和国家林业局六部委建立了国家生态文明先行示范区;水利部进行了国家生态文明建设试点市;国家发改委、财政部和国家林业局三部委进行了西部地区生态文明示范工程试点;国家海洋局建立了海洋生态文明示范区。

#### (二)根据资源环境的承载力调节城市的规模

根据资源环境的承载力调节城市的规模是发展绿色经济的一个重要要求。优化城市空间布局和形态功能,确定城市建设约束性指标。按照严控增量、盘活存量、优化结构的思路,逐步调整城市用地结构,把保护基本农田放在优先地位,保证生态用地,合理安排建设用地,推动城市集约发展。

#### (三)依托山水地貌优化城市形态和功能

依托山水地貌特征来优化城市形态和功能,实施绿色规划、绿色设计和施工标准。特别典型的例子是各个城市都在建摩天大楼,而摩天大楼都是千篇一律的玻璃幕墙,其实玻璃幕墙并不适合中国的气候,当时玻璃幕墙是在德国、法国这些国家推广,这很符合他们国家的气候,这些国家处于欧洲中部和北半球偏北的地方,他们有一个典型的地中海区域的气候特征,冬天相对而言比较冷,夏天也不太热,这种气候条件特别适合玻璃幕墙,夏天不用开空调,所以整个玻璃幕墙的成本不太高,而冬天天气又比较冷,玻璃幕墙可以起到保温、吸收阳光、采光好的作用。但中国的夏天普遍高温,玻璃幕墙吸收了更多的热量,导致现在的建筑能耗非常高,都需要大型的中央空调来给玻璃幕墙的建筑进行降温,所以,这就不太符合中国城市的要求和形态。

在中国,特别是像北京这样的大城市,有很多的城市规划设计不当。长安街沿线是有着传统北京特色的一个地方,但改革开放之后,长安街沿线建造了很多摩天大楼,由中国气象局的数据表明,现在北京每年的风速要减慢1%,其中一个重要的因素是长安街沿线的很多摩天大楼导致北京的进风和出风的不顺,而致使风速的下降,所以在"十四五"规划当中非常强调绿色规划建设施工。

### (四)推动传统制造业的绿色清洁与改造

支持绿色清洁发展,推进传统制造业的绿色改造,建立起绿色低碳循环发展的产业体系,鼓励企业工业技术装备的更新,我们不仅仅要看到发展新兴的绿色产业,而且要将传统的制造业进行绿色化改造。绿色制造要求在保证产品的功能、质量的前提下,综合考虑环境影响和资源效率,通过开展技术创新及系统优化,将绿色设计、绿色技术和工艺、绿色生产、绿色管理、绿色供应链、绿色就业贯穿于产品全生命周期中,实现环境影响最小、资源能源利用率最高,获得经济效益、生态效益和社会效益协调优化。传统的制造业通常是高耗能的产业,既浪费大量资源,又造成了大量的环境污染,在此基础上要推动传统制造业的绿色清洁与改造。发展绿色金融,设立绿色发展基金。如发展绿色信贷,银行应对这些高能耗、高污染的企业设置一定的限制,如能耗过高、污染过严重的企业,银行就不贷款,用金融的手段来推动绿色发展。

《中国制造2025》提出了构建绿色制造体系的一系列具体内容,绿色制造体系包括开发绿色产品、建设绿色工厂、发展绿色园区、打造绿色供应链、壮大绿色企业、强化绿色监管。改革开放以来,中国制造业发展取得了举世瞩目的成就,我国已成为世界第一制造大国和第一货物贸易国,然而,"高投入、高消耗、高污染"的增长模式在较长时期内主导着工业发展,使得资源浪费、环境恶化、结构失衡等问题突出。当前,在经济新常态下,我国进入工业化后期,制造业仍有广阔的市场空间,同时也面临新工业革命以及工业4.0时代新一轮全球竞争的挑战。后国际金融危机时代,发达国家倡导"低碳发展"的理念,推动绿色经济发展。在这种大的国际国内背景下,我国在大力发展绿色制造具有重大意义,不仅是新型工业化、推动中国制造由大转强的重大要求,而且是加快经济结构调整、转变发展方式的重要途径,同时也是应对全球低碳竞争的重要举措,是保障我国能源和资源安全的重要手段。

### (五)培养公民自觉的环境保护意识

加强资源环境国情与生态价值观的教育,培养公民的环境意识,推动全社会形成绿色消费的意识。近年来,我国生态文明宣传教育总体上取得明显成效,但也存在一些问题,如一些地方和部门尚未形成自觉积极开展生态文明宣传教育的氛围,存在"说起来重要、干起来次要、忙起来不要"的现象,工作不扎实、不到位。解决这一问题,应要突出重点,抓好落实,进一步加强生态文明宣传教育。着力增强"三个意识":一是节约自然资源意识。通过生态文明宣传教育,让人们认识到很多资源是不可再生的,随着人口不断增长,加之存在浪费现象,石油紧张、矿物减少、淡水缺乏、粮食短缺等直接威胁人类长远发展,增强节约资源意识,自觉养成节约一滴水、一粒粮、一度电的良好习惯。二是保护环境意识。通过生态文明宣传教育,让人们认识到片面追求经济增长、忽视环境保护必然导致环境灾难,如气候变暖、酸雨频发、土地荒漠化、海洋污染等,这将给人们生命和财产带来巨大损失;引导人们树立保护生态环境就是保护生产力,改善生态环境就是发展生产力的理念,坚持走可持续发展道路。三是改善生态意识。通过生态文明宣传教育,让人们认识到掠夺式地向自然界索取,无节制地排放废弃物,自然界承受不了,必然带来生态危机,最终危及人类生存发展;引导人们深刻理解人与自然相互影响、相互作用、相互制约的关系,自觉形成尊重自然、热爱自然、人与自然和谐相处的生态价值观。

## 二、加快建设主体功能区

加快建设主体功能区就要加大改革创新力度,积极完善各项相关政策。在推进经济结构战略性调整、促进城乡区域协调发展、引导产业发展布局、保障和改善民生、促进城乡区域基本公共服务均等化、强化节能减排和应对气候变化等各项工作中,都要按照主体功能区建设的需要,把相关政策区域化和具体化,充分发挥在实施主体功能区战略中的引领和带动作用。从各类主体功能区的功能定位和发展方向出发,把握不同区域的资源禀赋与发展特点,明确不同的政策方向和政策重点。对优化开发区域,要着力引导提升国际竞争力;对重点开发区域,要促进新型工业化城镇化进程;对限制开发区,要增强生态服务功能;对禁止开发区域,要加强监管。把投资支持等激励政策与空间管制等限制、禁止性措施相结合,明确支持、限制和禁止性政策措施,引导各类主体功能区把开发和保护更好地结合起来。通过激励性政策和管制性措施,引导各类区域按照主体功能定位谋发展,约束各地不合理的空间开发行为,切实把科学发展和加快转变经济发展方式的要求落到实处。主体功能区建设是一项系统工程,需要有关部门多方协作、相互配合、统筹推进。要按照《全国主体功能区规划》明确的任务分工和要求,从发展改革部门的职能出发,突出政策方向和重点,注重把握政策边界,与其他部门的配套政策相互支撑,形成政策合力,增强政策综合效应。要正确处理政府与市场的关系,充分发挥市场配置资源的基础性作用。要针对各类主体功能区的不同功能定位,确定不同的调控方向和调控重点,充分发挥政府投资等政策的导向作用,充分调动中央和地方、政府与社会的积极性,引导社会资金按照主体功能区的功能要求进行配置,逐步完善国土空间科学开发的利益导向机制。

加快建设主体功能区,国家虽然已经推动了很多年,但地方的落实还存在着很大的差距。要发挥主体功能区作为国土空间开发保护的基础作用,落实主体功能区规划,完善政策,发布全国主体功能区规划图和农产品主产区以及重点生态功能区的目录,推动各地依据主体功能区的定位发展,以主体功能区为基础,统筹各种空间性规划,推进多规合一。

多规合一是指将原来的城市规划、土地利用规划以及环境规划等一系列的相关规划合理地结合起来,因为原来各个规划,各管各的事,有的指定这个土地是建设用地,有的指定这个土地是环保用地,所以就会经常出现规划之间"打架",甚至很多规划都从来没有实施过,怎么样将这些规划合成一个合理的规划?这就需要有绿色发展进行统筹,而用绿色发展的理念,将它落到实处。

推动京津冀、长三角、珠三角地区,优化开发区域产业结构向高端、高效发展,防止城市病,逐年减少建设用地的增量。减少建设用地的增量这一点是非常重要且必要的,由于现在很多地方已经面临着土地瓶颈,如长三角的一个县级市,700平方公里的土地,开发强度达到28%,浙江省平均的水平达到15.5%,它所在地级市是25%。而一般发达国家的土地开发强度都不超过15%,我们经过科学的统计,如果一个地方的土地开发强度超过了30%,那这个地方基本就无法住人了,人与自然已经难以和谐相处了。

要推动重点开发区域,提高产业和人口的聚集度。有些地方要合理布局产业和人口,现在各个地方的工业园区都在招商引资,但引进来的企业不一定符合当地的发展及产业链的需要。比如，引进来一个钢厂，但当地没有铁矿石的供应，不能进口或无法自己开采，那这个钢厂就难以为继，所以要推动重点开发区域的产业和人口的聚集，我们要将经济发展的主要重点放在重点开发区域上，而重点生态功能区域要实行产业准入的负面清单。高能耗、高污染的企业绝对不能进入重点生态功能区。

加大对农产品主产区以及重点生态功能区的转移支付力度，这就需要国家统筹考虑，对它们进行转移支付。这也正是习近平总书记讲的绿水青山就是金山银山，只有守好了绿水青山，才能够获得金山银山。所以，要强化激励性补偿，建立横向性和流域性的生态补偿机制，整合建立一批的国家公园。国家公园的一个最重要的核心是既能够保护自然环境，又能够达到经济效益。美国是国家公园最早的提出国，美国的黄石公园每年的收益非常大，吸引了大批的游客，又能够保护好自然环境。我国地大物博，自然景观和人文景观遍布全国，且各具特点，具有发展国家公园的丰富资源。因此，我们要充分利用景观资源，整合、统筹、着力建设一批国家公园。同时，要维护生物多样性，实施濒临濒危的野生动物抢救性的保护工程，建设救护繁育中心以及基因库。强化野生动植物进出口管理，严防外来物种的入侵，严厉打击象牙等野生动物制品的非法交易。

## 三、推动低碳循环发展

### （一）推进交通运输业的低碳发展

绿色交通是 21 世纪以来世界各国城市交通发展的主要潮流，步行、自行车、公共交通在占用交通面积、耗能和废气排放方面比私人汽车具有明显的优势，是发展城市绿色交通、建设节约型交通体系的有效方式。推进交通运输的低碳发展，优先就是要进行公共交通的绿色低碳发展，加强轨道交通建设，鼓励自行车等绿色出行，现在小汽车带来的污染也非常严重，要实施新能源汽车的推广计划，提高电动车的产业化水平，提高建筑节能标准，推广绿色建筑和建材。绿色循环低碳交通适用于铁路、公路、水路、民航和邮政各个领域，在保障实现国务院确定的单位 GDP 碳排放目标的前提下，全行业绿色循环低碳发展意识明显增强，运行体系机制更加完善，科技创新驱动能力明显提高，监管水平明显提升，行业能源和资源利用效率明显上升，控制温室气体排放取得明显成效，适应气候变化能力明显增强，生态保护得到全面落实，环境污染得到有效控制，基本建成绿色循环低碳交通运输体系。

### （二）加强对高能耗产业的管控

高耗能是指在生产过程中耗费大量的能源，比如煤、电、油、水、天然气等。主要涉及电解铜、电解铝、石油加工、炼焦、化工、铜冶炼、铁合金、电石、烧碱、水泥、钢铁、黄磷、锌冶炼13个高耗能行业。高能耗产业一方面过度消费了资源，另一方面给环境造成了比较大的污染。要主动控制碳排放，加强高能耗产业的管控，有效控制电力、钢铁、建材、化工等重点行业的碳排放，支持优化开发区域，实现碳排放峰值的目标，实施近零碳排放区域的示范工作。

### （三）推行企业循环式生产与改造

中国要实施循环发展引领计划，要推行企业循环式的生产和产业循环式的组合，园区循环式的改造，要减少单位产出的物质消耗，加强生活垃圾分类回收和再生资源回收的衔接，包括现在一个重要的问题是，中国推行了很多年的垃圾回收制度，一直还没有建立起来，这需要我们进一步推广，推进生产系统和生活系统的循环链接。

国家发改委公布的《循环发展引领计划》指出，要初步形成绿色循环低碳产业体系，实现企业循环式生产、产业循环式组合、园区循环式改造。全面推行循环型生产方式，单位产出物质消耗、废物排放明显减少，循环发展对污染防控的作用明显增强。同时，还要基本建立城镇循环发展体系，构建新的资源战略保障体系，形成绿色生活方式等。其中，企业循环式生产包括推行产品生态设计，选择重点产品开展"设计机构＋应用企业＋处置企业"协同试点，推广"3R"（减量化、再利用、再循环）生产法，发布重点行业循环型企业评价体系。产业循环式组合方面包括推动行业间循环链接，组织实施产业绿色融合专项，在冶金、化工、石化、建材等流程制造业间开展横向链接，建立跨行业的循环经济产业链。园区循环化发展包括新设园区和拟升级园区，要制定循环经济发展专项规划，或按产业链、价值链"两链"集聚项目；存量园区实施改造，实现企业与产业间的循环链接，增强能源资源的物质流管理和环境管理的精细化程度等。

## 四、全面节约和高效利用资源

观念决定行动、行动决定出路，所以要建立起节约集约循环利用的资源观，强化约束性指标的管理，实施能源和水资源的消耗，建设用地等总量的强度和总量的双控。

除国家的政策支持和引导以外，普通民众的节水、节能意识对于绿色经济发展也非常重要。实施全民节能计划，提高节能、节水、节地、节材、节矿标准，开展能效、水效领跑者引领行动。我们要严控水资源总量，国家应提出要实行最严格的水资源管理制度，以水定产、以水定城，建设节水型社会，合理制定水价，编制节水规划，实行雨洪资源的利用、再生水利用、海水淡化工程。国家非常重视水资源管理,要建设国家地下水监测系统,开展地下水超采区的综合治理。

此外,建立健全用能权、用水权、排污权、碳排放权的初始分配,创造有偿使用、预算管理、投融资机制、培育和发展交易市场,推进合同能源管理和合同节水管理。用市场化的手段来推进环境保护与资源保护,这是非常重要的一个要素。

土地资源、能源、污染物排放成为现在主要的约束性指标。鉴于此,地方政府也想了应对之策来面对土地资源、能源、污染物的约束,用企业对一些评价指标进行排序,这些指标有:亩均的税收、亩均的销售收入、亩均的工业增加值。这三个指标都反映了土地的利用效率。单位能耗的工业增加值反映了能源消耗。单位每吨的化学需氧量(COD)的工业增加值,这反映污染物的排放。全人类劳动生产力,就反映劳动力要素的素质。根据这些排序之后,将企业分成三大类,一类是比较好的,一类是中等的,一类是比较差的。比较好的企业会拥有一些政策倾向,比如优惠的城镇土地使用税、优惠的电价、优惠的用能价格、优惠的污水处理收费价格和排污权的市场使用价格。最关键的是地方政府还可以建设一整套交易市场,针对那些做得比较差的企业提高用地的水平,可以出售掉一些工业用地,比如能耗水平比较低,可以将新增的用能权给出售掉;在排污方面,结余下的排污权也可以出售。通过这种方式,它可以大幅度地倒逼企业进行资源环境的保护与建设。

此外,要倡导合理消费,抵制"四风",力戒奢侈消费,制止奢靡之风。在生产、流通、仓储、消费各个环节要全面落实节约。管住公款消费,深度开展反对过度包装,反对食品浪费。全社会贯彻绿色消费的理念,推动形成勤俭节约的社会风尚。

## 五、加强环境治理的力度

通过加大环境治理力度来实现绿色发展。要推进多污染物的综合防治和环境治理,实行联防联控和流域共治,要深入实施大气、水、土壤、污染物的防治行动计划,要实施工业污染源全面达标计划,实现城镇生活污水,垃圾处理设施全覆盖和稳定运行,扩大污染物总量的控制范围,将细颗粒物等环境质量指标加入约束性指标。

同时,要坚持城乡环境治理并重,特别强调要加强农业污染的防治制度,统筹农村饮水安全、改水改厕、垃圾处理,推进种养殖业的废弃物资源的循环化、资源化、无害化的利用,这也是一个很重要的方面。在农村,关于环境污染,一个最重要的方面就是传统的农耕方式中对于种植垃圾的处理,即秸秆焚烧。传统的农民习惯于将没有用的秸秆直接在土地上进行焚烧来处理,他们认为这种方式既省事又省力,而且是从祖辈就传下来的方式,并没有觉得有任何不妥。但从环境保护的角度来考虑,这种污染是现下我们应该予以制止的。在农村,基层干部应该通过画报宣传、田间地头与农户交流来向他们传递知识。同时,要普及广大农民群众的环保意识,培养他们的生态环境价值观,只有从内心和思想上形成自觉主动的环境保护意识,才能够真正改变传统的生产方式,发展现代绿色农业。

此外,还有一个重要的领域是改革环境治理的基础,建立覆盖所有固定污染源的企业排放许可制度,实行省级以下环保机构,监测监察执法制度,垂直管理制度。这主要是指省级环保部门直接管理市、地、县的监察监测机构,地市环保局实行以省级环保厅(局)为主的双重管理体制(县级环保局不再单设,而是作为地市环保局的一个派出机构),这是对我国环保体制的一个重要改革,有利于环境执法的统一性、权威性、有效性。而且要建立全国统一的实时在线的环境监控体系,现在经常面临的一个问题是环境数据不统一的现象,这需要通过统一的实时在线的环境监控系统,建立健全环境信息公开发布制度,让老百姓能够得到环境的数据,探索建立跨地区环保机构,开展环保督察巡视,严格环保执法。所以,新颁布的《环保法》被称为史上最严的环保法,也是要体现出这些作用。

## 六、筑牢生态安全屏障

首先,要坚持保护优先,自然恢复为主,实施山、水、林、田、湖生态保护和修复工程,构建生态廊道和生物多样性保护网络,全面提升森林、湖泊、湿地、草原、海洋等自然系统稳定性和生态服务的功能性。管制用途和修复生态,都必须遵循自然规律,这是很重要的一个问题。

其次,还要开展大规模的国土绿化行动,要加强林业重点工程建设,完善天然林保护制度,全面停止天然林的商业性采伐,增加森林面积和蓄积量,发挥国有林场和林区在绿化国土中的一个带动作用,要扩大退耕还林、还草,加强草原保护,严禁移植天然树木进城。现在有些城市的绿化速度非常快,绿色提升率显著提升,大部分地区是将其他地区的大树移进城,大树进城之后就像人一样,打个吊瓶。

同时,要加强水资源系统的生态保护,系统治理江河流域,连通江河湖泊水库,要开展退耕还湿,要进行退养还滩,要推进荒漠化、石漠化、水土流失的综合治理。现在荒漠化、石漠化、水土流失量非常大,对于土地怎样进行综合保护,这也是一个重要的内容,同时,应强化江河源头和水源海洋地区的生态保护。

# 第六章　中国低碳经济的发展

## 第一节　低碳经济的内涵

人类经济发展的状态大致上经历了农业经济、工业经济与信息经济。低碳经济的内涵与其他经济形态有所不同，并且随着低碳经济的开展，人类对低碳经济的认识不断加深，低碳经济的内涵也在不断深化。

### 一、低碳经济的内涵

低碳经济最初出现于英国的能源白皮书《我们未来的能源——创建低碳经济》。这本白皮书不仅在人类历史上首次提出低碳经济的概念，而且对低碳经济的内涵给予了一定程度的揭示。白皮书指出，迫于气候变暖的压力，减少碳排放是必然的选择。追求产量最大化的人类经济活动需要在对环境更少污染、对自然资源更少消耗的约束之下进行，低碳经济的目的是提高人类生活质量。由此可见，低碳经济的字面含义蕴含着低碳经济的出发点和基本目的，这是与以往经济发展形态认定的不同之处。在低碳经济的概念被提出之后，由于其顺应了世界发展的潮流，因而得到了欧洲国家的普遍关注，在全世界迅速传播。

低碳经济就应该改变以化石能源为基础的能源结构，在提高化石能源利用效率的同时，发展清洁能源、低碳能源。低碳经济的核心是能源技术使用上的创新。通过技术进步，扩大能源的使用范围；通过低碳、无碳能源的使用，在发展经济的同时，实现碳排放的降低，从而改善大气的构成。低碳经济的目的是最大限度地降低碳排放，减缓全球气候变暖的速度。在此前提下，通过技术创新实现经济和社会的清洁发展与可持续发展。

低碳经济是以改善大气构成为目的，追求低碳排放、无碳排放的经济形态。社会资源的配置按照低碳排放的要求来进行，低碳经济是一系列保证低碳排放、无碳排放的经济制度、政策设计、生产方式、消费方式的总称。

## 二、经济增长与低碳经济

经济发展的实质是可利用资源规模的扩大和现有资源利用能力的提升。人类的生产、需求与自然资源之间的协调是衡量一个社会发展潜力和健康程度的主要标准之一。经济增长的最终目的是满足人民群众日益增长的物质和文化方面的需要。然而,相对于人类无穷无尽的欲望而言,资源永远具有稀缺性。随着人口的不断增长,人类的需求还在继续增加,经济增长的要求正变得越来越迫切。然而,经济增长引起的资源匮乏、生态环境恶化又反过来遏制了经济增长。

### (一)"罗马俱乐部"与经济增长的极限

工业文明给人类带来巨大财富的同时,造成了资源过度消耗,对环境的影响日益明显。工业文明对环境的影响前景如何?这个问题一方面关系到人类对经济增长的看法,另一方面也关系到人类的生存环境。在环境的约束下讨论经济增长,这使经济增长这个古老的经济学问题焕发出青春。经济增长和人口增长呈现出的指数增长特征将带来不可再生资源的成倍消耗,与经济增长的指数特征相对应的是,污染也将按照指数增长。由于经济之间的联系日益密切,经济增长可能仅发生在世界部分地区,污染却会在全世界范围内扩散。生态修复过程不仅具有长期性,而且有些环境恶化的过程是不可逆的。技术进步虽然可以在一定程度上缓解这些问题,但是任何一个时代的技术总有局限性。技术进步的速度总会滞后于需求的增长和对环境的影响。因此,全世界范围内普遍的高速增长是不可持续的,经济增长存在极限状态。

罗马俱乐部向人类持续的经济增长提出了质疑,在全世界范围内引起了广泛的讨论。如果真如罗马俱乐部所言,人类的经济增长存在一个极限的话,那么经济增长必将存在一个停滞状态。这对经济增长理论将形成巨大的挑战。环境与经济增长的关系问题也引起了经济增长理论学家们的高度重视。

### (二)对经济增长与环境关系的理论阐述

经济增长理论大体上经历了古典经济增长理论、新古典经济增长理论和新经济增长理论三个发展阶段。在继承与拓展古典经济增长理论的基本思想和观点之下,新古典经济增长理论在建立新古典生产函数的基础上,通过新古典经济增长模型的方法,得到了一个重要的结论:如果没有外生的技术进步,经济增长将处于停滞状态。尽管同样描述的是经济增长的停滞,但是这一结论与罗马俱乐部的结论有很大的不同。罗马俱乐部认为的经济增长停滞是环境修复速度低于经济增长速度,经济增长被迫放缓而处于停滞状态。而新古典经济增长理论所预言的停滞是指在没有技术进步的条件下,由于资本边际生产力的递减,使得资本积累不能持久地进行,如果没有资本持续积累的机制,经济增长将停滞。换言之,在新古典经济增长理论之下,经济要想获得持续的增长,经济系统必须拥有一个正的技术增长率。然而,新古典经济增长理论的缺陷在于,其认为技术是外生的,并没有指出技术进步的原因。因此,新古典经济增长理论仅是在理论上利用技术进步因素说明了经济长期增长的一种可能性,并没有对长期经济增长机制本身进行必要的解释。

新经济增长理论是对新古典经济增长理论的修正和发展。新经济增长理论希望通过经济增长模型对技术进步率和人口增长率等传统的经济增长理论的外生变量做出解释。同传统的古典经济增长理论相比,新经济增长理论模型具有动态最优决策和经济参数不变而经济变量自发变化的特征。根据新经济增长理论,技术进步是长期经济增长机制的关键,而技术进步又是知识积累的结果,所以知识的持续积累将是技术进步得以实现的条件。边际生产力递减是使资本不能持续积累的主要原因,如果能克服资本的边际生产力递减现象的发生,就可能通过持久的资本积累来保证经济长期增长的实现。通过扩展的资本模型、内生经济增长模型,新经济增长理论向人们展示了经济增长可以持续的机制。

经济增长理论对环境也给予了充分的重视。经济增长理论最初的研究使用的是新古典生产函数。经济增长理论将环境视作一个生产要素,或者是一个约束,通过在新古典经济增长模型中增加环境约束因素,使环境进入了经济增长模型。新经济增长理论认为,环境进入模型的这种方式,将对模型的结果产生重要的影响。环境因素对经济增长的影响呈现出一定的不确定性。环境对经济增长的约束存在理论可能,但是将环境作为一种重要的资本来看,为改善环境而进行的投资与技术进步中,又蕴藏着经济增长的动力。

事实上,经济增长能否持续的问题是经济增长方式选择的问题。技术进步确实可以实现经济增长方式的转变,但是技术进步的不确定性和长期性与资源耗尽的确定性之间存在基本的矛盾。一旦技术进步的速度不能克服资源耗竭的速度,那么资源(含能源在内)就将对经济增长构成约束,经济增长就只能被迫放缓。新经济增长理论过分强调技术进步的力量,对技术进步与资源耗竭之间的关系也有所忽视。而罗马俱乐部则过分强调资源耗竭、环境污染所带来的约束力量,对技术进步有所忽视。经济增长能否持续取决于人类利用资源的方式是否可持续。

(三)低碳经济与经济增长

低碳经济的发展意味着对传统以碳基为能源的经济形态的否定,意味着新的经济革命。低碳经济是以降低碳排放、拯救地球大气环境为使命的经济模式,这一使命决定了低碳经济与经济增长之间可能存在的矛盾。从短期来看,由于碳排放的历史积累,大气中二氧化碳的高浓度对人类的影响已经显现,降低碳排放的压力巨大。考虑到大气构成改变的长期性以及低碳技术进步的长期性,低碳经济的发展将对经济增长构成一定的障碍。然而,低碳经济与经济增长并不存在根本性矛盾。因为,环境的恶化、气候变暖使人类对清洁的大气环境有强大的需求,此需求中一部分将转化为改善大气的动力,另一部分将转化为巨大的商业机会。在分工理论的作用下,为了降低碳排放,社会将会出现专门从事降低碳排放的行业。也就是说,低碳经济的发展将催生新的行业——低碳产业。而人类为了降低碳排放,必须进行大规模的研发投入,这些研发投入将催生以降低碳排放为目的的低碳技术,这些新技术最终将促进经济增长。为了应用这些低碳技术,必须进行大规模的固定资产更新,这将使经济产生新的增长点。由此可见,低碳经济与衰退并不具有必然因果关系。从经济学的角度来看,经济增长理论告诉我们,经济增长的动力源于技术进步,低碳经济最终要靠技术进步去推动。在全世界集中人力、物力、财力进行低碳技术的研究与开发时,可以预期,人类掌握低碳技术的速度将大大提升。因此,低碳经济从根本上将促进经济增长。正因为如此,斯特恩博士对发展低碳经济充满了信心,向英国等发达国家极力建议发展低碳经济,低碳经济与经济增长的这种关系也是各国发展低碳经济的动力之一。

对低碳经济与经济增长的这种关系需要正确地理解。然而,从技术发展的一般规律来看,一项重大的发明,尤其是一项革命性的技术创新其耗时也将十分漫长,且新技术的产生往往会受到现有经济形态的抵制。即使低碳技术已经成熟,由于经济活动的"锁定"作用,也不会立即进行大规模的商业化应用。成熟的技术束之高阁的史例举不胜举。因此,可以预期,低碳技术的运用将是一个漫长的过程,低碳技术促进经济增长也将是一个长期的过程。考虑到低碳技术应用的长期性和人类改善大气结构的迫切性,人们认为,低碳经济虽然在理论上可能促进经济增长,但是短期内,在降低碳排放的紧迫要求下,低碳技术发展的初期世界各国可能要容忍较低速的经济增长。

## 三、低碳经济与循环经济的关系

(一)我国的循环经济

循环经济最早起源于发达国家,这是一种发展经济的新理念。从时间上来看,循环经济的产生和发展阶段早于低碳经济。循环经济的产生源于两个基本背景：一是20世纪50年代已经完成工业化的西方发达国家为了解决他们"先污染、后治理"的工业化发展道路所产生的环境污染问题，从而提出的一种发展经济的模式；二是20世纪70年代爆发的能源危机使人们认识到资源短缺对经济发展的制约，迫使人们寻求资源永续利用的途径和方法。

由于经济活动造成的环境污染存在一定程度的不可恢复性，在污染治理的过程中，西方发达国家发现，与污染环境所获得的收益相比，治理环境的投入巨大，环境治理的效果需要很长时间才能体现。要真正解决环境问题，必须将环境作为一种要素投入纳入经济系统当中，在发展经济的过程中就考虑对环境可能造成的影响，根据对环境的影响选择合适的经济发展路径。为了解决经济增长与环境、资源之间的矛盾，必须努力实现3R原则，即精简（Reduce）原则、再利用（Reuse）原则和循环（Recycle）原则。精简原则是要从生产过程中尽量减少物质使用，通过提高资源、能源的利用效率实现产量的最大化；再利用原则是对生产过程中的副产品实行回收、再利用，根据这些副产品的其他使用价值进行综合利用；循环原则是将废弃物和消费剩余进行物理、化学和生物方法的处理，变成可利用的生产要素，重新进入生产过程。资源的高效利用和循环利用，不仅可以减少生产成本，提高经济综合效益，而且还有效地改善了生态环境，大量废弃物被资源化地循环利用不仅解决了大量不可再生资源的再生利用问题，又产生了新的经济增长点，创造了新的就业岗位。把3R原则作为一种理念和模式从生产领域引申到建设、流通、消费等领域，人类历史上第一次出现了一种经济发展模式把经济增长与环境保护、资源节约有机地结合在一起，使可持续发展从理念变成现实。

（二）循环经济与低碳经济的联系和区别

循环经济和低碳经济都起源于发达国家，都是关于经济发展的理念，两者既有联系又有区别。在最终目标上，循环经济与低碳经济都追求人与自然的和谐发展，都追求经济发展的可持续性。但是，两者在最终目标上稍有差别，循环经济追求的是经济发展、资源利用和环境友好的经济发展模式，而低碳经济是强调经济发展不能对气候变化产生显著的影响。在实现途径上，两者都强调对自然资源利用的高效性。循环经济主张通过提高投入的产出效率，以最小的投入（原料投入、人力投入、资本投入和环境成本等）取得最大的产量，在生产的过程中减少废弃物，强调物质的循环使用。实现低碳经济的主要途径则是通过改善能源结构，提高非化石能源在能源消费总量中的比重和化石能源的利用效率，减少温室气体的排放，削弱人类活动对气候的影响,增加碳汇集能力,恢复维系自然界大气平衡所需要的碳循环机制。从经济发展阶段上来看,循环经济是与人类的工业化和城市化过程密切相关的,是人类为了摆脱自然资源的制约而采取的经济发展模式。循环经济的发展是与工业化、城市化的过程相一致的,随着工业化和城市化的深入发展,循环经济的内涵、方式也将不断改变。低碳经济是在人类对化石能源的过度、无序使用造成全球气候变暖的情况下,为了改善大气条件,避免人类遭受自然灾难而采取的经济发展模式。低碳经济的提出始于21世纪初,在这一阶段人类的经济活动改变了大气的构成,增加了空气中二氧化碳的浓度,在人类面临气候威胁的情况下,为了全人类的共同福祉而提出的经济发展模式。低碳经济的关注点和重点领域在低碳能源和温室气体的减排上,这是低碳经济与循环经济的不同之处。

从循环经济与低碳经济的目标实现途径和发展阶段可以看出,低碳经济是循环经济发展在能源领域的自然延伸,低碳经济是循环经济发展的必然结果。虽然在不同的发展阶段,低碳经济与循环经济的关注点和重点发展领域有一定的区别,但是在特定的历史时期,特别是在气候变化对人类威胁上升的时刻,气候问题变成了影响人类发展的主要矛盾,循环经济与低碳经济具有高度一致性。

# 第二节 我国发展低碳经济的必要性

应对全球气候变暖需要全世界的努力,中国作为最大的发展中国家,无论是在道义上还是在责任上,都有义务为世界碳减排做出自己的贡献。不仅如此,低碳经济对中国的发展具有特别的意义,发展低碳经济是我国的必然选择。

## 一、低碳经济是应对气候变暖、改善我国大气质量的有效途径

低碳经济的目的是降低碳排放,优化大气的构成,遏制地球气温上升,控制地球气温不超过地球生命力承载极限的有效方式。气候变化的影响是全球性的,我国的气候已经受到了显著影响。

平均来看,我国的气温呈现上升的态势,与世界气候变化有较强的一致性,还呈现出不同的区域特点。近一百年来,我国气温上升的平均速度达每10年0.17摄氏度。

我国气温的变化呈现出明显的区域差异。北方地区气温上升的趋势明显,东北和华北气温上升的幅度最大,达到每10年0.6摄氏度,在此期间西南和长江流域的气温反而略有下降,南方大部分地区的气温波动则相对稳定,并没有表现出明显的

变冷或变暖的趋势。

从我国各地区的降水量上来看,近年来中国大陆降水量减少的区域面积占国土总面积的53%,主要分布在中国东部的湿润和半湿润地区。东北东部、华北地区与四川盆地东部在过去100年间降水趋于减少。青藏高原地区百年降水也有减少的迹象,但是减少幅度并不明显。与此同时,其他地区的降水则呈现出明显的增加趋势。我国西部地区发生了明显的大范围降水,西北地区、长江流域、南方地区的降水量增加尤其明显。我国各流域的降水量也显示出明显的区域差异。自20世纪70年代起,长江、黄河流域降水量明显增多,洪涝加剧。

## 二、发展低碳经济是大势所趋

纵观整个人类发展的文明史,可以发现从农业社会到工业社会,从工业社会到信息社会,在每一次发生重大变革的历史时刻,一个国家如果能够认清世界发展的潮流,紧跟甚至引领世界潮流,那么这个国家的综合国力必将获得极大的提升,在世界经济、政治、外交中将占有举足轻重的地位。18世纪的英国依靠技术创新推动了工业革命,率先实现英国农业社会向工业社会过渡,在随后的工业化浪潮下,技术创新的成果迅速在全世界范围内得到广泛应用,英国成为全世界霸主,其殖民地遍布全世界。因此,从战略上看,认清世界经济发展的潮流和方向对一个国家的发展起到重要作用。

当今世界的潮流就是要发展低碳经济。全球变暖问题对地球环境影响的严重程度已经引起国际社会的普遍关注。在解决全球变暖的问题上,低碳经济无疑是理想的选择。低碳经济不仅可以从源头上减少碳排放,而且更为重要的是,低碳经济之下蕴含着巨大的发展机会。低碳经济的发展既是改善大气环境的迫切要求,又是转变经济增长方式的要求。因此,世界主要发达国家都将发展低碳经济作为自己未来经济的发展方向,都确立了具有各国特点的低碳经济发展目标,通过立法的形式保证这些目标的实现。

在低碳经济已经成为世界经济发展潮流的情况下,中国只有紧跟甚至想方设法引领这一潮流,才能在未来的世界发展格局中占有一席之地。中国只有融入低碳经济的发展大潮,才能避免未来落后的境地。

值得指出的是,虽然主要发达国家在发展低碳经济方面有资金、技术和人才优势,但是总体而言,在低碳经济的发展上,国家之间、地区之间的差异并不是很大,几乎所有的国家和地区在发展低碳经济方面都处于同一个起跑线上。因此,我国可以利用发展低碳经济的历史契机,缩小与发达国家的差异。

## 三、发展低碳经济是科学发展观决定的

低碳经济的发展体现了科学发展观的基本要求。科学发展观的本质是以人为本。以人为本就是要从人民群众的需要出发，促进人的全面发展，保障人民群众的根本利益。改革开放以来，虽然我国经济取得了举世瞩目的成就，但是也应该看到，我国的经济增长方式仍然很粗放，利用资源的效率仍然很低，对自然环境已经造成了相当大的破坏，广大人民群众对环境改善的要求相当迫切。低碳技术的发展顺应了工业社会向信息社会转变的要求，致力于改善地球环境又能保持经济增长，还可以协调人与自然的关系，低碳经济的发展体现了科学发展观的基本要求。

低碳经济的发展是实践科学发展观的重要途径。低碳经济要依赖技术创新，低碳技术的发展是低碳经济发展的前提条件。低碳技术是协调发展的科学发展观基本思想在技术创新实践过程中的具体化。科学发展的根本要求是统筹兼顾，而低碳经济创新可以实现系统内部、子系统与子系统之间、整体与部分之间的协调发展。低碳技术上的创新对低碳经济起决定性作用，使得人们可以在与自然协调的方式下进行资源的开发和利用，可以缓解甚至是解决人与自然界之间的矛盾，最终实现人与自然的和谐发展。从资源的稀缺性来看，自然资源终有耗尽之时，因此追求可持续发展是科学发展观的主要内容之一。低碳经济的发展以经济的方式弥补以往人类打破自然界平衡系统所造成的损失，通过低碳技术、节能技术提升化石能源的使用效率来延长自然资源的使用寿命，可以实现能源的持续使用，最终实现可持续发展。

## 四、发展低碳经济是转变经济增长方式的要求，可以产生新的经济增长点

低碳经济是为了应对全球气候变暖而提出的经济发展方式。从长期来看，低碳经济要依靠技术进步。可以预见，在低碳技术的作用下，在对传统产业的改造中将产生巨大的商机，将出现以降低碳排放为目的的新型低碳产业。这些新型低碳产业将成为我国新的经济增长点，为我国经济增长贡献新的力量。

改革开放以来，我国经济增长方式一直不能得到有效改变，仍然停留在粗放型的经济增长上。造成这种情况的重要原因之一是我国经济体制改革的滞后。在低碳经济发展的大潮下，它不仅仅是一个经济问题，而是已经上升为政治问题和外交问题。低碳经济的发展有助于我国的经济体制改革的推进，有助于借助外部环境的变化促使我国经济增长方式的转变。

## 第三节　我国发展低碳经济的机遇与挑战

改革开放多年来,中国发生了翻天覆地的变化。进入21世纪以来,随着中国正式加入世界贸易组织(WTO),中国的经济实力、国际影响力与以前相比,都有了相当大的提升。低碳经济的概念虽然深入人心,但是从全世界范围来看,目前尚缺乏成功的经验。大多数国家,特别是发展中国家,低碳经济仍然处在起步阶段。在低碳技术的发展上,发达国家与发展中国家的差异其实并不大。虽然在发展低碳经济方面,欧洲、日本与美国领先一步,但是并不具有明显的先发优势。中国作为最大的发展中国家,经过改革开放多年的发展,我国已经积累了大量的物质财富,以及雄厚的人力资本。在发展低碳经济方面,如果我国能够积极应对,顺潮流而动,有所作为,善于利用低碳经济的机遇,那么我国一定能够进入一个全新发展的阶段。当然,我国经济发展中存在的一些问题,也对我国发展低碳经济带来了巨大的挑战。

### 一、低碳经济对我国发展的机遇

20世纪70年代以来,在改革的策略上我国采取了渐进的方式,试图在运用增量改革的方式带来经济增长的同时,不至于给社会带来较大的冲击,较好地解决了稳定与经济增长的关系。然而,多年来的经济发展给我国经济带来巨大成就的同时,经济发展方式并没有发生根本性的转变,经济发展仍然依靠物质投入和投资的拉动,人力资本和技术进步在经济增长中的贡献与作用相对有限,经济增长中的问题经过长期的累积已经对经济发展带来了负面的影响。随着时间的推移,改革逐渐进入攻坚阶段,如果深层次的问题不能得到有效解决,那么中国的经济发展的步伐将被迫放缓。对于深层次的问题,仍然采取渐进式的、细枝末节式的改革,要想得到水滴石穿的效果必然耗费时间。在全球气候变暖的环境之下,我国需要尽快适应低碳经济的发展要求,加快经济增长方式的转变。在应对全球气候变暖的问题上,全世界人民的利益是共同的,中国有义务、有责任为全球气候变暖做出自己的贡献。低碳经济的发展已经上升为政治问题和外交问题,低碳经济发展的迫切性要求我国必须采取果断措施,扫除阻碍经济增长方式转变的绊脚石,突破长期以来制约我国经济增长的体制因素,以发展低碳经济的重要性来协调各方的利益和冲突。全球气候变暖从外部给我国转变经济增长方式提供了压力,低碳经济的发展为又一次解放我国的生产力提供了机遇。

中国作为最大的发展中国家,其世界影响力日益增强。虽然我国拥有令全世界刮目相看的经济增长率,但是综合国力仍有待进一步提高,我国仍然处在大而不强的阶段。在资源品特别是主要能源(石油)方面的话语权方面有很大的欠缺,在世界能源分配格局中基本处于被动接受的地位。低碳经济的发展要求在世界范围内实行能源的多元化供应格局。化石能源的替代,可再生能源的使用可能将使我国实现能源供应的独立性,摆脱能源的国际依赖,为我国能源的安全发展提供历史机遇。

由于应对全球气候变暖的迫切性,虽然从目前来看并没有在全世界范围内实行碳排放的总量控制,但是随着全球气候变暖形势的日趋严峻,从总量上控制碳排放是直接决定全球气候变暖战役是否能取得胜利的关键。可以预见,控制全世界范围内的碳排放的总量为期不远。尽管各个国家在碳排放的分配上将会产生巨大的争议,但是出于对人权这一基本权利的考虑,按人口进行碳排放份额的划分将有很大的实现可能。果真如此,中国庞大的人口基数将为中国赢得碳排放总量的优势。虽然这种优势并不会凭空获得,中国将会付出代价,但是低碳经济的发展确实能为我国带来新的机遇。

虽然"京都协议书""巴厘岛路线图"并没有要求发展中国家承诺减排,但是作为负责任的大国,中国已经对全世界表明了自己发展低碳经济的立场。这将为我国带来巨大的政治利益和外交利益。低碳经济可以为我国政治地位、外交地位的提升提供一定的机遇。

最后,低碳经济的发展将为我国的科技进步提供机遇。由于发展中国家在资金、技术等方面存在明显的劣势,因此,"京都协议书"和"巴厘岛路线图"规定,发达国家有义务、有责任为发展中国家提供资金、技术方面的支持。虽然发达国家将会以种种借口、种种理由给发展中国家的资金、技术支持设置障碍,但是在全球气候变暖的形势紧逼之下,发达国家对发展中国家的资金援助与技术援助终将成行。我国作为最大的发展中国家,将可能从中获益,提升我国技术进步的水平。

## 二、我国发展低碳经济的挑战

虽然,低碳经济的发展可能给我国带来一定的机遇,但是我国发展低碳经济的挑战也是巨大的。中国政府公布了《中国应对气候变化国家方案》,提出了全球气候变化将给我国带来7个方面的挑战。挑战之一是经济发展模式。随着经济的发展,能源消费与二氧化碳的排放量必然要持续增长,减缓二氧化碳的排放量将使我国面临创新型的、可持续发展模式的挑战。挑战之二是能源结构。由于我国能源的供应特征是"富煤、贫油、少气",因此煤是我国的主要燃料。然而,煤的碳排放很高,单位热量燃煤的二氧化碳排放量远高于石油和天然气,在发展低碳经济的情况下,对高碳排放燃料的限制使用将成为必然,我国的能源结构将面临挑战。挑战之三是能源技术的自主创新。我国能源生产和能源利用技术落后是能源利用效率低下、温室气体排放高的主要原因。在能源利用效率一定的前提下,为了保证生产,需要消耗更多的能源,需要排放更多的二氧化碳。能源生产和能源利用效率低下对低碳经济的发展构成巨大挑战。挑战之四是森林资源保护和经济发展。随着工业化、城市化进程的加剧,保护林地、湿地的任务加剧,压力加大。挑战之五是农业的发展。我国的农业经济并不发达,适应能力很低,在气候变化之下农业将面临较大的挑战。挑战之六是水资源的开发和保护。如何在气候变化的情况下加强水资源的管理,优化水资源的配置,加强水利基础设施建设,全面推进节水型社会的建设,保障人民用水安全,给我国的决策者提供了巨大的挑战。挑战之七是海平面上升所带来的海水入侵,海岸侵蚀等问题,这些问题对沿海地区的发展提出了挑战,需要在发展低碳经济的过程中有效解决。

应对气候变化,发展低碳经济给我国带来的挑战还表现在其他方面。我国是一个人口大国,首先要解决的是14亿人口的温饱问题。这些问题的解决决定了我国必须保持一定的经济增长速度,因此首要问题仍然是经济增长的问题。虽然从长期来看,发展低碳经济可以促进经济增长,成为经济增长的动力,但是节能效率的提升、低碳技术的研发与商业化运用有相当长的路要走,这一切决定了低碳经济发展的长期性。然而,从我国的国情来看,经过改革开放多年的发展,我国的经济取得举世瞩目成就的同时,也积累了大量的问题,这些问题也必须通过经济增长来加以解决。经济增长对于我国的就业、各项社会事业的发展具有相当重要的意义。如何在发展低碳经济的长期任务和我国对经济增长的迫切依赖方面进行平衡,是发展低碳经济的一个主要挑战。

另外,我国发展低碳经济的挑战还在于如何克服长期以来对高能耗、高碳排放经济发展方式的路径依赖。改革开放以来,我国的工业化进程日益加快,工业化对改善人们的生活、促进社会的发展发挥了巨大作用。经过多年的发展,我国的工业化基础已经相当雄厚,这是我国国民经济能够得以快速发展的重要原因。然而,传统工业化是建立在高碳排放基础之上的,低碳经济就是要对这种生产方式进行根本性的变革。可以预见,高碳排放的工业化基础越是强大,发展低碳经济的困难也将越大。低碳经济的发展对碳排放的主要行业在短期内将形成巨大的冲击,出于自身经济利益的考虑,这些行业将通过多种方式和途径,与发展低碳经济的力量进行博弈,伺机维护自己的地位,使朝着低碳经济方向发展的产业升级计划延缓,对低碳企业、低碳技术产生相当强的抵制力,将造成我国经济增长对高碳排放的经济增长方式具有相当程度上的路径依赖。克服这种路径依赖需要很强的智慧和决断力,这将是我国低碳经济发展的最大困难之一。

我国发展低碳经济的挑战还在于我国的市场经济体制并不健全。充分利用市场价格机制对资源的调节,理顺商品价格体系,特别是资源品的价格体系,对节能减排、发展低碳经济具有非常重要的作用。但是,近年来我国经济的复杂性程度有所增强,市场存在大量的流动性使得经济发展面临通货膨胀的压力较大,包括石油、煤炭和天然气在内的资源性商品的使用价格如果不能包括碳排放的成本,资源性产品的价格形成机制就不能充分反映资源稀缺程度、环境损害成本和供求关系,"污染者付费"的原则没有得到很好地落实,那么就会造成典型的市场失灵。如果资源品价格制度不改革,资源品的价格仍然较低,那么很难从需求的角度遏制碳排放,这种情况会导致对以往高碳排放行业的维系以及对低碳行业、低碳技术的变相打压。但是,如果资源品的价格中包括了碳排放给社会造成的成本,资源品的价格上升的话,那么将带来整个社会价格水平的上涨。在这种情况下,我国的经济又将面临通货膨胀的巨大压力。

我国发展低碳经济的挑战还在于地方财政的薄弱。我国采取分税制改革后,中央政府、省级政府以及其他各级地方政府在财政之间存在事权与财权的不对称。从财权上来看,中央政府所得占据了财政收入的主要部分,省级政府所得占据财政收入的次要部分,各级地方政府在财政收入中的份额最小。然而,从公共支出的角度来看,由于各级地方政府主要承担着基层的公共服务职能,所需要的公共支出相当庞大,财政捉襟见肘在中国地方政府是常见的事。近年来,地方政府的土地财政正是地方政府财政薄弱的重要表现。从发展低碳经济的角度来看,地方政府是企业的最密切接触者,他们对企业节能减排的完成情况的信息获取成本很低,是理所当然的节能减排的监督者和维护者。然而,我国各地的高污染企业、高能耗企业、高碳排放企业往往是各种税、费、捐助的主要来源力量,地方政府由于财政紧张,出于经济利益的考虑,在节能减排方面必然存在监管动力不足的问题。这种情况将对我国发展低碳经济造成很大的挑战。

## 第四节 我国发展低碳经济的战略

我国发展低碳经济既要考虑应对全球气候变暖的迫切性,又要充分考虑我国的基本国情,借鉴发达国家的基本经验,走中国特色的低碳经济建设道路。

### 一、我国发展低碳经济的努力

随着全球气候变暖进程的加剧,全世界所有国家都以不同的方式展开了行动,我国也不例外。我国以节能减排为重点,发展低碳经济已经完全体现为国家意志。21世纪,国家发展和改革委员会颁布了应对气候变化的框架性文件《中国应对气候变化国家方案》,明确提出了我国要发展低碳能源和可再生能源,从能源开发的角度发展低碳经济。确实,《中国应对气候变化国家方案》出台是中国气候领域的根本"大法",为我国的各行业、各部门和各地区确定节能减排的措施提供了依据,各行业和各级政府可以依此制定促进低碳经济发展的政策措施。这一方案的另外一层含意是确定了中国中长期应对气候变化的框架,并确定了中国应对气候变化的目标、方向、内容和立场,为发展低碳经济奠定了基础。该方案向国际社会表明,中国是负责任的大国。该方案同时有助于唤起公众关注气候变化,对国家制订长期决策提供指导。

综上所述,我国社会各界都普遍认识到发展低碳经济的重要意义。在一些地方,人们发展低碳经济的愿望相当迫切,希望以低碳经济为契机,为地方经济寻找到新的经济增长点,希望低碳经济为地方经济增长贡献力量。同时,人们也在践行低碳经济方面,做出了具体的努力。

### 二、我国发展低碳经济的战略目标和基本原则

《中国应对气候变化国家方案》提出了我国应对气候变化的总体目标为:在控制温室气体排放方面取得明显成效,适应气候变化的能力不断增强,气候变化相关的科技与研究水平取得新的进展,公众的气候变化意识得到较大提高,气候变化领域的机构和体制建设得到进一步加强。国家方案提出,在今后的10年时间内,可再生能源开发利用总量在一次能源供应结构中的比重要提高到10%左右,努力降低二氧化碳排放。大力发展可再生能源和核能,争取到2030年非化石能源占一次能源消费比重达到15%左右。

中国科学院可持续发展战略研究组对我国发展低碳经济的战略目标进行了研

究。他们详细地分析了人口、能源和经济增长的综合情况后认为,我国发展低碳经济、降低碳排放的战略目标为,如果我国采取较为严格的节能减排技术和激励减排政策,在得到国际技术转让和资金支持下,中国的碳排放争取在2030—2040年达到最高点,之后进入稳定期和下降期。

我国发展低碳经济要在科学发展观的指导下,坚持可持续发展的基本原则,以建设资源节约型、环境友好型社会为战略重点,坚持走可持续的工业化道路和可持续的城市化道路的原则,坚持把节能减排作为中心工作,降低能源的消费强度和碳排放强度,割断经济增长和碳排放的必然纽带,坚持依靠科技进步,以低碳技术的发展降低碳排放,加快推行太阳能、风能等新能源的商业化,建立多元化的能源供应体系。在气候保护,经济发展与生态环境方面实现有效平衡。

从短期来看,要针对工业生产和终端用能低效的问题,有针对性地进行主要资源价格体系的改革,加快淘汰落后产能,对高能耗行业的能效进行目标管理。以低能耗、低碳排放的方式进行基础设施建设,避免固定资产投资中产生的"碳锁定"效应。优先发展煤气化为龙头的先进发电技术的商业化,重点关注清洁煤的利用技术,深挖森林、草原等自然系统的碳汇潜力。在发展低碳经济的同时,改善生态环境。

# 第七章 区域经济发展探索

## 第一节 区域经济发展的相关理论

### 一、区域经济发展阶段理论

区域经济增长并不是以同样的速度运行在一条直线上,而是以不同的时间和速度进行。开发过程是一个循序渐进的曲线。在每个发展阶段,区域经济的产业结构、空间规划、经济实力和增长速度表现出不同的特点。研究地方经济发展的过程中,地方经济由低到高,从贫穷走向富裕,并在每一个阶段,找出区域经济的特点,是非常困难的。

根据各个地区或者各个国家,甚至根据世界的科学水平、工业发展的状况,或者这个地区主要的产业,经济的发展可分为六个阶段:

第一,传统社会阶段,这个阶段是经济增长的初始阶段。一般是早期社会,还未出现牛顿力学及相应的科学技术,其主要的经济来源是农业,该社会地理区域包括古代中国、中东以及全世界,在牛顿力学诞生之后,传统社会也应该包括那些没有现代技术作为标志的文明。现阶段经济增长的特点为,主要依靠人类劳动,没有相应的科学技术,绝大部分以农耕为主,人民的收入仅能维持生存,整个社会结构僵化,生产力低下。

第二,经济起飞准备阶段,这一阶段是经济的一个过渡阶段,逐步形成经济增长所需要的各种条件。一般是说从传统向"起飞"过渡的阶段,跟17世纪末18世纪初的西欧相类似。其最主要的特征是,在农业和工业中逐渐应用新兴的科学技术,金融机构逐渐出现在这个历史舞台上,交通条件明显得到改善,业务规模不断向外延伸,虽然经济增长阻力越来越小,但人民的收入还是入不敷出。

第三,经济起飞阶段,这个阶段是经济飞速发展最重要的阶段,决定其以后该地区经济的状况怎样。在此阶段最重要的是,农业和工业依据先进的科学技术去引导生产,净经济投资增加到国民收入的10%,工业部门的出现反过来又带动了其他相关的辅助部门的发展。总的来说,在这个阶段,地区(国家)的储蓄增加,导致了一个不断扩大的企业家战略,人均产生的效益大幅度增加。这个阶段持续约20~30年。如果区域经济要实现"起飞",它必须具备三个条件:首先,必须增加生产性投资,这相当于国民收入的10%;其次,建立制造业是代表龙头企业去带动其他产业的发展;最后,创造一个确保经济"起飞"的政治、经济和体制环境。

第四,向成熟推进阶段,这个阶段是经济起飞阶段发展后的一个必然阶段,经济表现为持续性的进步。科学技术广泛影响了经济活动,企业家投资的增长超过了人口的增长。此阶段的主要特点是,一些现代技术在经济领域被广泛使用;行业向多元化方向发展,产业结构的产业化和服务趋势正在逐步发展;主要行业从煤炭、纺织和其他行业转化为重工业,如机械、钢铁;较高的投资增长率,约占国民收入的10%~20%;不管是生产还是人口都出现了增长,生产的增长速度要比人口的增长速度快,农业劳动力数量比重显著下降。在起飞阶段结束时由40%下降到20%,而教育产业也得到快速发展,职工教育水平和专业技能水平提高,创业阶层出现在社会结构中。成熟阶段持续约60年的时间,尽管发展的过程有波动,但这是一个不断保持增长的时期。

第五,高额消费阶段,这主要是经济特别发达的工业社会。此阶段的特点为,人均收入显著增加,消费水平已显著上升,而实际的人均收入已经让很多人去除了衣、食、住、行等消费品、耐用品的需求。服务业发达,地区间的产业结构已从重化工转向消费品;商业竞争越来越激烈,垄断资本主义逐渐萌芽;生产能力超过偿付能力,政府开始通过财政、税收、金融等政策去强制性地干预经济的发展。

第六,追求生活质量阶段,这主要适用于后工业社会。这个阶段的特点为,再一次提高人均国民收入,从满足基本生活需求转变到实现精神生活需要,如文化娱乐以及环境质量。服务业在产业结构中排名第一,包括公共教育、医疗机构和市政。住房、社保、文娱设施、旅游等产业部门不仅形式多样,并且这种产业规模非常大,已经成为新的主导产业。这样一个行业为人们提供了别样的服务,不像工业社会、农业社会那样生产产品、粮食。

地区经济快速发展处在哪个阶段,主要依靠该地区的主要产业和科技在制造过程中的所占比重。

## 二、区域生命周期理论

区域工业处于青年时期时,市场显著扩大。该地区的区域比较优势得到意外认可,并投入大量的资金。青年工业区域的竞争优势非常显著,生产成本非常低,而且市场还特别广阔。

在发展到成熟时期,工业区在其他地区占主导地位。企业的管理人员因其专业知识而被调到其他地区,该地区的竞争开始变得越来越激烈,成熟的工业园区仍然可以保持自己区域的优势。

在老年时期,最初的成本优势逐渐消失,市场变化显著。其他地区可能会接收到新的更便宜的原材料,同时他们可以以相对便宜的价格购买足够的熟练劳动力。该地区的旧工厂和机械设备可能已经过时,税收增加,土地之间的竞争使厂房无法扩展。拥挤已经司空见惯,其吸引投资资源的能力越来越不如从前,进入老年的地区可能被逐渐代替直至消亡。当然,老年区可以通过创新重新焕发活力,进入一个新的生命周期。

## 三、区域经济发展竞争优势理论

### (一)区域发展的比较优势理论

经济的向前发展不需要多余的控制,而只是市场这只看不见的手去操纵经济的发展。一个国家或地区要想快速发展,就必须按照绝对成本理论的原理去大规模地生产和出口产品,以便在交易过程中才能获得绝对优势。

根据生产过程中生产要素密度的不同,国家(地区)贸易品一般可以分为劳动密集、资源密集、资本密集型、技术密集四大类。如果生产要素不容易在国家(地区)之间相互交流,那么作为因素流动的替代品的国家(地区)贸易具有优化因素分配的功能。富含某些元素但没有其他元素的国家(地区)可以生产需要大量丰富元素的产品,并且只需要少量的缺陷元素,各国(地区)应根据生产要素的丰富和不足,开展国际分工。使生产要素得到最有效的利用,资源得到有效分配,从而增加国家(地区)的总体生产。

第二次世界大战后,技术在经济发展中的作用越来越重要。产品生命周期理论分为三个阶段:新生、成熟和标准化阶段。在新生阶段期间,技术能力较强的地区有非常大的优势,可以进行垄断性的贸易。在成熟阶段期间,比较优势主要来自科学技术的广泛应用及销售和规章制度等因素。先进的科学技术向落后的地区进行技术渗透,贸易也开始发生在这两个不同类型的地区之间。在标准化阶段期间,由于技术扩散,技术的可用性逐步增强,并且生产越来越受劳动生产率成本的影响,生产逐渐向技术落后的区域发展,贸易结构也发生变化,逐渐从落后地区向经济繁荣地区供应商品。事实上,产品周期理论也表明,一个国家或地区的单一因素不是一个有利的因素,而是不同因素的组合。

## (二)区域发展的竞争优势理论

首先,这个国家及其内部地区的发展目标是基本相同的。但是,在国内或某个地区获得竞争优势并不能说明这个国家的整体竞争优势在国际上占有重要地位。获得国家的竞争优势将不可避免地取决于国家不同层面上的区域优势。

其次,在区域层面的居民和全国水平的居民很可能有相同或相似的社会文化背景。在同一个区域,因为它们的相似性在发展领域的思维上,所以居民更有可能加快信息在该地区的流动和传播,在知识和技术因素方面,更有可能促进知识和创新的理论,这将有助于积累、资本和该地区的其他要素的积累,以及集群和产业集群在该地区的发展。在这个过程中,该地区的其他非经济部门,如当地政府、高校和科研院所,更有可能一起工作,以提高整个地区的区域优势,带动其发展。

最后,地方区域的发展是一个不断变化的动态过程。根据这种说法,地方的区域竞争优势可以划分为两个竞争优势,即静态的和动态的。

静态的区域竞争优势基本上意味着该地区是刚刚步入发展,该地区的发展取决于该地区一些现有的要素与条件长期积累(如该地区的人力、物力、社会资本、科学知识的累积、企业的核心能力等),这使得该地区处于工业发展的优势,但这样的优势是静止的和短暂的。如果这些地区在发展过程中没有把早期的优势加以利用,如有效地重组并引入创新,那么该地区的最初竞争优势将逐渐被淘汰且将变为其自身发展的劣势。由于该区域的发展面临着各种内部和区域外环境的改变,包括在该区域的企业繁荣与衰弱、人口流动与技术交流等一些情况,以及该区域的外部技术和内部市场环境的变化及其他区域的竞争压力。

动态区域竞争优势主要是指,在某些领域(如新兴产业园)不仅是该地区的不同参与者在区域内外的资源,而且也可以实现自己的创新。此外,不同的参与者在区域内有效协作和合作创新,进而推动创新,在整个区域系统,也推动了整个区域的竞争力。在这样的区域,虽然收益可能在发展的早期阶段有一些缺陷,但这样的缺陷可能成为动力,刺激创新和有利于竞争的改造,使区域不利的位置变为获得利益的主要位置。显然,去增加动态比改善静态效率是更靠谱的。当然,并不是所有的缺点都可以变成好处,如果该地区,正在积极寻求自己主动的战略方法,并鼓励区域等因素在公司之间的协同创新。此外,一旦公司将拥有在该地区创新的竞争优势,他们需要不断进行创新,以保持在该地区的竞争力。

## 第二节　区域经济发展能力的内涵与构成

### 一、经济发展与经济发展能力

（一）经济发展与经济发展能力的内涵

1. 经济发展

经济增长方式转变实质在于选择工业化道路，是一项系统工程。直观表现是资源使用的显著增加。与此同时，经济改革的产业优化升级，不断改进，发展创新，促使循环经济的定义和开发，以及促进和加速内需的中心环节，发展模式和经济增长方式转变的内在动力。经济体制的转型是经济体制转变为市场经济体制。经济结构的变化是发展中国家的工业化。在这个过程中转变经济发展阶段。改变经济增长机制不是经济技术水平和质量的变化，而是经济增长动力和机制的变化。改变的关键是从"利润导向"转向"效率导向"的经济增长。

2. 经济发展能力

经济发展和经济发展的能力有明显的不一样。经济发展是实现区域实体的目标或结果。这种状态和经济发展的能力导致地区主体影响经济发展的能力。大多数地区都有经济发展的机会，但许多地区没有区域经济发展的成果。

经济发展能力是评判区域和国家区域经济发展的指标。在对经济主体的能力进行培养的过程中，经济主体自身主动性的培养和加强发挥了重要的作用。区域发展潜力是经济实体提供区域职能的举措培训和实施过程相关的一系列效应的共同术语。

（二）经济发展与经济发展能力的比较

像技术创新的能力一样，经济发展的能力也代表了一系列影响经济发展的不同力量。这些力量的共同后果使我们意识到经济发展的结果。由于经济发展能力是指汇集各种促进区域经济发展的力量，这是区域主体能力的表现，也是经济发展的动力。

### 二、经济发展能力的构成

经济发展的本质是改变人们的物质和精神的生活条件，从根本上消除贫困和饥饿,输入和输出的相关结构的优化和改进,以及不同利益群体的社会政策发展的参与。与此同时,新古典主义的学派还十分注重市场机制自由竞争和农业现代化,对促进国家经济发展中的作用具有重要意义。由于人力资本和国家对外贸易政策的推动,经济发展将主要依靠国家内在环境实现快速增长。上述观点在指导发展中国家相关研究的科学家的过程中发挥作用。经济发展水平的影响因素归纳为直接因素和间接因素,前者是主要归因于资本、土地、劳动力、科技等方面,这直接导致社会生产过程;后者覆盖宽的区域,受许多外部因素,包括自然环境、企业文化、居民的受教育程度以及经济模式和政府政策对国家的经济发展产生间接影响。由于直接因素的影响间接影响该国的经济水平,这些因素每一个都可以被包含在间接影响的因素中。基于对本文的现实的经济发展和分析各种研究,将影响经济发展机遇的因素划分为以下几类:

(一)人口规模和结构

人口规模是指该地区空间不变的情况下能够容纳的人口数量,人口对区域经济发展有积极和消极的影响。第一,区域人口的线性增长会导致区域经济发展发挥显著的积累作用,从而带来一定的收入利润,为区域经济的发展做出贡献。人口众多的地区可以为经济发展提供源源不断的劳动力。例如,我国第一次快速发展与当时我国人口数量是密切联系的。与此同时,人口的集中地区能够为区域经济发展带来必要的活力,带动市场供应,从而推动了企业的发展和经济增长的愿望。第二,一定数量的人口能够促进经济的发展,但区域人口数量超过该地的最大容量,也将给该区域的发展造成一定的障碍,如北京、上海、广州等。目前,由于人口数量过于庞大,造成了很多社会问题。人口规模不合理积累,导致超载,造成该区域的城市拥堵,这增加了该地区的外部成本,并给该区域经济的发展造成了一定的障碍,与此同时,人口不受控制地扩张也会给该地区的环境、生态和安全带来隐患。这就要求社会和政府投入大量的财力、物力,为经济发展投入资源。

人口结构是该地区人口存在和流动的一种表现形式,这可以是该地区人口结构特征的规范性表征。包括年龄、性别、分布情况和教育水平等因素,人口众多因素对某一地区经济发展具有重要作用。人口的年龄结构是指该地区在不同年龄段的人数和比例。不同年龄组的群体具有非常不同的生理和心理特征、思维模式和生活习惯。因此,这些人对经济发展也有不同的影响。大多数18岁以下的青少年正处于学习的过程,这会对区域经济以后发展的潜力和继续发展的能力有重要的影响;18~64岁的年龄范围反映了该地区当前的劳动情况,同时也是该地区的最主要的劳动成员;

65岁以上的老年人群体反映了该地区的老龄化，并且是该地区人口集聚的重要组成部分。人口年龄结构对该地区整个社会的生产情况、需求比例、就业问题、教育问题和退休产生重大影响，从而影响区域经济快速发展。可以使用老年人和儿童等指标去衡量人口结构。人口文化程度是说受教育程度不同的人口占总人口的比例，是评判该地区人口素质和结构的一个指标。人们所受的高等教育能够为该地区提供高质量的人力资源。这有助于行业实现最优化的现代化，有效提高目标区域的产业生产力和技术能力，对经济发展的机遇产生重要影响。同时，人们所受教育水平也可以反映区域发展的潜力和可持续发展的潜力，并可以作为该地区健康和可持续发展的一种动力。城乡人口结构反映了城市人口与农村人口的关系。这是区域城市化和现代化的体现，是评判区域经济发展水平的重要举措。从人类社会发展的角度来看，经济结构必须要适应经济发展的要求，否则前面的经历要从源头发生变化。现代化的最重要的特征是人口从农业向非农业的转移，人们从农村向城镇的转移。这种变化将不可避免地导致农村的人口数量和城市人口数量的规模发生非常大的变化。区域人口的产业结构是指各部门劳动力的分配与组合。该地区人口的产业结构应始终满足区域产业结构的发展要求。由于各行业劳动力的分布状况不相同，而人口的产业结构能够评判各地区各行业的贡献度和生产需求，从而反映各行业今后的发展情况。人口部门结构的改善对优化区域经济结构和促进快速经济发展产生重要的影响。

（二）经济结构

经济发展不单单意味着总产量的增加，而且意味着经济质量的变化。研究影响经济发展的众多因素中，要注意对经济总量有贡献的因素，还要注意对经济质量产生深远影响的因素。在经济质量中最有利的因素就是经济结构。经济结构和经济增长从始至终都是相互影响、相互促进的。经济发展导致供应结构和需求结构产生变化，以带动经济结构随之变化。相反，经济结构调整的效应也对经济发展起到催化带动的作用。区域经济结构的改善是指在工业、投资和消费、区域经济结构等因素在经济结构之间关系的不断发生变化和改进，促使经济来源的可行性，并进一步促进经济增长的变化。

第一，该地区经济结构的变化有助于该地区更合理地分配资源。经济增长和发展与该地区各种因素的贡献是紧密关联的。但是，在资源匮乏的情况下，仅仅依靠增加对经济发展做出贡献的因素就会导致资源浪费和影响经济可持续发展。在这个情况下，调整经济结构就会产生极其重要的作用。结构的调整确保资源可以流入更需要的产业部门，并且在有限的情况下让每个因素对经济增长的影响都最大。

第二，调整经济结构可以开创新兴产业、新能源和新需求，为经济可持续发展提供源源不断的动力。经济结构的调整致使新的经济关系和新的产业结构能够取代旧的生产关系。这种新旧更替可以为该地区的快速发展提供新的活力、新的力量。如果要取代主导产业的分支机构，行业的原有主导分支机构将在经济发展的前一级发展。随着经济和社会的快速发展，主导产业将发生转变，这种转变应该伴随着更高的生产率。能够满足社会需求的更先进的技术和产业占上风。替代这些行业为经济发展提供了持续的动力，并成为不同阶段经济的动力。

第三，区域经济结构的变化有助于改善社会分工和生产方式，使其更加现代化。任何经济的向前发展都与社会分工和生产方式的变化密切相关。改变经济结构也是社会分工和生产方式变化的一种形式。在经济结构中相应的工业结构的改变，其中的一方面就是区域经济因素在工业之间的相互转变，使区域内更符合经济需要的生产要素，也有助于引进技术创新和这些行业生产方式的变化。用更加现代的生产方法取代现有的生产方法，并有助于提高整个地区的生产效率。目前，"互联网+"模式的发展取代了原有的生产方式。利用互联网重组经济结构将使经济发生转变。

（三）生产要素的投入

生产要素和经济发展这两者之间存在着相互影响的关系。经济发展包括两个方面，即经济增长和结构转型。在这一过程中，有必要引入新产品和结构出现的基本要素。同时，要素的贡献也对改善经济结构起到了非常重要的作用。由于种种因素，可以定位区域经济发展方向，能够加快促进新兴的主流产业的快速发展。区域经济发展所需要的元素有很多种。除了土地、资本和劳动力这三种，先进的科学和技术的这一新要素也是现代区域经济发展的必要条件。

投入资本的重要性能够得到足够重视，比如说：Adam Smith 经济模型、Harold Thomas 模型、Ross 的经济理论和 Porter 生长阶段理论等。增大资金投入可以促进经济的快速发展，为经济发展提供更为广泛的技术支持，因此，可为经济发展提供更加便利的资源，投资额度可能反映了投资对区域经济管理的作用。对资本的投资可以鼓励企业更为便利地生产。这种投资可以刺激社会就业，伴随着企业战略和生产力的变化等。这可以进一步改善社会需求，进而形成经济发展的双重推动力。劳动力作为促进经济发展的因素，在数量和质量方面也是双重作用。资源要素的贡献对经济向前发展也具有基本的支撑作用。这些资源为区域经济的向前发展提供了更为坚实的基础。经济发展所需的各种原材料几乎都来自资源和环境的基础。资源环境与经济发展之间的相互作用是一个周期性的相互作用过程。资源要素为发展区域经济提供了各种重要信息。然后这些原材料通过加工、产出转化为消费者的产品。因此,该地区的资源成为区域经济活动强大的支持体系。同时,由于经济和消费的各方面的资源,资源要素不断传播,最后通过自然净化后返回到自然,从而变成人类经济活动再利用的资源。无论经济发展与任何时期的资源要素之间是否有密切关系,这样的循环过程都要经历所有的经济活动。科学知识这个元素对当地经济发展的促进主要体现在生产方式和提高生产力上。第一,知识因素能够增强该地区的人力资源。知识的累积过程取决于人们劳动力付出的形式。知识在劳动力中的累积过程主要体现在能够提高人们的劳动力素质。在经济活动中,这种累积过程比一般劳动力更有用。在同等条件下,这些工人更有利于经济的快速发展。第二,知识元素也在改变地区的生产体制中发挥重要的作用。知识的积累和应用可以产生更为现代化的生产设备和规章制度。这种变化对于该地域生产方式的变化是非常重要的。

在要素投入和经济发展的关系中,报酬递减通常在投入要素达到一定数值之后。但是区域中的知识促进区域发展递增报酬,为其创造了极高的可能性,也使原有要素创造出更优质的产出,从而能够改变报酬递减现象。

### (四)科学技术水平

科学技术水平是一个国家经济发展的强大支撑。不管社会处在哪一个发展阶段,社会的跨越式发展需要有关键性进步技术的支撑。不管是改善人民生活,促进经济社会的进步,还是提高产出水平,每个领域都离不开进步技术的支持。技术进步对促进经济发展有巨大作用,从具体的影响途径来看,包括下列几个方面:

技术进步使生产函数得以改变,同时,也调节生产要素的投入比例,并有效提升生产效率。这个特性,能够让经济发展方式得以转变,由以资源为主要推动力转变为以资本和劳动等为主要推动力。这种转变可以促进经济持续健康发展,并对不同经济时期拥有的资源优势进行充分改变,使资源发挥最大的作用。

在保证一部分其他投入要素不变的条件下,技术进步能够增长产出,优化升级原有的生产函数。同时也可以改变生产函数,使同样的资源产出更多更优质的产品。比如,福特流水生产线的发明,在劳动力生产状况不变的情况下,创新管理技术,迅速提升生产率,为福特公司带来了巨大的经济效应。

技术方面如交通技术、信息技术和医学技术的进步,不仅会提高社会生活质量,还可以提升原有的生活质量与生活水平,是经济发展的重要表现。

## (五)对外开放程度

开放是促进区域经济发展的主要动力,也是重要途径,区域开放可以通过吸引区域外的投资和经济体,来开展贸易活动,优化区域资源配置,为区域经济的发展增强活力。从大部分国家与地区的发展来看,都能够得出结论,区域的经济发展程度一般与区域的开放程度呈正相关关系。

第一,区域开放使产业结构得到进一步优化升级,突破区域发展在技术上的缺陷。区域开放加速技术得以扩散和吸收,促进区域技术进步,实现发达区域经济的快速增长,促进技术的进步,还能够使落后区域的产业结构得到优化升级。

区域开放带来许多要素,如技术、资本与人力资源等,有助于让区域间的要素进行流动,促进区域产业结构的多样化,有利于让区域的产业体系更加优化完善。此外,在市场机制条件下,区域开放也促进区域内的产业能够提升生产力和改进管理技术,并降低成本,使产品的质量得到提升,实现区域内外产业有效竞争,促进产业结构向着高度化的目标优化升级。

第二,区域的开放有助于突破区域资源要素的限制。一个区域不可能拥有经济发展需要的所有生产要素,如果经济环境不开放,经济发展就很可能会受到短缺要素的制约。经济发展需要各种资源要素的集聚和共同作用,区域开放能够被供给更加广泛的资源要素。区域开放的程度愈高,区域所要获得的资源要素就愈丰富。

第三,区域开放能够有效使经济发展的市场需求得以拓展,有利于区域市场限制的打破。从一个层面来说,单个区域的生产不会满足消费者的全部需求,区域开放可以引入许许多多的商品,可以让消费者的需求得到有效满足。同时加快配套产业的发展,使区域内的整个行业都按照顺序进行发展。区域开放可以对市场层次进行提升,并将区域外的供需引进,使区域经济能够将比较优势充分发挥出来,同时也使效益水平得以提升,促进区域经济的健康发展;从另一个层面来说,区域是一个在范围上有限制的经济体,单个区域内的人口有限,也使消费能力受到限制,所以在区域社会分工的情况下,区域生产的产品需要满足区域内的需求,也需要使区域范围之外的市场得到充分拓展。

## (六)文化状况

经济发展不仅仅是产品数量、质量和结构上的变化,也是区域中文化、意识等因素的变化。文化具有确定的经济发展功能,它是文化的本质特征在经济方面的具体化。从一般性来说,文化对经济发展的科技含量存在支撑的功能,对社会环境存在规范的功能,对依靠力量存在凝聚的功能,以及对基本方向具有导向的功能。

第一，在经济发展过程中，文化对科技含量进行支撑，指的是文化对经济发展的科技含量存在十分重要的影响，文化也影响思想观念、科技自身和社会环境，促进经济发展与科技进步。

第二，对经济社会所处的发展环境，文化具有影响和规范的作用，主要是指文化作为一种精神力量，内在地包含对现有经济环境的批判、过滤以及优化，调整和修正经济发展所处的社会环境，例如社会关系、社会制度和思想观念等，创造良好的外部条件，促进经济发展。

第三，文化可以凝聚经济发展的力量，经济发展的最主要力量便是劳动力，文化黏合劳动力的思想行为，以目标、规范等方式，让企业、劳动力与社会之间互相认同和吸引，使内部向心力和聚合力有所增强，促进共同价值意识的形成，推进社会的进步和经济的发展。

第四，文化对经济发展具有导向作用。文化可以被认为是一面旗帜，它需要对社会经济的整体目标进行正确的导向，积极对经济个体的思想行为进行引导。在经济发展过程中，文化对经济的导向既是对经济的选择与探索过程，又是一种经济性价值取向，同时也是对经济的融合与调节；既趋向于抽象目标，又要面对现实与未来。

（七）资源环境

资源环境和经济发展的关系主要体现在以下几个方面：第一，经济发展是资源环境的根基，经济系统是环境系统的结果。客观环境一直存在着，即使在人类还未出现的时候。之后，人类为了生存，充分利用和改造环境，对环境的利用和改造达到相当程度之后的结果是经济系统的产生。因此可以说，经济系统是人类利用与改造环境之后的结果。第二，资源环境制约经济发展。自然界中的基本规律要求经济社会发展要在资源环境的承载能力和承受范围之内。资源环境和生态系统提供人类生产生活所需要的物质资源，同时，伴随科技进步，量和质存在动态性的变化，也会出现一些变化，但需要注意的是，它是有一定限度的，它承受发展的能力存在有限性。第三，经济发展主导资源环境的变化。工农业生产活动方面的经济发展，主导着资源环境的改变。经济社会发展一定会对资源环境产生影响，当人类对资源的消耗快于资源更新的速度，不能够遵守自然规律的要求，使污染物的排放不在环境的自净能力之内时，会使环境质量大大降低，并加剧环境污染。第四，资源环境与经济发展相互促进。良好的资源环境为经济活动的良好发展提供了条件，允许经济系统中产生许多废弃物，从而提供更多的可以利用的资源，使经济持续健康发展，从而增加人们可利用的资金，这样人们就可以拿出更多的剩余资金和产品来为建设环境和治理环境而不断努力。

# 第三节 区域经济增长理论综述

经济自身存在资源分配的特定方式,在经济发展过程中,形成了资源分配的马太效应,即经济增长快速的地区,资源分配相对比较多;经济增长慢的地区,资源利用率较低,吸引资源的能力较差,资源分配相对较少。这种不平衡的发展模式,优点是提升总体经济,缺点是会拉大发达地区与落后地区的差距。站在发展中国家立场上,不一样的经济发展战略会对国家的长期经济增长发挥不一样的作用。所以,需要梳理和总结区域经济增长的各流派理论。

## 一、区域经济均衡增长理论及评述

区域经济均衡增长理论的代表人物有罗森斯坦·罗丹和纳克斯等,该理论是指在一个经济体中,保持各产业、区域之间和区域内部经济的同步发展。

### (一)低水平均衡陷阱理论

纳尔逊对发展中国家的数据进行研究,随后发现,大部分不发达国家在经济增长中陷入了"死循环"。他采用计量经济的方法,选择的自变量为人口增长、产出增长和人均资本,对影响人均收入的增长因素进行测算,结果显示,人口数量的快速增长导致人均收入的提高较慢。因此,部分发展中国家经济反复出现"低收入死循环"的恶劣现象是由于国内的高生育率。

低水平均衡陷阱是由于缺乏投资,进而没有实现其他互补性的投资,被看成是"协作失灵"的结果,进而导致无法进行正常的投资。

### (二)大推进理论

因为理论和现实世界不会完全符合,所以需要一些过于理想化的前提假设进行重新审视,即需要有足够多的资源支撑经济中所有部门同时同向均衡发展,但却难以持续大规模地投资刺激。

大推进理论得到认可,提供新理论视角,有利于发展中国家更好地解决问题,不仅仅学界肯定该理论,在发展实践中,各国各地区也有相应的印证。然而,大推进理论仍存在许多不足:一是未认定市场决定经济的作用,过分重视"计划经济",局限性很大;二是太过于说明生产函数和供需不可分,没有注意到专业化分工的存在;三是难以获取对相互补充的产业部门同时投资的巨额资本。

## （三）贫穷恶化循环理论

纳克斯认为经济落后的国家很可能会陷入"贫穷的恶性循环"。人民的实际收入水平不高，储蓄能力较小，导致资本的缺乏及生产率的降低，从而又会降低实际收入水平；人民购买力水平不高，投资引诱就会减小，进而生产中使用的资本数量也会相应地减少，并降低生产率和收入水平，从而又会降低购买力水平。解除该恶性循环的关键是通过对各个部门的全面投资刺激进行增加和对市场容量进行扩大，有利于经济持续发展。他主张各部门要调整各自的速度，主要是依靠自身寻求价格弹性和收入弹性。

该理论也存在局限性，对于分析发展中国家储蓄率较低的原因，纳克斯只认为是收入水平导致的，没有注意到一些像社会政治和其他制度因素对储蓄的刺激等原因。然而，经济发展水平不高的国家缺乏储蓄能力的观点也不符合现实。

## （四）区域经济均衡增长理论简要评述

在现实经济的实践过程中，由于一些国家忽视了市场机制决定资源配置的作用，低水平均衡理论中的大推进理论和贫穷恶化循环理论没有产生积极的影响，甚至还产生了一些负面影响。在发展过程中应用该理论，使投资全部依靠"计划经济"，一味重视表面工业化使资源配置的效率降低，看重形式上的改变而没有涉及区域经济增长中问题的根本，取得不了理想的实际效果。

# 二、区域经济非均衡增长理论及评述

在实际的经济中，区际之间的差异并不会因为发展就自然缩小，从直观上很容易会观察到区域经济增长是不均衡的。

## （一）非均衡增长理论

区域经济发展的决定因素不是资本，而是现有资源需要发挥出它的效率。地区可划分为"北方"和"南方"两个部分。"北方"是经济发达的地区，"南方"是经济欠发达的地区。由此，北方的成长将会对南方产生双面的经济影响。一方面，北方的成长有利于让南方增加投资，减少潜在的失业人口，产生"淋下效应"。另一方面，北方的成长会让南方人才移民到北方，也会使南方在进出口贸易上处在不利地位，进而产生"极化效应"。

非均衡增长理论推动发展中国家选择经济发展路线，直接为其提供了理论支持。在经济发展初期，普遍可以接受"结果的不平衡"的存在，他们的必然选择一定是非均衡发展路线。在欠发达地区,因为它们之间缺乏密切的产业关联,需要在生产潜力最大的部门首先使用稀缺资源,进而带动其他部门的发展。当经济发展到一定水平时,政府应做出相应的协调,实现各产业部门的迅速发展。这为从整体上制定产业发展次序提供了理论基础与政策工具。

### (二) 二元经济结构理论

区域经济发展不平衡是因为市场力。地理位置不同,具有的资源条件也不同。部分存在先天优势的地区的经济发展会优先于其他不具有先天优势的地区,其效果并不是受短期影响,会渐渐拉大区域间经济发展水平的差距。回流和扩散效应影响一个地区经济的持续增长,付出的代价很可能是牺牲了其他地区,这一点与"增长极"理论恰恰相反。二元经济结构是指,随着时间不断推移,区域间经济发展的不平衡程度不会因此而缩小,反而会存在相当长的时间。在发达地区的经济取得一定进展后,政府应采取相应措施刺激欠发达的地区,从而可以缩小区域间经济发展的差异,防止由于累积循环因果效应而导致贫富差距的无限扩大。

### (三) 增长极理论

这个理论以讨论区域增长的途径为重点,也讨论部分产业集聚的相关理论。在该理论中,核心城市中由于部分产业的集聚,会相应地增加一些创新企业的数量,还可以利用企业之间相互配合所形成的协同效应来促进经济的增长。作为资源倾斜的"增长极",由创新集聚,可以发挥经济增长的带头作用。由于扩散生产资源,可以带动周边区域,加速增长自身的经济。因为"增长极"存在特有的带动作用和产业之间的连锁效应,所以能够采用的经济发展方式是有计划地发展与建设增长极。虽然不同的"增长极"会带给不同地区不同的经济增长,但最终会使整体经济得到相应的发展。

"增长极"理论虽然具有非常广泛的应用范围,但它也存在一定的局限性,最大的缺点就是大部分国家都还没有实践成功。欠发达地区不能满足使用"增长极"理论需要的区位条件,即使存在于从发达地区迁移过来的现代化企业,也无法使"增长极"发挥作用,因为它不能与当地形成产业链。

### (四) 倒U字形理论

威廉姆森以库兹涅茨的收入分配为基础,提出了倒U字形理论。威廉姆森在实证分析后得出结论,经济发展初期,总体经济会逐渐发展,区域经济的差异也会保持稳定扩大;经济发展到一定程度时,随着总体经济不断发展,区域差异也会渐渐缩小直到最后消失。重置资源分配会使政府为增强信息不对称程度而将区域内的信息进行重置，并转移资本和劳动力，改变目标，同时这也是倒 U 字形变动的三个主要影响因素。其中，国家发展目标与政策也会影响区域经济的发展，具体表现为政府重视促进经济的快速增长，因为政府优先发展条件优异的地区，会不断扩大区域差距。在政府政策偏向于发展经济而不做出改变时，就不容易减少这种扩大。然而在现实中，因为经济学家对检验倒 U 字形的存在性，所要利用的国家数据不同，得出的结论也会不同，所以经济学家一直质疑该理论的普遍性。

### （五）区域经济发展梯度推移理论

生命周期理论主要观点是，尽管各个工业部门和各种工业产品处在不同的生命循环阶段，但都会经历四个阶段：创新、发展、成熟、衰老，哪怕它们的推动因素不同，兴衰更替的速度也不同。在区域经济学上，产品生命周期理论的延伸是区域生命周期理论，主要观点是处在不同阶段的区域，面临的问题不同，所处竞争地位也会不同。以这个理论为基础，梯度推移理论主张将创新阶段具有发展潜力的专业部门作为主导产业的区域划入高梯度区域，对经济进行均衡分布，逐渐使生产活动从高梯度地区转移到低梯度地区。

该理论也存在一定的缺点，它忽略了落后地区内部也存在相对发达的地区，经济发达的地区内部也有落后地区。因此，只能按照梯度推进进行人为限定，拉大区域间发展距离的可能性就比较大。同时，按照科学的标准划分梯度并不是很简单的。

### （六）区域经济非均衡增长理论简要评述

区域非均衡增长理论在实践应用中的效果比较明显，它是对均衡增长理论的一种修正。它促进发展中国家经济发展，为发展中国家的经济发展路线提供政策工具与理论基础。但在政府和市场作用的认识上，非均衡发展的各个流派存在一定的分歧。缪尔达尔和赫希曼支持政府发挥作用进行干预，对扩散效应会大于回流效应做出了乐观的估计。除此之外，理论也存在一定的缺点，即这些理论都没有涉及非均衡发展的合理界限问题等。

# 第八章 区域经济发展模式

## 第一节 区域经济发展模式

### 一、国外区域经济发展模式

（一）欧洲联盟

欧洲联盟是成立最早、运行时间最长、一体化程度最高的区域经济一体化组织，也是迄今影响最大、最有活力、最成功的区域经济合作组织。前身为欧洲共同体，即欧洲经济共同体、煤钢共同体和原子能共同体的统称。20世纪90年代末，《欧洲联盟条约》（又称《马斯特里赫特条约》）生效，欧共体演化为欧洲联盟。它以德、法两国为核心推动力，以制度化合作演进为其基本特点。欧盟的主要机构有理事会、欧盟委员会、欧洲议会。此外，还有欧洲法院（仲裁机构）、欧洲审计院和经社委员会等机构。它不仅突破了国别的限制，形成统一的欧洲大市场，而且统一了货币，产生了欧元，欧盟在统一大市场的基础上，实行货币交换、商品流通、人员流动、服务四大自由，区内自由贸易已经达到迄今为止世界上区域一体化的最高水平。

经过多年的发展和建设，欧盟已建立了关税同盟，实行共同外贸、农业和渔业政策，创立了欧洲货币体系，建立了总预算制度。

（二）北美自由贸易区

北美自由贸易区由美国、加拿大和墨西哥3国组成，是在原美国、加拿大自由贸易区基础上的扩大和延伸。美国、加拿大、墨西哥三国于20世纪90年代宣布成立一个横跨北美洲的自由贸易区。此协议促使美国、加拿大、墨西哥三国3.8亿的消费者组成了一个庞大的市场，出口总值6134亿美元，进口总值7728亿美元。这是世界第一个由最富有的发达国家和发展中国家组成的区域经济贸易集团。

## 二、国内区域经济发展模式

### （一）苏南模式

"苏南模式"是对无锡、苏州、常州地区经济发展历史进程与主要走向的一种概括。它首先反映苏南地区从农业经济向工业经济转变的历史，是我国农村地区率先启动与展开工业化的历史，20世纪70年代，苏南地区通过"乡镇企业化"，即农民办工业、发展乡镇企业，走上了农业工业化的特殊道路，而西方古典工业的道路是"城市—工业、农村—农业"，农村不仅搞农业，也发展工业，这是出现在苏南地区的一种新生事物，在高度集中的计划经济体制时期，苏南地区一部分农村能人依托当地政府组织辖区内可支配控制经济资源，创办农村集体工业，在政企高度合一的制度框架下，走低资本高负债率的扩张道路，成功地推进了农村工业化的进程。

"苏南模式"反映的苏南农村初期工业化，是一种弱质工业化。首先，表现为简单的工业转移，许多乡镇企业通过购买城市淘汰的工业设备、生产劳动密集型产品和城市工业的配套产品，带来两个问题：一是产品档次低、技术含量低、市场竞争力低；二是设备陈旧、产品同构、产业升级成本大、结构调整困难。其次，表现为工业劳动力素质低，乡镇工业企业职工基本上来自农村、文化程度不高、工业技能缺乏、自主创新能力不足。最后，表现为分散化，农民办工业，初期创业成本低，利用集体用房、农民住房办企业，规模型企业少、集约化程度不高。随着国内市场化进程的不断加速，资源配置由计划配置为主逐渐转变为以市场配置为主，乡镇企业依赖政府所获得的制度支持大大减少，使原先的制度效率逐渐丧失。乡镇企业存量转股、拍卖转让、租赁经营、兼并重组、划股出售、分立破产的方式，盘活转换集体存量资产，吸引企业的干部职工入股，带动个人、社会法人、外商等多元化的增量资本，初步形成投资主体多元化的格局。同时，推进外向型发展战略，不断深化产权嫁接，引进和利用境外资源以推进区域经济发展的国际化进程。

### （二）温州模式

温州模式是小商品经营模式，是以特定的商品做出的特定经营和特定组合，其主要覆盖在日用品小商品及其关联的范围内。小商品的多元细化，造就温州商品生产方式上的特色。改革开放前，温州地区的国有工业基础差，农村集体经济力量薄弱，当时在地方经济中的直接作用并不突出，而且农民人均耕地少，仅以农事难以养家糊口，大量农民以外出经商务工谋生，这使温州地区储存了大量的具有市场经济知识的人力资本，从而制度变迁的初始条件与实施成本决定了温州地区制度变迁的主体一开始就是家庭工商企业这一微观经济主体。家庭工商企业产权相对清晰,而良好界定的产权使拥有者能把他的努力结果转让给他的后裔,这强化了家庭作为一个社会的单位,因此而具有较大的正的激励效应。此后,家庭工商企业在与政府博弈过程中形成大量"红帽子"企业,披上合法化外衣以寻求合法化保护,从而降低"非法化"所带来的交易成本和效率损失,随着经济的发展与市场竞争的日益加剧,原有制度的弊端逐渐显露出来,企业的竞争力低下与被挂户方出现信用危机,整个地区都出现了商品信誉危机,政府不得不对"红帽子"企业的控制权重新做出安排,于是温州地区开始了新一轮的制度变迁——股份合作制改造,股份合作制部分替代了资金市场和人力资本市场,使市场交易费用部分地内部消化了,还可以从相关政策中获取一定的制度支持和人力资本市场,也更便于政府的引导、管理和监督。

（三）浦东模式

该模式具有一种典型的外生型特征。浦东作为我国与世界进行经济交流的重要基地,是面对国际市场的外向型经济。改革开放初期,国内市场处于卖方市场,早期培育起来的市场优势惯性,使得浦东的轻工业在卖方市场的影响下缺乏改革的压力和动力,但随着卖方市场逐渐转为买方市场,长期计划经济体制下新产业的制度惯性,其市场化改革的难度加大。20世纪80年代放权让利的政策并没有让国有企业成为真正的市场主体。20世纪90年代开始,按现代企业制度的基本要求,立足于整体搞活国有经济,国有企业的面貌有了很大改观,国有企业与其他所有制企业成为颇具活力的市场主体。多元化、高要求市场体系的建设和逐步完善,使得上海浦东具备国际经济中心城市的集散、生产、管理、服务和创新功能。浦东的开放开发,大量地利用外资,使上海浦东新区在体制创新、产业升级、扩大开放等方面走在全国的前面,强劲地发挥着示范、辐射、带动作用,优越的地理位置和雄厚的经济基础,再结合原有的经济地位,使特许的制度安排为上海带来了巨大的制度优势。

（四）长三角、珠三角模式

长江三角洲和珠江三角洲是我国经济最活跃的地区,也是区域联动发展最前沿的两个地区。长三角已形成以上海为中心包括江苏、浙江两个城市在内的城市群,长三角内诸城市资源共享、优势互补,近年来,安徽、山东、江西等一些城市也融入其中,扩大为"长三角"。珠三角先由珠江两岸的城市组成"小珠三角",继而扩大为包括香港、澳门在内的"大珠三角",又进而构建"9+2"的"珠三角"。长三角、珠三角的城市功能的定位,城市功能协调均是本地资源、资金、人才的状况相匹配的,深圳市原本是依托中国香港"前店后厂"发展起来的。近年来，深圳与香港都面临着经济转型、提升国际竞争力的迫切任务，香港发挥金融、外贸、港口的服务优势，深圳着重发展制造业，同时加强与香港在物流与金融方面的合作，广州是辐射华南的大都市，主要以汽车、电子仪器、石油化工为支柱产业，佛山作为广佛经济圈的一部分，与广州分工合作，承接辐射，实现错位发展，东莞则以制造业名城为发展目标，着重在物流、产业提升方面与香港的合作。

长三角、珠三角在调整产业结构，组建产业链和产业集群，通过以高速公路网为主体的现代化交通网络来推动区域一体化，以上海为中心的"一小时圈""两小时圈"已基本覆盖长三角所有的城市。21世纪初，广东省投资1000亿元正式启动以广州为中心，连接珠三角9个城市的快速轨道交通网，高速交通的建成使三角洲诸城市骨架相连，增强了城市群的整体形象与经营效益，同时在教育、科技、人才方面逐步走向一体化。

## 第二节 资源角度的区域循环经济发展模式

与产业角度区域循环经济发展模式相呼应的是资源角度的区域循环经济发展模式，二者虽然存在联系，但是角度不同，各产业属于静态的处理单元，而资源则是动态的被处理者，而且产业和资源并不完全对应，并不是所有的资源都会和产业发生联系，所以从资源角度研究区域循环经济发展模式也同样重要。本章首先分析水资源、能源、土地、固体废物这四种资源的循环经济发展模式，然后在此基础上，提出资源角度的区域循环经济发展模式。需要说明的是，这里涉及的针对各项资源的循环经济措施大都是经历过实践检验的，在技术上都是可行的，只是由于成本等因素的限制，有些措施还没有普遍开展。但这些措施都是很有前景的，随着技术的进步以及市场需求的进一步提升，当成本大幅降低以后，这些措施将会得到大规模的普及。

### 一、水资源的循环经济发展模式

水资源是人类和一切生物赖以生存的基础，而且在绝大多数产业中都是必不可少的资源，任何区域对水资源的需求都很大，而且对水质也有很高的要求，水资源利用以后又会产生大量废水，所以必须全面实施循环经济，具体包括水资源的开发、水资源保护、水资源的节约以及水资源的再生。

## (一)水资源的开发

地球上水资源的总量很多,但其中可利用的淡水比例极少,而且分布极不均匀,很多区域都面临水资源短缺,因此需要采取多种措施从源头上增加水量,目前比较成熟的方法有跨流域调水、雨水收集、海水淡化、微咸水利用等。

跨流域调水是通过改变河流流向、修建大流量的运河、建设大规模的输水管道等方式,将多水区域的部分水资源转移到缺水区域,以便促进缺水区域的发展。我国的京杭大运河是世界上最早的跨流域调水工程,至今已存续2500多年。跨流域调水能够解决补水问题,但是调水的建设成本较高,而且还会涉及生态平衡的问题,所以并不是最佳的方案,不宜轻易采用。

雨水收集主要是通过集雨设施对雨水进行汇总,雨水资源获取容易而且数量可观,因此可以作为增加水源的主要方式,对海岛等区域尤为适用,收集的雨水可以直接用于灌溉和洗车等,处理以后还可以作为饮用水。因此,城市区域应该建设完善的雨污分流设施,以便使雨水得到专门的汇总。目前日本、澳大利亚、新加坡等国的雨水收集系统比较完善,日本主要在大型设施上设置雨水利用装置,澳大利亚以农村地区的单户家庭为主,新加坡在每栋建筑物的楼顶都建有蓄水池,收集的雨水会被传送到专门的水库。

海水淡化是另一种增加水源的有效方法,主要利用海水脱盐来生产淡水,适用于沿海地区。海水淡化目前主要采用反渗透法,也有海水冻结法、电渗析法、蒸馏法等,反渗透法技术成熟、设备简单、易于维护,且不受时空和气候影响,水质较好,价格逐渐趋于合理,因此是海水淡化的首选方案。目前,全球共有120个国家开展了海水淡化的工作,建成了1.3万座海水淡化厂,其中,中东地区一些国家的淡化还水量达到了淡水供应总量的80%以上。另外,海水也可以直接利用,除了合理发展渔业养殖以外,还可以用于沿海地区的工业企业的循环冷却水。

微咸水目前主要在农业领域试用,微咸水只适用于特定的土壤条件,只能对少数作物进行灌溉,而且最好采用滴灌方式,避免盐分在植物根部聚集,目前西班牙和以色列的微咸水利用比较领先,西班牙主要在干旱地区推广咸水灌溉,以色列主要利用咸水灌溉棉花、西红柿、西瓜等,取得了比较好的效果。

## (二)水资源的保护

水资源保护是合理用水的首要环节,首先,要合理设计水源地的开采规模,对于工业农业的取水总量实行限制,用水强度过大会使水源地丧失原有的生态功能,供水能力也会逐渐减弱;对地下水要有节制地开采,严格防止地面沉降和海水倒灌,需要定期检测地下水的水位和水质情况,出现问题时必须及时对地下水进行回补;还要合理建设水利设施,及时疏浚河道和地下排水设施,尽可能避免洪水和内涝发生。

其次,是防治污染,要加强水环境立法和监督,强化企业的水资源和水环境保护意识和责任感,严格限制企业的废水排放总量,所排废水必须完全达标,还要对可能的污染物进行安全隔离,从源头上杜绝水污染事故的发生;要增强全民的环保意识,减少生活污水的产生量;要减少向湖泊中排放污水,因为湖泊水量有限,自净能力相对较差;河流往往会流经多个区域,因此有必要加强区域间的协作,要以法规的形式将全流域的用水机制加以约束,下游区域也应该对上游区域进行一定的生态补偿。

最后,是地表水域的生态修复,要杜绝向河流、湖泊等水体中排放工业废物和生活垃圾,已经污染的必须尽快予以修复,避免水体富营养化,减少藻类的繁殖;对于河岸、湖岸要用绿色植被替代传统的硬覆盖方式,尽可能恢复河道原有的宽度和自然状态,还可以在建设水下植被缓冲带、水畔绿色廊道时,增强河流的生态功能。

(三)水资源的节约

为了解决水资源短缺的问题,必须加强节约用水,节水的途径也有很多种,总体可以概括为农业节水、工业节水、生活节水以及管网节水。

农业节水主要是对灌溉方式进行改进,将传统的地面漫灌的方式转变为喷灌、滴灌和渗灌等,喷灌是经过输水增压以后利用转动喷头进行喷洒灌溉,能使水变成细滴,均匀地散布到农田中,能够有效减少地表径流和深层渗透。滴灌主要将水通过滴头直接滴在植物根部进行灌溉,这种方法比喷灌更节水。渗灌主要是将灌溉水注入地下的渗水管道,利用土壤的毛细管作用来湿润土壤,从而达到灌溉目的,是目前最节水的方案,但是投资相对较高,而且不易维护。

工业是水资源节约的最主要领域,根据相关数据,我国的单位GDP用水量远高于发达国家的平均水平,节水任务艰巨,潜力巨大。工业企业需要进一步加大节水工作的力度,不但要工艺进行改善,淘汰那些水耗高于行业平均水平的工艺,还要积极采用节水型设备,特别是用水量较大的钢铁、纺织、造纸和食品行业,要严格执行国家的取水标准。另外还应该加强对海水、雨水、矿井水、再生水、微咸水等资源的利用,以便实现对新鲜水的替代。

生活节水主要是由公众在日常生活中强化节水意识,采用先进的节水器具,节水设备发展较快,目前主要水流调节器、减压阀、延时自关水龙头、起泡器、节水型的厕所和淋浴头等,虽然这些设备成本较高,但是在使用过程中能够节约大量的水资源,不但能够在短时间内收回成本,而且节约的效果能够持续很久。另外,还要注重一水多用和重复利用,一水多用也可以称为梯级用水,可以使水资源相继发挥多种功能。管网节水主要是强化防渗漏技术,输水管道如果由于老化或腐蚀而发生渗漏,将会造成巨大的资源浪费,因此,需要密切监测管网的运行状况,加强对管网的维护,必要时需要及时更新。

### (四)水资源的再生

水资源经过利用以后就会成为污水,污水一般分为生产污水和生活污水,生产污水包括工业污水、农业污水和医疗污水等,生活污水主要是日常生活所产生的污水。应该根据污水的性质采取合适的处理方法,并尽可能对处理后的水进行再利用。

污水处理一般包括三级处理,一级处理主要是去除污水中的固体悬浮物质,可以采用物理处理法,但一级处理后的污水还达不到排放标准;二级处理主要去除污水中的胶体以及溶解状态的有机物质,一般情况下BOD和COD的去除率能够达到90%以上,经过二级处理以后基本可以达到排放标准,可以作为再生水(也称为中水)在一定范围内使用;三级处理主要是对剩余的难降解有机物以及氮、磷等可溶性无机物进行处理,主要方法有混凝沉淀法、活性炭吸附法、离子交换法和电渗析法等,经过三级处理以后,水质能够显著改善,可以应用到更多的层面。

再生水利用(也称为中水回用)技术可行,成本较低,国内外已经有不少成功案例,我国还发布了《污水再生利用工程设计规范》《建筑中水设计标准》等系列标准,用于指导再生水项目的建设实践。各类项目产生的再生水已经广泛应用于工业循环、农业灌溉、市政绿化、河道补给、生活杂用、地下水回灌等。再生水利用使污水处理厂成为新的水源地,不但有助于解决水资源短缺问题,还能够有效减少水体的污染。

### (五)水资源的循环经济发展模式

水资源的循环经济发展模式是以水资源的源头增量为起点,以水体保护和水资源节约利用为核心,并以污水处理和再生水利用为回归的一种模式。

## 二、能源的循环经济发展模式

能源是区域社会和经济发展的基本驱动力,能源的分类有多种方式,根据基本形态能源可以分为一次能源和二次能源,一次能源还可以分为可再生能源和不可再生能源;根据燃烧属性可以分为燃料型能源和非燃料型能源;根据污染程度可以分为污染能源和清洁能源;根据开发利用的程度可以分为常规能源和新能源。随着区域工业化和城市化的不断推进,能源供需形势严峻,能源开采和利用过程中的环境污染也很严重。

（一）常规能源优化

常规能源包括煤炭、石油、天然气、核能、水能等，其中的煤炭、石油、天然气和核能属于不可再生能源，水能属于可再生能源。常规能源的优化包括总量增加和开发方式优化，总量增加主要是通过勘探新的资源田，增加可开采资源的储量，在优化开发方面，各种资源的侧重点有所不同。

煤炭资源方面，传统的煤炭开采和利用方式会带来严重的环境污染，开采过程会排放大量岩石、矿井水和煤层气，对大气和土地都会造成影响，同时对共伴生矿物也比较忽视。煤炭利用以动力煤和炼焦煤为主，动力煤主要用于火力发电、锅炉供热、生活燃料、工业生产等，炼焦煤主要用于钢铁生产，利用过程中会产生大量的炉渣、粉煤灰和二氧化碳，环境污染也很严重。鉴于此，煤炭资源的优化也应该在开采和利用环节同时开展，在开采环节，必须实施全域的统一管理、统一规划，尽可能建设大型的煤炭基地，严格控制单位产值的能耗，提供全面的洁净煤产品，同时可以在煤矿附近建设大型的坑口电厂，将部分煤炭转化为电力输出，以便缓解铁路运输压力，另外还可以利用煤矸石、煤渣、粉煤灰就地生产水泥和矸石砖等建筑材料，可以开展矿井水和共伴生资源的综合利用，通过多种途径共同提高各种资源的利用效率。在利用环节，要尽可能减少煤炭产品的使用，用其他产品替代煤产品，同时加强废弃物的回收利用，尤其要加强炼焦过程中的焦炉煤气的回收，不但能够获得新的燃料，同时还有助于减少环境污染。

石油资源在开采、加工和利用的过程中都会造成比较严重的环境污染，因此石油资源的优化体现在三个方面。首先，要加强开采过程的环境保护，陆地开采要对含油污泥和废水进行及时处理，海洋开采要尽可能避免对海底生态环境的破坏，还要降低原油开采能耗。其次，是炼油过程的资源节约，要珍惜每一滴原油，尽可能将所有原油转化为产品，同时，转化过程中要尽可能降低能源消耗，要将炼油综合能耗和乙烯综合能耗等指标降到最低。最后，是石油产品利用过程中的节约，其中重点是汽车燃油的节约，要鼓励公众减少私人交通工具的使用，日常使用时也要通过良好的驾驶方式来实现节油，另外还可以用液化石油气、压缩天然气或者乙醇等燃料来替代汽油和柴油。

天然气是指天然蕴藏于地层中的烃类和非烃类气体的混合物，主要成分为甲烷，主要存在于油田、气田、煤层、泥火山等之中，多数人都会认为天然气大都与石油伴生，实际上在世界已探明的天然气有两种，约有90%都不是与石油伴生的，而是以单独的纯气藏或者凝析气藏的形式形成含气带或者含气区,因此,可以说天然气与石油有密切的联系,但天然气也有独特的形成规律。天然气储量丰富,热效率高,而且比煤炭和石油更洁净,是理想的能源形式,有必要对其利用方式进行进一步的优化。首先,要加强天然气资源的收集,减少自然排空量;其次,要优化天然气的使用结构,适当提高工业用气的价格,应限制天然气化工的产业规模,鼓励发展天然气发电;再次,要完善天然气基础设施,积极引入区域外部的天然气资源,建设天然气储配站,优化天然气管网的地下布局,扩大天然气资源的利用范围;最后,是加大天然气汽车的使用力度,可以从公交车和出租车等公共交通工具入手,率先将传统的燃油方式转换为燃气方式,然后再引导企业和公众逐步改善。

核能经过多年发展,技术日益成熟,已经被很多国家列为常规能源,目前以核裂变为主体,核聚变为辅助,主要通过发电来提供能量。核能拥有很多显著的优势,首先,核燃料能量密度极高,燃料体积小,运输和储存都很方便;其次,是核能发电成本中燃料费用的比例较小,而且铀燃料除了发电以外,暂时还没有其他的民用途径;最后,是核能发电不会产生加重温室效应的二氧化碳,更不会产生丝毫的粉尘污染。但是与此同时,核能也存在很多缺点,比如核电设施建设成本极高,电厂极易亏损;核电的热效率较低,会向周围环境排放大量废热,导致电厂周边热污染严重,另外最严重的问题就是核辐射,核电厂会产生很多放射性废弃物,虽然总量不多,但放射性极强,而且电厂的反应堆内的放射性物质一旦发生泄漏,将会造成难以挽回的严重后果。所以核能利用也需要进行优化,其重点就是核安全问题,必须全面加强放射性物质的管理,要确保核资源开采和利用设施的安全,要反复论证核电厂的选址和规模,务必确保核设施的正常运行,严格防范事故发生,一旦发生事故,要不惜一切代价将事故影响最小化。

水能是蕴藏于天然水流中的位能、压能和动能等能源资源的统称,狭义的水能是指河流的水能,广义上还包括海洋的潮汐能、波浪能、洋流能等,后者统称为海洋能,属于新能源的范畴。由于自然界中的水循环是一种循环往复的过程,所以水能是一种可再生能源,而且还无污染。通过建设水电站可以将水能转变为机械能和电能,水电站不需要燃料,发电成本低,而且兼具防洪、航运、养殖、旅游等多种功能,通常被称为综合水利枢纽。但是水电对河道上下游的生态环境影响较重,发电量会受季节影响,而且水电站建设期间会淹没上游农田、城镇甚至文化遗迹,同时还需要开展大规模的移民工作,而且基础设施的建设成本也相当高。因此,为了更好地利用水能资源,必须制订更加长远的水资源综合利用规划,实施全流域综合开发,对水电站的布局、选址、装机容量、建设方案等做出更科学的决策，在具体开发过程中必须将环境保护放到首位，施工期间要注意防治粉尘污染，控制施工机械和车辆的废气排放，合理处置施工产生的固体废物，减少噪声污染，还要注意防止水土流失和动植物保护。建成投产后要密切监测全流域生态状况的变化，及时对下游所需的泥沙和营养物质进行补给，要合理确定下游的生态需水量，还要加强对流域中的鱼类、贝类等生物的保护力度。

（二）新能源的开发

新能源是指尚未大规模利用并且正在积极研究开发的能源，目前主要有太阳能、风能、生物质能、地热能、海洋能、氢能等，这些能源形式都是直接或间接地来自太阳或地球内部所产生的热能，新能源普遍具有污染少、储量大等特征，能够有效解决常规能源的资源枯竭和环境污染问题。对新能源应该以技术研发为主，需要尽快降低各类新能源的开发成本，同时还应不断探索其他的新能源方式。

太阳能是来自太阳光的辐射能量，目前太阳每年投射到地球表面的辐射能高达 $1.05 \times 10^{18}$ 千瓦时，约等于 $1.29 \times 10^{14}$ 吨标准煤，相当于全球每年常规能源消耗量的 7500 多倍，而且辐射量稳定，容易获取，清洁无污染，因此太阳能将成为替代化石能源的主要方式。太阳能的利用形式主要有光热转换、光电转换和光化学转换。光热转换是通过吸收或反射等方式将太阳辐射能集中起来，转换成足够高温度的过程，具体方法包括太阳能热水器和温室大棚等。光电转换主要是指光伏发电，主要利用半导体界面的光生伏特效应将光能转变为电能，其关键装置是太阳能电池，这种方式所产生的电能主要用于三个途径：一是为无电场合提供电源，二是服务于太阳能电子产品，三是并网发电，这三种途径在发达国家已经全面展开，成本下降趋势明显；也有区域采用光热发电的形式，利用光热转换所获取的热能来生产蒸汽，继而驱动汽轮发电机来产生电能，这种发电方式的成本相对较低。光化学转换主要包括光合作用和光分解水制氢等，前者主要通过大面积植树造林来实现，能够以有机物的形式同时存储碳和氢，后者直接产生氢气，这也是理想的能源转换形式。

风能主要是地球表面空气流动所产生的动能，也是永不枯竭的可再生能源，目前全球风能资源高达 $5.3 \times 10^{13}$ 千瓦时，相当于全球每年用电量的两倍。风能在很多国家都有悠久的利用历史，现在利用涡轮叶片可以将风能转化为电能，随着技术的进步，风力发电的成本已经低于火力发电，因此近几年风力发电发展迅速。风电设备多为立体化设施，不会产生污染物，但还是有很多不足，比如需要占用大量土地，噪声污染较大，设备易损坏，而且最主要的问题就是风速不稳定，无法产生连续稳定的电源,而且转换效率较低。尽管如此,风能还是非常具有竞争力的,只要风力资源充沛,不但可以在边远山区建场,还可以在海岸甚至是海上建设基地,开发潜力非常大。

生物质能本质上是太阳能以化学能的形式储存在生物质中的能源形式,与绿色植物的光合作用直接或间接相关。生物质包括的内容很广泛,有代表性的有机质有农作物、农业废弃物、木材、林业废弃物、动物排泄物、生活垃圾等。生物质能是世界上第四大能源,仅次于煤炭、石油和天然气,同时也是唯一一种可再生的碳源,经过技术处理以后可以转化为常规的固态、液态或气态燃料,也可以直接用于发电,利用前景十分广阔。

地热能是从地壳中抽取的天然热能,热量主要来自地球内部的熔岩,早期的地热利用主要是温泉沐浴,现代的地热利用方式主要是地热发电和地热供暖,地热发电的原理和火力发电相同,都是将蒸汽的热能转化为汽轮机的机械能,然后带动发电机产生电能,但地热发电不需要消耗燃料,而是以地下的天然蒸汽和热水作为热载体,因此地热发电包括蒸汽型地热发电和热水型地热发电两种形式。地热供暖方法简单,成本较低,受到了很多国家的高度重视,冰岛早在1928年就在首都雷克雅未克建成了世界上第一个地热供热系统,不但可供居民生活使用,还能给部分工厂提供热源。

海洋能是指存在于海水中的可再生能源,具体的能源形式包括潮汐能、波浪能、洋流能、温差能、盐度梯度能等。从来源上看,潮汐能和洋流能主要来自月球和其他天体的引力,其他的形式都是来源于太阳辐射;从能源属性上看,温差能属于热能,其他的形式都属于机械能。海洋能储量大,可再生,但是分布不均,能量不稳定,开发难度较大,而且很容易破坏原有的生态系统,所以开发利用时需要综合分析,判断本区域是否具备利用海洋能的条件,然后可以先从潮汐能和波浪能入手,合理设置发电机组的规模,力争将生态环境影响降到最小。

氢能主要是通过氢气和氧气反应产生的能量,本质上是化学能,由于反应之后只会产生水,所以氢能是最优质、最清洁的燃料。氢是宇宙中分布最广泛的物质,占宇宙质量75%以上,可以作为人类的终极能源。氢在地球上主要以化合态的形式出现,其中的主要能源形式氢气在自然界中几乎不存在,需要通过一定的方法来制取,所以氢能属于典型的二次能源,制取的方法主要有水电解制氢、煤炭气化制氢、重油及天然气水蒸气催化转化制氢等,其中只有水电解制氢是可再生的方式,但在电解水过程中需要消耗大量能源,所以用传统的化石能源来分解是不值得的,只能利用太阳能分解。太阳能制氢已经得到了很多国家的高度重视,也探索了很多方法,主要包括太阳能发电电解水制氢、太阳能热分解水制氢、阳光催化光解水制氢、太阳能生物制氢等，但是这些方法的成本普遍较高，因此还需要在这一领域继续探索，从而获得成本更低的氢能资源。氢能不但可以用于燃烧发电，还可以驱动交通工具，制造氢燃料电池等，另外氢的同位素气还是核聚变的重要原料，而核聚变产生的巨大能量也是核能的主要形式之一。

除上述的能源形式以外，蕴藏在废弃物中的能源也不容忽视，可以统称为废物能，有机废物中的能源开发可以归入生物质能之中，但还有很多无机废物也含有大量能量，比如煤炭开采过程所排放的煤岩石，在传统视角下是典型的废弃物，需要购买土地专门堆放，而煤岩石还会发生自燃，不但会严重污染空气，还会导致火灾。煤炭洗选厂产生的煤泥以及炼焦过程所产生的焦炉煤气也曾经被视为废弃物，但实际上，这些废弃物中都含有极高的热值，完全可以通过单纯地燃烧发电从中提取能量，现在已经有很多区域和企业都意识到这一问题，并开始陆续建设岩石发电厂、煤泥发电厂、焦炉煤气发电厂等，这些废弃物也得以重新成为资源。

（三）能源节约利用

根据《中华人民共和国节约能源法》，能源节约是指加强能源管理，采用经济上合理、技术上可行、社会和环境能够承受的措施，减少从能源生产到消费各个环节中的损失和浪费，更加有效、合理地利用能源。能源节约主要集中在三个领域，一是能源生产环节中的节能，二是一般工业用能的节约，三是生活用能的节约。

能源生产环节的节能是非常重要的，能源生产部门往往也是能源的消耗大户，煤炭的掘井、开采、通风、传送、洗选、加工、运输，原油的钻井、注水、提升、炼油、化工，电力的生产、输送等各个环节都会消耗大量的能源。通过横向比较可以发现，我国的煤炭和石油产品的能耗普遍比国外先进水平高很多，其原因主要来自三方面，第一，管理不科学，许多能源企业节能降耗的意识不强、积极性不高，为了在生产中盲目追求产量，管理方式粗放，缺乏材料消耗的跟踪监督制度，跑冒滴漏现象严重。第二，资源浪费严重，很多企业都以优质易采资源为重点，忽视低质难采资源，于是大量能源被白白遗弃。第三，设备工艺落后，一些企业为了降低开采成本，很少进行技术更新、也不引进先进的设备，节能降耗的投入也很少，导致能耗始终偏高。这些现象都需要从根本上加以改进，而且需要尽快改进。

一般工业用能的节约也同样重要，措施可以归纳为四个方面，一是逐步淘汰高耗能和产能过剩的产业和企业，根据国家的统计，目前我国的高耗能产业主要有石油加工、炼焦及核燃料加工业、化学燃料及化学制品制造业、非金属矿物制造业、黑色金属冶炼及压延加工业、有色金属冶炼及压延加工业、电力热力的生产和供应业等，另外国家在 21 世纪将钢铁、水泥、平板玻璃、煤化工、多晶硅、风电确定为六大产能过剩产业，区域政府部门需要根据国家的政策及时对本区域进行调整。二是加强能源管理力度，企业需要制定完善的能源使用制度，对各车间的耗能工序进行全面监管，严格限定每个环节的用能时段和具体标准，用电环节要加强用电设备的管理与维护，发现故障及时排除，确保设备的状态良好，用煤环节要严格检验煤炭质量，做好用煤计量，用气环节要加强设备和管道的保养，力争实现零泄漏。三是实施能源梯级利用，要按照能源品位逐级加以利用，例如，在热电联产以及地热系统中，高中温蒸汽可以先用于发电以及生产工艺，待其温度降低以后，再和低温余热一起用于居民供热。四是加强余热回收及利用，余热是指生产过程中所排出的高于环境温度的物质所载有的热能，主要包括高温废气余热、废气废水余热、化学反应余热、冷却介质余热、高温产品和炉渣余热等，调查表明，各行业的余热总资源约占能源消耗总量的 17%～67%，而其中 60% 以上都可以回收，余热回收以后可以直接利用，也可以用于发电。

生活用能的节约主要由公众负责完成，从能源类型上看，主要包括用电节约、燃油节约、燃气节约、热能节约等。节约用电不是不用电、少用电，而是科学用电，可以根据中国节能产品认证标志购买高能效的家电产品，选用节能型的灯具设备，虽然采购成本相对较高，但是使用后所节约的电费足以覆盖价差，还会有不少剩余。燃油节约主要是针对交通工具，公众应该尽量采用公共交通方式，减少私人车辆的使用，或者购买小排量汽车，日常使用时需要采用科学的驾驶方式，减少燃油消耗。燃气节约主要是合理安排烹饪顺序，避免燃气空烧，还可以用电磁炉和微波炉来替代燃气。热能节约是比较重要的领域，区域政府应该进一步完善集中供热设施，将锅炉污染最小化，还应该在住宅内统一安装温度调节装置，促进分户计量的深化。

（四）能源的循环经济发展模式

上述分析表明，能源的循环经济发展模式是以常规能源的优化和新能源开发为起点，以增加能源总量和优化能源结构为目标，以能源节约和梯级利用为核心，以工业能源余热利用和生活能源分户计量为特色的发展模式。

## 三、土地资源的循环经济发展模式

土地资源是在当前社会经济技术条件下能够被人类开发利用的土地，是由地形、土壤、植被、水文和气候等因素组成的自然综合体，是人类最重要的生产资料，也是一切生产和生活活动的载体。根据土地的利用类型，土地资源可以分为耕地、林地、草地、水域、城镇居民用地、交通用地、其他用地等。我国各类土地所占的比例不够合理，而且人口众多，所以人均耕地占有量偏低。为了确保粮食安全，国家甚至规定了18亿亩的耕地红线，但与此同时，我国工业化和城镇化进程也不断加快，土地需求持续扩大，因此我国的土地供需矛盾极为尖锐，急需对当前的土地资源进行优化利用。

（一）土地资源的开发

土地资源的优化利用可以从土地开发整理入手，主要是在一定的区域范围内，按照土地利用规划和土地利用的要求，通过采取各种手段，改善土地利用结构，增加可利用土地数量的过程，具体包括土地开发、土地整理、土地复垦和填海造地等。

土地开发是在确保不发生水土流失和荒漠化的前提下，通过多种措施将未利用的土地资源开发成为农用地或建设用地等，主要目的是实现耕地总量的动态平衡，主要包括宜农荒地的开发、农业低利用率地开发、沿海滩涂开发、闲散土地开发、城市新区开发以及城市土地再开发等。

土地整理主要是采取工程技术措施对农田、河道、路网、树林、村落等进行综合调整，从而增加有效的耕地面积，提高土地资源利用效率，其重点是调整土地的用途和布局。常规的土地整理主要是修建或整顿道路网，建设水利设施，改善土壤质量，加强生态和景观的维护，还可以对村落进行撤并，以便实现零散土地的整理。

土地复垦是指对生产建设过程中因挖损、塌陷、压占或由自然灾害导致破坏、废弃的土地进行全面整治，使之恢复到可利用的状态。实际上，对塌陷的土地完全可以使用压占土地的废弃物来进行回填，有助于沉降土地的修复，甚至避免沉降，所以能够同时解决两类土地问题，是典型的一举多得。

填海造地是通过填土的方式将原有的海域转变为陆地，中国香港、中国澳门，新加坡，日本的东京、大阪等陆地资源贫乏的区域都特别重视填海造地，也取得了显著的成效。以机场为例，中国香港国际机场和大阪关西机场都是完全位于人工填海岛上，中国澳门国际机场的跑道位于条状的填海带上，新加坡樟宜机场和东京羽田机场则是部分位于填海区。除了机场以外，填海区也可以建设高层建筑，例如世界著名的迪拜帆船酒店就是位于填海区上。但是不可否认的是，填海造地必然会对海洋生态产生影响，需要慎重开展。

（二）土地资源的节约

土地资源的节约利用主要是从根本上转变传统的粗放式土地利用方式，减少土地的闲置和浪费,并且通过立体方式全面提高土地的利用率和产出率,具体措施包括土地集约利用、地上空间利用、地下空间利用以及土地置换等。

在土地经济学中,土地资源集约利用度是指单位土地面积上的劳动力、资金、技术和物质等投入的密集程度,从循环经济的角度分析,土地的集约利用应该是在明确土地资源承载力的基础上,通过实施差别化的土地政策,将循环经济与各地实际情况相结合,促进全域土地资源效率的整体提升,例如可以先建设专门的生态农业园区和工业园区,待实施成功以后再在全区域内推广。

地上空间的利用,首先要促使建筑物向高层化发展,用较少的土地实现更多的功能,但是建筑物的密度不宜过大,以免影响采光和美观等。另外还可以加强交通基础设施的立体化,通过建设立交桥、高架轻轨、高架 BRT(快速公交系统)等设施,使交通向空中发展,减缓地面的交通压力,甚至还可以将交通枢纽与高层建筑物融为一体,不但能节约建设成本,还能方便乘客出行。

地下空间的利用方式也有很多种,国内外很多城市都建设了地下商场、地下停车场、地下通道和地铁等多种设施,有效拓展了地下空间,地下设施不受天气条件影响,而且一旦发生战争还可以作为防空设施,战略意义重大。此外,还可以建设地下综合管廊,将供电、给排水、煤气以及通信等管线设施统一集中,改变原有的地下管网混乱局面,维修更换时也不再需要反复开挖、填埋,直接在管廊中操作即可。地下管廊还可以成为连接相邻建筑物的通道,有足够空间时甚至可以开展经营活动,综合效益显著。

土地置换是通过级差地价置换土地的方式来改造老城区的一种方法,土地置换对于推动城乡统筹发展具有重要意义,土地置换的前提是要遵守国家法律,要求征地规模和征地程序必须完全合法。

(三)土地资源的恢复

土地恢复和土地复垦的内涵不同,土地复垦主要是将破坏的土地重新转变为可耕地,而土地恢复是将耕地恢复为原有类型,以便改善生态,主要形式有退耕还林、退耕还草、退耕还湿、退耕还湖等。退耕还林和还草主要面向山地地区,对容易造成水土流失和沙漠化的耕地逐步停种,依据适地适树的原则,逐步恢复林草植被。退耕还湿和还湖一般面向近水地区,主要是对过去围湖造田失误的补偿。退耕地区的自然环境大都比较恶劣,经济状况也相对较差,国家和区域政府应该加强补助,强化退耕积极性。

### （四）土地资源的循环经济发展模式

根据上述分析，土地资源的循环经济发展模式是通过土地开发、整理、复垦和造地等方式增加土地存量，土地使用时强化集约利用、科学置换，确保土地资源的高效率，同时还要对部分耕地进行功能恢复，要退耕还林、还草、还湿、还湖，使土地资源的质量得到持续优化的模式。

## 四、固体废物的循环经济发展模式

根据《中华人民共和国固体废物污染环境防治法》，固体废物是指在生产、生活和其他活动中产生的丧失原有利用价值或者虽未丧失利用价值但被抛弃或者放弃的固态、半固态以及置于容器中的气态的物品和物质等。依据该定义，固体废物涵盖流体废物和置于容器中的气态废物，但是不包括排入水体的废水和排入大气的废气。目前固体废物主要来自生产过程和消费过程，生产过程产生的废物包括工业固体废物和农业固体废物，消费过程产生的废物主要是生活垃圾。固体废物中含有大量的可用物质，在循环经济的视角下应该被视为资源。

### （一）固体废物的源头减量

固体废物对环境危害很大，集中堆放会占用大量土地，有害物质会侵入土壤，对地表水和地下水也构成威胁，堆放地的气味难闻，大量的氨、硫污染物直接散发到空气中，所以必须采取全面的措施，从源头上减少固体废物的产生量。

工业固体废物减量包括多项内容，首先，要在各行业开展生态设计，采用可再生的原材料，强化产品的模块化特征，增强产品的可维护性、可拆解性、可回收性。其次，要全面实施清洁生产，提高资源的综合利用效率，尽可能减少废弃物的排放。同时还应该因地制宜地发展伴生资源、副产品、废弃物利用部门，力争实现工业固废零排放。对产生工业固废的主要行业和企业需要进行重点分析，明确废物产生原因及减量潜力，探索最佳的减量方式，并在全行业内推广。

农业固体废物主要是作物秸秆、动物排泄物，还有塑料薄膜和少量玻璃容器等，农业固体废物的减量主要通过废物的直接利用来实现。秸秆可以用于生产饲料、生物质气化、沼气制备以及堆肥等；排泄物可采取直接还田、发酵还田、生产肥料还田等多种利用方式；废弃的塑料薄膜应该及时收集，并且逐步用可降解塑料来代替。

生活垃圾包括可回收垃圾、厨余垃圾、有害垃圾和其他垃圾，为了减少生活垃圾的产生，必须加大对公众的宣传教育，倡导健康文明的生活方式，避免过度消费，在产品的日常使用中，也要注意合理使用，科学维护，避免产品过早废弃。

## （二）固体废物的源头分类

为了更好地对固体废物中的可利用成分进行回收利用，必须对固体废物进行细致的分类。末端的分类成本较高，效果也比较差，很多有价值的资源都难以回收，因此必须将分类环节不断前移，建立完善的源头分类体系。另外，还需要建立分类运输系统，确保源头分类的效果。

工业固体废物从来源上看，主要包括矿业废物、冶金业废物、电力业废物、电子业废物、轻工业废物、医药业废物、交通业废物、建筑业废物等，分类时需要归为可回收废物、可燃废物、危险废物和其他废物，但每个产业的每一种具体的废物都应该单独存放，避免相互混杂，还要注意防止废物向空气或土壤中的扩散。

农业固体废物可以分为可回收废物、有机废物和其他废物等，其中可回收物大都来自农业生产资料，主要有塑料薄膜、包装袋、废旧农机等，需要分门别类进行存放。有机废物主要来自农作物或牲畜，有机废物中属于同一种类的可以相互混杂，但是要注意防止有机废物对周围环境造成污染。

生活垃圾数量巨大，可以分为可回收废物、有机废物、危险废物和其他废物，可回收废物主要有纸类、塑料、金属、玻璃等，有机废物主要是厨余垃圾，危险废物主要有废电池、废日光灯管、水银温度计、医疗废物等。生活垃圾成分极为复杂，因此垃圾源头分类特别重要，但同时也最困难，尤其是在我国，由于公众的环境意识缺乏以及传统的饮食文化等因素，导致流体的厨余垃圾数量极大，而且经常与其他固体废物混杂，直接影响了其他废物的回收利用。对这一问题必须从根本上加以解决，在制度层面，必须尽快用法律的形式，对生活垃圾的分类进行严格的规定，同时要大力加强公众的环境教育，还要建立相应的奖惩机制，提高分类积极性。在设施层面，要大力推广分类基础设备，建设分类设施，包括家用的分类垃圾桶、垃圾集中点的分类垃圾箱、垃圾处理厂的分类处理站等，在强化分类效果的同时还有助于环境美化；同时，还要加快普及有机可降解塑料袋，用来专门包装流体垃圾和厨余垃圾，避免流体垃圾的扩散。在具体操作层面，要由垃圾的产生者进行初次分类，重点做好流体废物的包装，对具备一定规模可回收废物的可以直接出售，剩下的要定期分别投放到垃圾集中点的分类箱中；在垃圾集中点设置专门负责人，进行二次分类，将可回收废物进行集中归类或出售，出售所得收益可以作为负责人的补助；大力改善垃圾运输系统，通过配备更多车辆，或者改变车辆的功能，通过分类运输的形式来确保源头分类的效果；最后，在垃圾处理场进行最终分类，对可回收物进一步提纯，并大批量地输送至相应的回收企业，以供再生利用。

## （三）固体废物的回收利用

固体废物在全面分类以后，应该尽快加以回收利用，对可回收废物、可燃废物、有机废物、危险废物和一般废物应该分别采取不同的措施，通过设计系统的处理方案，实现固体废物回收利用率的提升。

可回收废物是资源化的重点对象，在回收时需要进一步细分，可以根据细化的产品类别、不同组分或可利用程度进行归类，比如纸类可以细分为可用纸箱、白纸类、报纸类、牛皮纸类、混合纸类等，对于能够直接再利用的部分，可以在消毒翻新处理以后重复使用，不能继续利用的部分，需要由专业的回收公司进行资源再生，还原出的资源可以用于替代自然资源。

可燃废物可以用于焚烧发电，对于具有较高热值的废物可以直接高温焚烧，将热能转化为高温蒸汽，推动涡轮机转动带动发电机产生电能，这种方法能够从废物中提取能量，减少废物的最终填埋量，还有助于杀灭病菌，但是也会造成一定的二次污染，所以必须加强管理，只有具备相关条件的地方才可以批准建厂，建厂后需要加以扶持。另外，对于不能直接燃烧的有机废物，经过发酵、厌氧处理、干燥脱硫以后可以产生沼气，沼气也可以用于燃烧发电。

有机废物可以用于堆肥，主要利用有机物与泥土和矿物质混合堆积，在高温、多湿的条件下，经过发酵腐熟、微生物分解来形成有机肥料，堆肥营养物质丰富，肥效期长而且稳定，还有助于促进土壤固粒结构的形成，能够增强土壤保水、保温、透气、保肥的能力，使用堆肥实际上就是把取自自然界中的有机物以肥料的形式重新返回到自然中，环境效益显著。

危险废物是指在储存、运输或处理不当时会对人体健康或生态环境带来重大威胁的废物，往往具有腐蚀性、毒性、易燃性、反应性或者感染性，主要包括医药废物、农药废物、防腐剂、有机溶剂废物、有机树脂废物、废矿物油、废乳化液、重金属废物、氰化物废物等，危险废物需要由专业公司来负责运输处理，力争实现无害化。

一般废物在粉碎以后，可以用来生产建筑材料，生产时要尽可能剔除或转化其中的有害成分，避免影响人类健康，建材使用时可以以公共基础设施为主，特别是用于公路路基建设。对剩余的一般废物进行填埋，填埋时需要严格防范环境风险。

## （四）固体废物的循环经济发展模式

固体废物的循环经济发展模式是以源头产生减量为起点，以废物精细化分类为核心，以多种方式利用为途径，以提高资源回收率、减少最终处置量为目标的综合治理模式。

## 五、资源角度的区域循环经济发展模式

### （一）资源角度循环经济的优化对象

通过对水资源、能源、土地资源和固体废物的分析可以发现，循环经济对资源的调整主要是对资源的综合效率进行调整，综合效率主要包括三方面内容，一是单位资源能够创造的价值，可以称为产出率；二是创造相同价值时减少的资源投入，可以称为减量率；三是资源的重复使用和循环使用的次数，可以称为循环率。

资源产出率包括两方面内容，一是前端的资源投入水平，资源的投入总量应该逐渐减少，其中自然资源的投入总量越少越好，再生资源投入所占的比例越高越好。二是末端的废物排放水平，虽然在循环经济框架下废物也视为资源，但这种资源还是越少越好，零排放最好。

资源减量率与资源产出率是对应的，本年度的减量率就是本年度产出率和上年度产出率相比投入资源和排放废物减少的比例，因此，二者能够体现出本年度循环经济措施实施的效果。与资源产出水平类似，资源减量化水平也包括两个方面，一是资源投入减量水平，二是废物排放减量水平，资源循环率包括再利用和再循环两部分内容，因为现实中二者往往融为一体，区分并不明显，所以资源再利用率和资源再循环率可以统称为循环率，循环率不但强调资源的循环次数，更强调循环资源在总资源中的比例，显然都是越高越好。

### （二）资源角度循环经济的优化途径

为了全面提高资源的产出率、减量率和循环率，也就是资源综合效率，必须对资源实施全生命周期管理，主要包括资源开源、源头减量、过程中控制、末端回收再生等，每个环节的侧重点是不同的。

资源开源主要通过探索新的资源或资源获取方法、改造原本不可用的资源等手段，增加可用资源的总量，增强资源的供应能力。同时，由末端废物还原出来的再生资源可以作为自然资源的替代品，所以加强再生资源利用也属于资源开源活动。

源头减量重点是减少源头自然资源的开采，同时废弃物产生量的减少也可以视为源头减量的范畴，源头减量的本质就是要求用尽可能少的资源消耗和尽可能小的环境代价创造出尽可能多的价值。

过程中控制也很重要，主要是通过技术创新、工艺改造、管理变革等方式，在各个环节都用更少的资源来完成同样的任务，全面提高资源的利用率，同时还要注意利用共伴生资源，使所有的物质都实现物尽其用。

末端回收再生是提高资源循环率的关键,需要对废弃物进行细致分类,而且要把分类环节不断前移、不断深化,确保每一种废物都能得到及时的回收再生。另外,还要将生产者的责任逐步延伸,让生产者来负责废弃产品的回收,能够使生产者和分解者真正融为一体。

（三）资源角度循环经济的发展模式

资源角度的循环经济发展模式是在区域原有资源利用方式的基础上,以资源的源头增加为起点,以资源的减量化开采和集约利用为原则,以废弃资源的回收再生为核心,全面提高资源的产出率、减量率和循环率,同时大力减轻环境污染的一种发展模式。

# 第三节　典型区域经济发展模式设计

## 一、典型区域的特性分析

经济发展模式是依托区域自然禀赋与现有经济生活水平建立起来的,各类型的区域要选择与其自然资源和现有水平相匹配的模式,才能因地制宜,真正起到指导和推动区域经济快速持续发展、资源有效利用的最终目的。

## 二、工业为主导的中心城市发展模式

（一）基本特点

1. 以工业为主导拉伸产业链带动整体区域发展

属于大中型企业依托型,此类以大中型工业骨干企业为基础,利用其资源、技术优势和配套产业扩散来实现城市自我发展和区域联合发展。

2. 通过中心城市的辐射作用带动周边区域

中心城市发展模式是基于区域经济的空间机构理论与经济辐射理论建立起来的,考虑到大流域的经济增长受大城市的牵制,其效果有向周边波及的倾向,根据经济地理中的经济辐射理论,所设定增长核心的中心城市对周边的波及程度与两者的空间距离成反比。

城市经济辐射区是指某一个城市对其周围地区的产品流通、技术转让、信息交流和人才流动等多种社会经济因素共同作用所涉及的最大地域范围。它是城市的经济辐射力对周围地区的社会经济联系起主导作用的地域。城市的综合经济实力越强,辐射力越大,对周围地区的带动作用就越大,其经济辐射范围也越广。

### (二)适合区域类型

中心城市发展模式也即增长极发展模式,按照增长极数量和关联情况发展的不同阶段可以分为点极模式、点轴模式、网络模式三种。

#### 1. 点极模式

经济空间由若干中心(增长极)所组成,经济增长并非同时出现于所有的地方,而是以不同的强度出现于这些中心(增长极)上,然后通过不同的渠道向外扩散,并对整个经济产生最终影响。点极模式在区域经济发展实践中,一般是通过培育城市作为区域经济中心,成为经济增长极,从而带动其他边缘地区的经济发展。这一模式适合于落后地区的开发。

#### 2. 点轴模式

随着一些增长极的形成,连接这些增长极的交通干线(如公路、铁路、水路等)就形成了新的有利区位,从而吸引投资,成为经济发展的热点区域,极与极之间最后发展成为经济产业带。后来研究者将交通干线扩展为各类线状基础设施,如动力供应线、水源供应线等,使点轴模式得以大大扩展,成为区域开发的重要依据。点轴模式适于具有一定发展基础的区域,如交通条件较好,中心城镇具有一定规模和数量的地区。

#### 3. 网络模式

网络开发模式则是在点轴模式基础上形成的一种高级形态的开发模式。当某一区域形成众多经济增长极,区域内交通、能源、通信等基础设施完备,极与极之间联系紧密时,点轴空间交叉扩张,经济产业带形成网络分布,区域经济发展将呈加速态势。网络开发模式适于经济水平发展较高区域。

### (三)特色、生态、节水型农牧业带动型发展模式

#### 1. 基本特点

流域农业发展模式为:以发展生态农业、节水农业为目标,调整流域的种植结构和农业产业政策,促进流域农业的综合发展。重点发展生态农业,实行退耕还林、退耕还草政策,将不适于耕种的、水土流失严重的坡地、山地退耕还林还草,进行生态建设,重点解决水土流失问题。

#### 2. 农牧业发展对水资源的主要影响

第一，过度耕牧造成水土流失严重，使水库产生淤积。河流上中游的水土流失将给整个流域的水质、航运、生态带来巨大的危害。

第二，灌溉用水量大、利用效率低，造成水资源浪费。

第三，农药化肥的使用量增加造成河流、水库的有机污染加重。

3. 适应区域

鉴于上述发展农牧业可能对水资源产生的危害，该类型的发展模式不适应在河流中上游和水库周边区域。由于农牧业用水量大而利用效率低，不适合在区域内单独发展，应该在具有特色农业发展优势和历史的地区发展生态农业，在特色农牧业发展的基础上，拉长产业链，进行农牧产品的深加工、精细加工，形成特色产业群。发挥产业的集聚效应与规模效应，在节水的同时提高经济效益。

（四）交通枢纽型城市网络发展模式

交通枢纽型城市网络发展模式是利用方便的运输条件为发展经济的契机，形成强化的经济空间，使物流增值，信息流汇聚，人流居住、生产和消费，进而带动经济增长。

1. 基本特点

（1）具有交通区位优势

这是该模式的特征也是首备条件，只有具有交通区位优势的区域才具备建立该模式的条件和基础。

（2）物流、资金流、信息流汇聚增值

便捷的交通为区内外资源与资金的融通提供了便利条件，很容易形成资源、资金、信息的流通，为区域经济的发展带来动力。

（3）以枢纽为中心点的"点—轴—面"形式

港口城市为"点"，线性基础设施（如内河网、公路、铁路、管线等）为"轴"，产业在点上聚集，再沿轴线扩散、辐射形成区域的"面"。

2. 适应区域

第一，区域内河流具有强大的航运能力的区域。

第二，陆路交通非常发达的交通枢纽区域。

第三，大江大河的入海口的港口区域，这是个特殊的流域内区域，它连接着河流和海洋，沿江沿河的同时还沿海。

3. 产业规划

（1）物流产业

物流业是替托区域交通优势的一种新型服务业，它包含很多服务内容，比如，运输业、仓储业、装卸业、包装业、加工配送业、物流信息业、邮政业等。物流产业为区域带来经济效益的同时成为城市间交流的纽带和产业链延长的链条。

（2）大进大出的加工业

靠近港口的巨大运输优势决定了必须发展大进大出、快进快出的工业。港口为产品的运输提供了有利的先决条件，所以利用这一条件发展一定规模的大进大出的、快进快出的加工贸易区和保税区，进行大宗货物的加工和转口贸易是港口城市的发展方向。

（3）高科技产业

依托便捷的交通运输条件，该区域将成为资金和人才的流通中心，金融中心和科技中心，许多的高科技产业在此基础上容易产生积聚优势，并带入相关产业，形成产业链条。

（4）依托交通条件发展其他相关产业

良好的运输条件为发展需要大量重型原材料的重工业提供了基础。一般情况下，大型重工业的发展规划中规定是必须要遵守靠近原料产地的原则的，但是在当今贸易和运输业高度发达的条件下，利用港口的便利条件进口或使用国内大量出口原料，发展一定规模的大型重工业也是有很好的发展前景的。日本高度发达的钢铁工业就很好地说明了这一点。

（五）旅游服务带动型发展模式

发展旅游服务带动型的城镇一般具有丰富的旅游资源，区域发展以风景名胜区为依托，利用旅游资源开发机遇，加强以旅游服务为中心的购物、娱乐、交通、餐饮等配套设施建设，发展区域经济。

1. 基本特点

第一，旅游资源丰富，自然景观、风景名胜、大型人口水利工程等为区域提供了无形资产。

第二，以第三产业发展为主。

第三，特色产业对水资源和环境的污染程度较低，产业需水量较小。

2. 适宜区域

第一，大江大河的源头区域，自然环境较好，风景优美。

第二，河流落差较大区域，形成壮美的自然景观。

第三，拥有大型水利工程或其他可观赏的人工景观的区域。

第四，河流的入海口地区。

第五,拥有历史文化沉淀的风景名胜城市的区域。

3.产业选择

第一,旅游业。旅游业是该类区域的主导产业,也是产业链的中心环节,它可以为区域带来巨大经济收益的同时,扩大知名度,为区域和城市造就更多的无形资产。

第二,在旅游产业链上的其他第三产业。旅游业可以带动当地众多服务业和手工制造业的发展,应该利用旅游资源拉长拉宽旅游产业链。

第三,能源产业。河流落差较大地区的水能非常丰富,国家一般会因地制宜地建立一定规模的水力发电站等能源工程,依托这些资源在发展旅游的同时也为区域经济的进一步发展提供了足够的能源保障。

## 第四节 高等教育与区域经济互动发展的基本模式

随着区域社会和区域经济的快速发展,高等教育与区域经济的互动合作发展势头强劲,互动向全方位、多模式、深层次、规范化方向发展,归纳起来,当前高等教育与区域经济互动模式按照高等教育的职能来区分,可分为以合作教育为中心的人才培养型互动模式、以提高技术创新能力为宗旨的研究开发型互动模式、以开发高附加价值产品为目的的生产经营型互动模式和以产、学、研紧密结合为特征的立体综合型互动模式。

### 一、以合作教育为中心的人才培养型互动模式

这是高等学校与区域各方以联合培养面向生产和技术开发的应用型高素质人才,提高学生的实践能力和创新能力为主要任务而进行的互动合作,它以合作教育作为主要内容和特征,其具体互动合作形式包括以下几种。

(一)工学交替模式

工学交替模式的特点是学生以在校学习为主,教学实习为辅,高校是人才培养的主体,企业是学生教学实习的主要基地。从工学交替的时间分配方式来看,该模式可分为"先学后工"模式、"预分配"模式、"学工后期交替"模式、"综合实习"模式等。

"先学后工"模式把学生的培养过程分为理论学习、工作实践前后两个阶段,前一阶段集中在校内进行课堂学习,时间一般为3~3.5个学年;后一阶段在企业进行工程训练或毕业实践,时间为0.5~1个学年。这种模式在操作上较为方便,为不少高校所采用。

"预分配"模式将工作实践与用人单位一年的见习期结合在一起,把整个学习过程分为3个阶段("3-1-1"),第一段(前三学年)以校内培养为主,完成全部或部分基础课、专业基础课和专业课的学习;第二阶段(第四学年)以企业培养为主,学生预分配到工厂或研究所,以见习技术员身份参加工程实践,培养工程技术能力;第三阶段(第五学年)学生回校,自由选择专业方向和适合自己发展的课程,在学校与用人单位的共同指导下,完成自己在工作实践中选定的毕业设计课题,完成本科学业。

"学工后期交替"模式与国外的"三明治"模式较为相似,重点突出了学生在校培养的中后期进行的专业知识学习与工作实践的交替与轮换。它主要从三年级下学期即第六学期开始,学生在完成基础理论学习后即进入岗位教育阶段。这一阶段,学生通过岗前培训和顶岗实践,掌握生产流程和工艺操作知识,并在教师和企业技术人员指导下选择确定毕业设计题目。第七学期为专业教育阶段,学生回校进行专业理论学习。第八学期为毕业实习和毕业设计综合训练阶段,着重培养学生分析问题、解决问题的能力。这是一种"学习—实践—再学习"、双向参与的教育模式,是培养具有较强实践能力的、工程应用型高级技术人才的有效途径,这一模式已在少数高校有过试点。

"综合实习"模式主要是在学生在校学习的中后期(第三学年下学期或第四学年上学期)集中一段时间,组织学生到产业部门、政府机关进行综合实习,即进行多种专业训练、课题研究、社会调查、挂职锻炼等多种形式的社会实践,这种模式在综合性大学和文科类院校采用的较多。

(二)"订单式培养"模式

"订单式培养"是近年来出现的高校与企业合作培养人才的一种新方式,这种合作方式是高校与企业的合作,学校直接参与。学校改革教学计划,加大学生的实践教学课程比例,课程大纲由企业和学校相应专业的专家、教授及教育管理专家组成的专家委员会审核,然后交给任课教师实施教学。这种"定单式"培养模式让学生一进校门就与企业零距离接触,缩短了学生的适应期,"定单式"培养模式的目的就是把这个过渡期提前到学生在校期间,拉近了在校生与企业的距离。承德石油高等专科学校与中国石油天然气物资装备公司、辽河油田、大港油田和河北省以及承德市的二十余家企业建立了长期合作关系,并成立了两个校企联合技术开发中心,在形成稳定的校外实习基地的同时,实现了"定单式"培养。

### (三) 继续教育模式

继续教育模式主要包括如下 3 种形式：①职工培训与继续教育。高等学校根据厂矿企业的需要发展计划外委托培养和定向培养。20 世纪 80 年代初高校和企业举办了各种在职人员学历教育班、专业证书班以及各种短训班，参加在职学习的人数达到数万人，及时地满足了经济、社会发展的各种需要。②定向招生，联合培养。高校在培养工程型人才的同时，主动适应社会的需要，调整工程研究生的培养目标、知识结构和培养方向，为厂矿企业、工程建设等单位培养工程型硕士生。③共建学院。随着我国知识经济的初见端倪，愈来愈多的企业主动与大学联办学院，如徐工集团与江苏理工大学联合成立工程机械学院，跃进汽车集团和东南大学合办东南大学汽车工程学院。高等学校开展继续教育为企业培养高层次应用型人才是实施互动合作的一条重要途径，由于这种模式限制条件较少，没有太多的学科，专业水平上的要求较低，推广起来比较容易，是目前高等学校广泛实施的模式之一。

### (四) 企业博士后工作站模式

建立企业博士后工作站，企业提供课题、资金和设备，培养社会经济生活急需人才。20 世纪末，博士后流动站设站单位开始与企业联合招收培养博士后的试点，博士后所研究项目由企业根据其产品开发需要提出，经费由企业承担，研究工作主要在企业进行。开展这项工作的目的主要在于将设站单位良好的研究条件与企业研究项目、资金优势紧密结合，培养和造就适应国民经济发展的高层次科技和管理人才。博士后试点企业一般是国家重点国有企业或大型企业、高新技术企业，这些企业具备较强的经济实力、先进的技术水平、较好的科研条件及健全的研究开发机构，同时拥有一支研究水平较高的科技人员队伍，能提出具有市场前景好、学术水平高的研究项目。

## 二、以提高技术创新能力为宗旨的研究开发型互动模式

合作各方以科学研究和技术开发为"接口"，以促进科技与经济有效结合、提高企业技术创新能力为目标而进行的互动合作。具体互动合作形式包括以下几点。

### (一) 技术转让模式

高校技术转让，技术入股、兼并或租赁亏损企业、对企业全面技术承包等。在这种合作模式中，高校一般以技术入股并注入少量资金，企业以资金、厂房、设备入股，按照"双向投资、共同管理、共担风险、共享收益"的原则进行运作。在 20 世纪 80

年代中、后期至20世纪90年代初期,技术转让是我国校企合作的主要形式,它是合作各方对新技术、新产品、新材料等专利权、专利申请权、专利实施许可权、非专利技术转让等签订的技术合同,并遵循自愿平等、诚实信用和互利有偿的原则,使合作各方的责、权、利能得到保障和约束,合作各方在合作中以合同为依据,风险共担、利益共享。

### (二)合作开发模式

以企业为主,组织高校、科研机构联合攻关小组合作开发(包括委托开发)。是我国目前校企合作的最主要形式。这有两方面原因:①由于企业生存与发展的需要,企业对于技术需求层次的提高,承担技术开发风险的能力增强。②成熟的技术存量不足,特别是工程化的成熟技术存量不足。随着科技的进步和经济的发展,学科日益高度分化,任何一个单位都不可能在任一领域处于全面领先的优势地位,许多技术项目需要通过合作开发(委托开发)、优势互补的方式攻克技术难关,实现高技术产业化。这种合作有的是把高校和企业各自的优势组织起来,携手合作,共同承担国家的各项科技攻关任务或重大工程项目,有的是企业按需要委托高校进行研究与开发或技术服务等。合作开发模式,对学校和企业都是双赢的。对于企业来说,产品的更新换代至关重要,因此,它们迫切需要从高校得到适用的先进技术和先进工艺来提升其产品的水准,同时也希望能从高校获得一些新思路、新方法来改善经营管理状况。对于高校来说,获得较多的科学研究经费,不但可以提高学术水平,而且这些研究经费可以用来改善实验室的装备,对进一步科研工作的开展至关重要。此外,与企业合作,开辟校外合作基地,让实验室的研究成果直接与生产实际相挂钩,在合作过程中,对企业的生产实际情况有了更进一步了解,为科研工作和科学工作增添了新的内容。

### (三)共建研究实体模式

共建实体是研究开发型互动合作最高级、最紧密的形式,也是最有成效、最为成熟和最有希望建立的合作方式。虽然这种模式在目前互动合作中所占比例不高,但却反映出高校与企业合作开始从松散型向紧密型发展的一些特点,以及在适应市场经济过程中互动合作的主要趋势。

共建实体的形式:①共建研究机构(开发中心、中试基地、开放性实验室、研究所)。这种模式以高校、科研院所为主体,是技术的源头,企业作为生产、销售的基地,不断形成研究、开发、研制、生产、销售一条龙体系。这种实体多半设在高校或科研院所。②共建工程研究中心。建立股份制的工程研究中心，是根据国家产业发展规划，在国家或地方部门的支持与组织下，选择有优势的学校或学科专业联合有关工业部门和企业，成立国家级或省部级的"工程研究中心"或以一些大学为依托，成立"联合工程研究中心"，反映了大学与工业界新形势下呈现出的新合作模式，也是当今世界上颇为成功的一种作法。"工程研究中心"是高校与企业在较高层次上针对国民经济或行业中重大关键和带有普遍性的技术联合进行工程研究开发，集研究、开发、生产和市场为一体的组织形式，为高校与企业结合找到"接口"，也是科技成果产业化的"通道"。工程研究中心的建立，旨在探索一条在市场经济条件下，以市场为导向，依靠企业力量，充分发挥高校或科研院所的依托单位作用，以技术与资金为联结纽带，集教学、科研、生产于一体的股份制企业集团，形成稳定的经济组织及利益共同体，并按照现代企业的模式进行，从而解决资金短缺、中试基地规模有限以及适应市场经济能力差等突出矛盾。最典型的是上海交通大学的"国家模具CAD工程研究中心"、华东理工大学的"国家超细末工程研究中心"、东北大学的"国家计算机软件工程研究中心"、北京大学的"国家方正技术工程研究中心"等。

## 三、以开发高附加价值产品为目的的生产经营型互动模式

这是高等教育与区域经济互动主体各方以联合开发生产高技术含量、高附加价值的科技产品和谋求经济效益最大化为目的，以建立科技先导型经济实体为载体而进行的互动合作。具体互动合作形式包括，中外合作经营、技术入股、"两头在内、中间在外"、兼并或租赁亏损企业、全面技术承包、高校（校办）科技企业等。在这种互动合作模式中，高校一般以技术入股并注入少量资金，企业以资金、厂房、设备入股，按照"双向投资、共同管理、共担风险、共享收益"的原则进行运作。高校（校办）科技企业是这种合作模式的一种特殊形式，也是一种校内校企合作模式。目前正成为发展我国高科技产业的重要生力军，也成为我国证券市场上的耀眼明珠。具体模式如下。

（一）共建股份制企业模式

高等学校以成熟科技成果的知识产权进行技术入股，或辅以适量的资本入股，与生产企业合资组建新的经济实体股份制企业，实现科技成果转化或高新技术产业化。这样的企业，约占高校企业总数的1/3。如中南大学创造的"学科性公司制"企业，将技术成果出资入股所获股份的70%分配给有关科技人员，将非政府计划项目结余经费出资入股所获股份的70%分配给有关科技人员。这项制度通过学校技术成果

入股、科技人员个人持股这样一种现代产权制度安排，以产权的形式物化了学校的无形资产，并增加了学校对社会的贡献。中南大学的"学科性公司制"不仅以其"学科"所拥有的高新技术的高回报率引起社会资本的关注，而且以"公司制""股份制"等现代企业制度实现了"利益共享、风险共担"原则下的人才、技术等要素和资金等要素的有效组合。通过"学科性公司制"这一良好的创新创业平台，学校大大拓宽了融资渠道，极大地提高了科研和成果转化能力，同时社会投资者得到了技术与人才的支持，实现了投资资本的迅速增值，达到学校和投资者双方"优势互补、互惠互利"的双赢效果，促进了科技成果转化进程和高新技术产业化的发展。

（二）高校科技产业模式

高校科技产业是在新的历史条件下，由大学创办和经营、管理，以大学的知识、技术和智力为依托，以技术创新为主要特征的科技经济实体，是高技术时代大学教学、科研和产业紧密结合的基地。当这些科技产业发展、壮大到一定规模，便从大学剥离，走向独立发展的道路，原母体往往成为新企业的股东。近年来，高校科技企业按现代企业制度，与社会企业合作，组建上市公司。高校科技企业成功上市是大学科技产业发展的一个历史性跨越，意味着高校科技产业完成了股份制改造，建立了现代企业制度；打通了社会融资渠道，克服了长期制约大学科技产业发展的资金短缺瓶颈，进入科技产品、技术运作与资本运作相结合的新阶段；标志着大学的教育、科研走上了与社会经济紧密结合、互相促进的良性发展阶段。

高科技产业的发展对区域经济的作用体现在：第一，带动了区域高新技术业的发展，提升了区域的产业结构，成为区域新的经济增长点；第二，用高新技术改进传统产业，推进了相关行业的技术进步，提升了企业的市场竞争力，如清华阳光开发的太阳能集热管，与北京玻璃厂合作生产后，对推动新能源发展起到很好的带动作用。

高校科技产业的发展对高校的教学、科研也起到了促进作用。第一，将社会对专业人才的需求反馈到学校，促进了学科的交叉、综合，促进了新型边缘学科的发展；第二，成为教学、科研，尤其是高层次复合型人才的培养基地。

## 四、以产、学、研紧密结合为特征的立体综合型互动模式

立体综合型合作模式是一种集人才培养、研究开发、生产经营于一体的全方位、综合型产学互动合作模式。立体综合型模式多种多样，具体地表现为以下几类。

（一）大学科技工业园模式

大学科技工业园又称大学科技园，是随着科学技术和高等教育的迅猛发展以及

二者之间日益紧密联系而兴起的，是集教育、科研和生产为一体的新型综合体。它往往围绕在高等学校密集的区域形成，是高校、科研单位、企业公司及其他单位根据自愿、互利的原则，签订合同，具有法人地位的联合体。

20世纪50年代，美国斯坦福大学创办了世界上第一个大学科技园区——"硅谷"。由于"硅谷"在发展高科技产业、促进社会经济发展方面取得的巨大成就和影响，20世纪70年代以来，世界上许多发达国家和发展中国家竞相创立大学科技园区。我国建立比较早的有以北京大学、清华大学为核心的北京中关村科技园区。大学科技园区不但促进了大学和科研院所的科学技术成果向现实生产力转化，加速了知识信息的创造、加工、传播与应用，缩短了科技成果商品化、产业化的进程，形成了新的经济增长点，而且也促进了新技术和新思想的不断涌现，提高了大学的教学质量和科技人才的培养。

大学科技园的作用主要表现在以下四个方面：①高校通过各种形式和途径，把自己的高新技术成果扩散到工业园的企业中去，从而带动地方经济的发展；②高科技园把高校科技成果、高科技人才同社会上的资金、生产能力结合起来，孵化出高新技术企业，实现高新技术产业化；③高新技术成果的转化，进一步促进了高校技术水平的提高，新专业的设置和教学内容的更新，促进教育质量的提高，向社会输送更多的高新技术人才；④高新技术产业带来高额利润，既搞活地方经济，也为高校开辟财源，增强高校自我发展能力。

（二）大学城（高教园）模式

纵观国外大学城的形成主要有两种方式，一种是自然形成方式，即在一个区域内有一所或若干所大学，逐步扩展，形成一个相对独立的城市文化社区，带动周边产业的发展，如美国的硅谷；另一种是人为构建方式，由政府或政府与企业一道，按照一定规划划定一个固定区域，通过行政指令和市场引进，吸引大批大学入驻，从而起到提高区域城市化水平，促进区域经济发展的作用，如日本的筑波大学城。我国新大学城的形成方式主要属于第二种，如东方大学城、深圳虚拟大学园等；而一些由于大学密集而自然形成的大学群落，如北京中关村大学一条街则属于第一种。

从大学城的构成要素来看，主要有三种：一是以教学、科研、社会服务为主体的大学；二是为大学提供服务的服务体系；三是以大学为依托而形成的高科技产业体系。第一种体系是第二、第三种体系的核心和源泉，而后两种体系又是前一种体系的必然延伸。三者相辅相成，形成良性循环。从这个意义上讲，我国许多新兴大学城如东方大学城、松江大学城的三项要素尚无完全具备，只有第一、第二要素，以教学为主导,尚不能上升到创建科技产业的水平。而深圳虚拟大学、北京中关村大学园区原则上具备了这三项要素,是较为成熟的大学城。

# 第九章 区域经济发展差异

## 第一节 中国区域经济发展差异的度量方法和指标

如何衡量和测定差距的大小,如何界定差距的合理度,将直接影响人们对差距的认识,影响研究的结论及相关的政策制定。纵观学术界,研究方法及结论可谓五花八门,单就差异指标而言,没有统一的选取标准,这也正是区域经济差异问题的研究存在分歧的重要原因。

### 一、指标分类方法

根据相应的划分原则,区域经济差异指标采用四种分类方法。

（一）经济指标和社会指标

经济指标反映国家各地区经济发展水平,如人均GDP(国内生产总值)、GNP(国民生产总值)、NI（国民收入）等；社会指标主要反映国家地区社会发展水平,如失业率、人文发展指数（HDI）、生活质量指数（PQLI）等指标。

（二）静态指标和动态指标

静态指标反映一个国家在一个时点或一段时间内区域经济差距的变化情况,包括绝对差距和相对差距；动态指标反映一个国家区域发展速度的不均衡性（即差异性）。

（三）单一指标和综合指标

单一指标通常是采用人均收入、人均GDP、消费支出,以及经济增长率、就业率或失业率等,仅使用单一指标衡量地区差距有很大的局限性,它还无法反映一个地区经济发展和社会发展的总体水平和不同地区经济社会发展的差异性；综合指标则能够较全面地反映一个国家或地区经济社会发展的总体水平,如人均GDP、人文发展指数（HDI）,生活质量指数（PQLI）、边际产品（MP）等综合指标。

## （四）相对差异指标和绝对差异指标

区域差异可以分为绝对差异和相对差异。绝对差异是区域间人均意义上的经济发展总体水平绝对量的非均等化现象，反映区域之间经济发展的一种量的等级水平差异。相对差异是指区域之间人均意义上的经济发展总体水平变化速度的非均等化现象，它反映区域之间经济发展的速度差异，一般用某指标的变动率来衡量区域相对差异。评价区域经济差异的指标也可分为绝对差异指标和相对差异指标。

1. 绝对差异指标

（1）极差和极均差

极差是样本中的极大值和极小值之间的差额，极均差则是极大值或极小值偏离平均值的差额。

这两个指标的特点是较适合于分析两个区域之间或某个区域与全国平均水平之间的绝对差异。对于分析多个区域时，这两个指标易受两个极端值的影响，因而这两个指标不能全面地反映各区域之间的绝对差异，但若需要反映极端值的分布情况，也可采用这两个指标。

（2）平均差和标准差

平均差是样本中各变量值与其均值的绝对离差的平均值。标准差则是样本中的各变量与其均值的离差平方的平均值的算术平方根。这两个指标在计算上稍微复杂些，但它们相对于前一组指标有一个明显的优点当考察的区域较多时，这两个指标能够全面地反映区域之间的绝对差异。

2. 相对差异指标

（1）极值比率和极均值比率

极值比率就是极大值与极小值之比，极均值比率则是极大值或极小值与平均值之比。极值比率和极均值比率同极差和极均差相似，它们的特点是适合比较两个区域之间或某个区域与全国平均水平之间的相对差异，同样，当比较的区域较多时，这两个指标的大小很容易受极值的影响，不能够全面反映各区域间的相对差异。

（2）平均差系数和变异系数

平均差系数是由样本的平均差除以样本的均值所得。变异系数（即标准差系数）是用样本的标准差除以样本的均值来计算的。平均差系数和变异系数相对于极值比率和极均值比率有一个突出的优点，它们能够全面地反映各区域经济发展水平相对差异程度，从而有效地克服了极值比率和极均值比率的不足。并且，同平均差和标准差相比，这两个指标反映的是各区域间经济的相对差异，使得指标更具可比性。学术界用变异系数考察我国各区域间的经济发展水平差异,有助于人们全面、客观地认识我国的区域差异状况。

（3）加权变异系数

主要包括加权变异系数和加权离差系数,充分考虑了组合指标特点,在变异系数中加入了反映各区域重要性大小的权数。目前使用的主要有两种加权方法：人口比重加权和产出比重加权（GDP,国民收入等）。最早提出以各区域人口占总人口比重作权重的是美国学者威廉逊,所以以人口比重作权的加权变动系数又称为威廉逊系数。

（4）基尼系数

这是国际上最常用的分析国民收入规模分配格局的指标。各区域间的基尼系数越大,表示各区域间的经济发展水平差异越大,反之,则越小。

## 二、研究方法和区域差异指标的选择

### （一）区域差异研究方法的选择

在研究方法的选择方面,一般要从以下方面入手进行分析：①考虑指标的可分解性。即它能否在子样本内进行分解。②根据具体情形选择不同方法。依据指标的特殊性质,根据具体问题采用特定指标。③考虑指标的适用条件。测度区域差异的方法较多,统计方法主要有标准差,变异系数,加权变异系数等总量差异测定方法,以及极差和比率等用于测度极端差异情况的方法,同时还用到基尼指数和锡尔指数等方法。在这些方法中,最常见的是有权重或无权重的变异系数（CV）法,基尼系数法和 GE 指标分类法,特别是 Theil 指标法。一般从以下几个方面来考虑这些方法的选择。

第一,考虑指标的可分解性,即它能否在子样本内或子样本间进行分解。在上述的几种方法中,CV 方法不能进行分解,GE 指标的分解仅考虑了子样本的差异而没有考虑子样本的分布状况,基尼系数在子样本的超变密度未知时认为是不能分解的。

第二,根据具体情形选择不同方法。依据指标的特殊性质,根据具体问题采用特定指标。学者们在研究省际区域经济发展相对差异时采用了极值比、变异系数、人口加权变异系数、均衡度、均值对数离差、基尼系数、锡尔系数和 Atkinson 指数这些指标。其中变异系数和人口加权变异系数的波动很大,由此反映出中国省际经济发展水平差异也大,而均衡度这一指标却基本上都介于 0.9 与 0.95 之间,这意味着省际的经济差异较小,但由于经济大起大落现象时有发生,均衡度对省际经济差异的反映并不敏感。这三个指标对省际经济差异的反映也就存在直接的矛盾,相比而言变异系数更能直观反映省际经济的差异,同时也说明了指标选取的不同对研究结论的影响。此外,研究结果还表明均值对数离差、基尼系数、锡尔系数、Atkinson 指数描述省际经济差异变化趋势几乎相同。对于描述结果相同的指标不需重复采用。

第三,考虑指标的适用条件。对于指标的适用条件,学术界也存在着不小的争议。有学者认为从相对意义上测度区域间经济差距的方法可以使用极差指数和标准差指数,从绝对意义上可以使用极比指数、变异指数和锡尔指数。在一般情况下使用标准差和变异系数,可以同时从相对及绝对意义上测度出区域间的经济差距状况。而对于基尼系数,由于其在计算过程中要采用累积法,如果所选用的指标带有人均性质,则用基尼系数来测度区域间经济差距是有缺陷的。

## (二)区域差异指标的选择

究竟哪一个指标最优,现在还没有统一的人均 GDP 这一指标。一是从指标本身的内涵来看,由于人均 GDP 是一个反映人均经济总量的指标,能够比较充分地反映区域差异的内涵;二是从技术层面上来看,GDP 从现行的官方统计数据中容易获取,数据可信性和完整性较好。GDP 指标包含了服务,虽然它不是测度生活水准的最好指标。但经过比较,较长一段时期的人均 GDP 是测验地区间收入差距演变趋势的较好指标,总产出值(GP)指标包括了中间投入,在工业部门可能存在双重计算问题。国民收入(NI)、总产出值(GP)、边际产品(MP)不能准确反映各地之间生活水准的不同。消费支出,及经济增长率、就业率或失业率等单一指标是生活水准的一个近似反映,但家庭调查的样本太少,以至于它可能不完全代表中国地区的整体状况,另外,该指标数据因跨越的年份太少而使动态分析难以实现。

上述各项指标和方法的优劣,区域差异的合理度及公平与否不单纯是统计学的问题。一定数值的差异程度指标所反映的地区差异状况,对于不同社会制度、不同经济发展阶段、不同社会价值观来说,可能是公平的,也可能是不公平的。因此,统计方法的测度仅仅是研究问题的一种技术手段,是否合理、公平还需要我们结合经济学、社会学理论以及社会发展的实际情况来进行综合分析。

## 第二节　我国现阶段区域经济发展差异状况

### 一、经济总体指标的区域表现

我国的人均 GDP、人均财政收入、城镇居民可支配收入、农村人均纯收入和劳动生产率等五指标的各区域均值都呈现出由第一类经济区域到第二类经济区域、第三类经济区域、第四类经济区域逐渐递减的趋势，而且每个指标在全国范围内的平均值均在第二类经济区域和第三类经济区域之间，说明我国四类区域中的前两类在各绩效指标上高于全国平均水平，而后两类区域低于全国平均水平，排列的顺序为：第一类经济区域、第二类经济区域、全国平均水平、第三类经济区域、第四类经济区域。

### 二、自然资源在区域间的差异状况

自然资源是自然环境的重要组成部分，是社会生产的自然基础，我国地域广阔，自然资源在各区域的分布存在差异。

由于我国自然资源的综合优势主要集中在中部和西部地区，而中、西部地区的部分省份主要属于第三类区域和第四类区域，所以与经济产出及投入指标相反，人均水资源与矿产资源指数都呈现出由第一类经济区域到第二类经济区域、第三类经济区域、第四类经济区域依次递增的趋势，人均水资源依次的递增幅度为 1425.92 立方米/人、637.96 立方米/人、23 125.59 立方米/人，矿产资源指数在各个区域之间的差异较人均水资源来说虽然小一些，但差异仍很明显，尤其是第四区域显著地高于前三类区域。

从经济发展的角度来说，这种结果表明自然资源优势转化为地区经济发展是有条件的，这个条件是该地区必须具备较多的生产力。自然资源优势地区其经济增长速度不一定快，而无自然资源优势的地区其经济增长不一定慢，东部沿海许多省区尽管资源丰度不高及资源配给不协调，但由于这些省区已具备雄厚的物质基础和人才优势，能克服原材料短缺的矛盾，从中、西部获得必要的资源，并推动本地区经济迅速发展。相比较而言，西部地区和中部地区的各省份虽有自然资源优势，但物质技术基础远不能与东部沿海地区相比，自我积累和自我发展能力很弱，因此，这些地区的经济在总体上还处于低水平循环阶段，其资源的优势还未得到充分的发挥。总之，第三类区域与第四类区域在经济上的落后不是由于其自然资源的不足，而是由于其自然资源的使用效率和技术水平低于第一类和第二类经济发达地区。从可持续发展的观点来看,有的经济落后地区无疑在资源子系统中占有无可比拟的优势,在发展的过程中具有缩小经济差距的资源基础,但从现阶段的差异来看,这些经济落后地区的自然资源状况并没有对差异构成发挥较大的作用。

### 三、运输、通信条件的差异状况

一个地区或国家经济发展的一个重要的特征是该地区的交通运输及通信情况,闭塞的经济很难有较快的经济发展,通畅的交通与通信不但可以把该地区的优势产品与资源传送出去、带来收入,还能为该地区带来新的知识、新的技术、新的观念。在这里我们用线路密度、铁路密度、公路密度、电话普及率及万人互联网用户数几个指标来反映区域的交通、通信情况。

在全国范围内万人互联网用户数的地区差异最大,其次为公路密度、线路密度、电话普及率,地区间差异最不明显的为铁路密度。在表示交通状况的铁路密度和公路密度两个指标中,除考虑到有的地区不适宜修建铁路这一影响因素外,它们的地区差异还是较明显的,标准差系数最小的铁路密度其值也已达到0.97,大于人均经济指标的平均标准差系数。代表通信与电力状况的线路密度,其标准差系数为1.48,也表现出了很明显的地区差异。最后是表示信息交流情况的电话普及率与万人互联网用户数,这两个指标的标准差系数均大于1,尤其是万人互联网用户数其地区差异最明显。

各区域的交通通信情况均高于其次一类地区,尤其是经济最发达地区明显表现出了优势。在这几个指标中,各区域之间差异最明显的为万人互联网用户数,第一类经济区域是第四类经济区域的48倍,比第二类经济区域也高出了4倍之多。万人互联网用户数高于全国平均水平的地区有上海、北京、广东、天津、江苏、浙江、福建、海南,几乎全部为前两类经济区域的地区。从极差来看,全国万人互联网用户数最多的为上海,达到每万人口69.65户,最少的是贵州,每万人口互联网用户仅为27,前者为后者的259倍,这一差距大于报纸和电话等信息交流的地区差距,说明就目前这种情况,经济不发达地区在新的一轮信息革命中明显落后,新的信息技术固然能给后来者追赶先行者提供机遇,但如果后来者不能很好地把握这种机遇,结果将会造成差距的进一步扩大。

### 四、区域之间生态环境的比较

按照库兹涅茨环境曲线的描述,随着经济的发展,生态环境会经历一个先恶化后改善的过程。从区域角度来看,经济发展与生态环境也存在以上的关系。

### 五、人民生活水平的区域比较

对于区域经济差异的分析除可以从经济产出方面进行外,还可以从居民生活质量方面加以考察,在改革开放以前各区域居民的收入差距虽然存在,但这种差距被控制在一个相对狭小的范围内,而且在更多的情况下,不发达地区的工资水平更高,这是国家为了鼓励各种人才到不发达地区工作所采取的措施。但在改革开放后,居民的家庭收入与消费更多地由市场来决定。由于一个区域居民收入与消费水平状况与区域的发展速度和水平存在着一定关系,因而各个区域的居民之间在收入与消费水平上存在着一定的差异,各区域的居民收入在第一部分经济均值的比较中已经按城镇和农村两个方面做了分析,这里主要看一下不同区域之间居民的消费、医疗卫生、居住面积的情况。

从总体上看,居民的居住面积与居民的消费水平有关,也与地区的地理面积、人口数量有关,即使某区域居民的消费水平相对较高,但如果该区域的可居住面积小、人口数量又非常多,其房屋价格必然抬高,当价格高到一定程度时,可能会抵消掉居民在收入消费水平上的优势,表现出较小的人均居住面积。

从居民的消费、医疗卫生及居住面积三个方面综合来看,虽然其单个指标在区域之间的差异状况有些特例,但总体上还是表现出居民的生活质量随着经济的发展水平的提高而提高的趋势,即在经济发达程度越高的地区,其居民的生活质量越高。

## 第三节 我国区域经济发展差异形成的原因分析

我国区域经济发展的差距从总体上看进一步加大,其中的原因是多方面的既有经济发展的内在规律,又有一些制度性因素,还有地理环境资源等因素,它们共同的作用才使得经济的发展出现了东中西三大地带之间不断分化的现状。下面我们就各种影响因素对经济发展差距的作用做下分析。

### 一、经济发展的内在规律

(一)生物学上的"优胜劣汰"同样适合于经济发展规律

我们肯定了市场经济在推动区域经济发展方面的正面效应,但是需要指出的是这种正效应只是指的时间效应,即各个地区现在比过去好,而其空间效应则呈现出明显的负效应,即东西部经济差距明显扩大。各种实证研究的成果表明,我国东西部经济差距明显拉大是从20世纪80年代后期开始的。这正是我国市场化改革加快时期。改革开放以市场化为取向,其基本趋向是要素根据市场信号自由流动,以效率为目标,允许一部分地区先富起来。

我们知道在经济生活中,如果某一主体的产品和服务质量可靠,价格不高,那么这个主体就会在竞争中取得优势,然后继续不断地扩张发展,如果不具有竞争优势,就只能衰败下去,这同时适合于地区经济发展。如果一个地区的经济活动可以在与对手的竞争中保留优势地位,那么这个地区就可以得到快速的发展,反之,只能缓慢地发展或者没有发展甚至衰退。我国经济发展之所以能产生这么大的差距就是这个原因。一些具有优势的地区,充分发挥自身的有利条件,并且把握好机会,就很快地在发展上领先于其他地区,而相对处于不利条件的地区则发展缓慢。

我国的东部地区,自然条件优越,基础设施较好,交通便利,用二十年左右的时间,利用改革开放的优厚政策,在我国经济发展的大浪潮中脱颖而出。无论是经济总量还是社会发展的人文指数都远远高于中部和西部地区。而西部地区由于位处边陲,交通不便,加上基础薄弱,使得在发展的竞争中逐渐落后下来。经济总量较低,人们生活水平不高,各种基础设施的建设也是很少,如此循环,把东西部地区之间的差距就不断拉大了。

(二)经济发展的"扩散效应"和"回流效应"

在经济发展过程中,区域差距是不断扩大的。一个地区的经济扩张对周围的经济有两种效应:扩散效应和回流效应。扩散效应是指一个地区经济增长对另一个地区的经济增长产生有利影响的效应,其中包括市场、技术、信息等先进生产要素的扩散。回流效应是指一个地区经济增长对另一个地区的经济增长产生不利影响的效应。其中包括劳动、资本等要素从增长缓慢的地区流向增长迅速的地区,污染严重的项目由先进地区转移到落后地区。地区发展不平衡可以用回流效应强于扩散效应来说明。不可否认,发达地区对落后地区虽然有扩散效应,但其作用十分有限。

我国的扩散效应只是在一个经济强势的地区与经济优势的地区之间进行的。如深圳和珠海经济特区在发展起来后把整个珠三角地区都带动了起来,上海的快速发展把苏南和浙北引入了前进的行列。但是扩散效应在经济不发达地区之间很难进行。原因是落后地区不具备必要的经济技术基础和相当素质的劳动力,这种扩散效应就难以实现。对落后地区来说采用新技术所产生的增长效应并不像发达地区那样强。因此,扩散效应在我国基本是在东部地区产生作用的,东部与西部地区之间则发生更多的回流效应。长此以往,"强者恒强,弱者恒弱",也就是我们常说的"马太效应"。

东部对中西部的回流效应主要表现在:第一,东部地区特别是沿海发达地区经济基础良好,技术先进,产品质量较高,更容易组织大规模的生产,使得成本降低,价格偏低,而中西部地区因为没有这种优越的条件,所以其产品在竞争中往往处于劣势,因此没有能力与之抗衡,不易扩展生产规模,加工制造业处境非常困难。另外西部地区的后发劣势也非常明显。市场已经被先行地区分割完毕,后发地区的工业品进入市场要支付比先行地区高得多的交易成本。因此,中西部地区正在陷入"积累资金不足、技术进步缓慢、劳动生产率低下、居民收入水平低下、资金供给能力不足"的不良循环之中,各种自然资源得不到综合利用和深度加工,资源优势得不到充分发挥,最终使中西部地区的发展动力越来越弱。第二,东部地区工资较高,待遇优厚,生活水平较高,不断地吸引中西部地区的专家技术人才和高级管理者,使得东部地区人才集中,更容易产生集聚效应,能更好地进行改进和创造,而西部地区则人才奇缺,管理落后,使得经济发展经常处于停滞不前状态。另外,东部地区的投入产出比例较高,因此在对资源和原料的竞争上可以发挥更大的主动性,如抬高收购价格,抢占原料产地,压制了中西部的发展。第三,由于利润率的驱使,使得国内资金更倾向于向东部地区流动。东部地区经济发达,资金的回报率高,所以东部的资金不愿向西部流动,而西部地的一部分资金则通过银行存贷差、横向投资和股票交易的方式流向东部流动,仅1992年西北地区的银行就有20%~50%的贷款流到广东、海南、山东等地,使得本来就建设资金短缺的西部地区融资更加困难。另外,国外的投资者更看重回报率,所以就更乐意投资发达地区,而对于西部落后地区很少问津,使得资金较为充裕的东部地区更加充裕,西部地区则很少得到实惠。

## 二、地理位置与环境因素

地理位置是影响我国区域之间经济差距的直接原因。地理位置的不同决定着自然环境的各异。自然环境是人类得以生存和发展的最根本物质条件,环境的状况在很大程度上决定着其居民生存和发展的方向。我国东部地区包括了东部直辖市和东部沿海在内的12个省市,面积129.4平方千米,占全国面积的13.5%,地处沿海,背靠大陆,气候适宜,土地平坦肥沃,水产品、石油、铁矿、盐等资源丰富,劳动者文化素质和技术力量都比较强,经济基础雄厚。在历史上,先民们对于国土的早期开发就主要集中在这些地区,尤其是汉唐以后,沿海区域的经济活动日趋活跃。"东南形胜,三吴都会,钱塘自古繁华"。因而中国的经济重心一直在国家版图中相对偏东的位置。这一有利位置也决定了在经济发展过程中的优势地位，可以充分利用近海的地理条件发展对外贸易，并且交通方便，更容易与外界交流与合作，潜在的发展机会也较多，是我国经济发展的龙头。相比之下，西部地区虽然地域辽阔，但是冰川、沙漠、高山、高原的面积广泛分布，自然地理环境明显恶劣，尤其是西南、西北等地，不少地区的居民甚至连温饱问题都解决不了，更谈不上发展了。我国的贫困地区多集中在这里，储蓄水平很低，资本形成严重不足，发展起来比较困难，这也导致了西部地区对外交流较少，求稳意识重，风险投资观念差。这种地理上局限所造成的区域思想文化差异导致我国区域经济发展的重要生命线信息的不畅通，加上教育资源的落差现象，使得人们捕捉信息的能力差异极大，成为区域经济均衡发展的最主要瓶颈。

　　地理位置对经济发展的影响不仅仅集中在东中西部地区之间，同样是东部地区，南方和北方发展也是有差距的。从总体上看，这种差距是随着时间的变化而不断演变的。新中国成立初期，我国的重工业主要分布在东北地区，这样就出现了北方经济重于南方的情形。但是改革开放以后，我国最早开放的城市和地区则主要在南方地区，加上北方体制老化、设备陈旧、观念落后，使得南方经济明显好于北方，尤其是广东、福建、浙江、上海、江苏等省市发展起来以后更使得经济中心南移，东南一带成为改革开放的楷模与榜样，也成为我国最为富裕和生活水平最高的地区。

　　除从整体上分析地区之间的发展差距外，我们还可以从我国城市分布状况来进行分析。如果仔细地查看中国地形图就不难发现，我国的大城市主要集中在沿海和沿江一带，而这些地区的经济也是我国经济发展最好的地区，究其原因就是交通方便，生活条件良好。一条长江连接着从西部到东部的广大地区，在长江沿岸排列着一连串的城市，这些城市像珍珠似的连接着周围的地区，这样整个长江流域就构成了一个整体，分配各自的资源和利用各自的优势，成为我国最大的沿江经济连接体，也为长三角的发展提供着了广阔的经济腹地，这也是长三角从目前和长远来看都优于珠三角的地方所在。因为珠三角只是在广东省的一段拥有发展价值和实力。而黄河流域虽然是中华文明的发祥地，由于近代植被被严重破坏，水量不多，并且经常面临着解冻与断流，所以很难发展成为一个整体的经济区。因此，大河流域中只有长江流域发展得最好。

## 三、政策性因素

　　东部沿海地方政府利用倾斜式发展的优惠政策，使经济得到飞速的发展。不仅如此，在每年国家的财政预算中，东部地区所占比例也是最大，并且中央的直接投资也是这一地区最多。利用这些资金，东部地区建立起了一些国际级的经济特区，如深圳、浦东等,开放了大批沿海城市和沿江沿边城市,大大促进了地区经济的快速发展。生产资源要素在东部的合理有机整合,特别是东部大规模外资的到来,既带来了资本的集聚效应,又带来了先进的专业技术、管理知识和开放的观念,从而缩小了东部地区与世界的差距。

### (一)发达国家对我国的投资就是从东部地区开始的

20世纪80年代以来,伴随着经济全球化的日益深入和信息通信技术的迅猛发展,发达国家的产业结构进行了新一轮的大调整,它们着重于发展耗能低、耗材少、附加价值高的知识技术密集型产业,保持对劳动密集型产业中品牌、营销、产品设计等产业链高端部分的控制,而将劳动密集型产业以及知识技术密集型产业的低端部分大规模转移到新兴工业化国家和地区,通过产业的国际转移实现产业结构的大调整。与此同时,我国持之以恒地深化改革,扩大开放,充分利用劳动力成本低、市场容量大等方面的比较优势积极吸引外资,承接国际产业转移,投资环境不断改善,恰好满足了世界产业结构新一轮大调整大转移的要求。在发达国家进行国际产业转移的内在动力增强与我国对国际产业的吸引力增大两方面共同作用下,国际产业向中国的转移明显加速,我国成为国际产业转移的主要承接地。我国承接国际产业转移大致经历了下述三个发展阶段。

第一阶段(1979—1991年)。这一时期,外国企业在华投资还处于小规模、试验性投资阶段,我国引进的外资较少,外商直接投资更少。我国引进的外资主要是对外借款,对外借款金额是外商直接投资额的两倍。在此阶段我国承接国际产业转移处于起步阶段,承接的产业主要是以轻纺工业为代表的轻工业行业,如服装、玩具、鞋帽及家用电器等,加工贸易是我国承接国际产业转移的一个重要方式。这一时期,广东省充分利用国家给予的优惠政策、灵活措施,充分发挥地缘优势,大力发展外向型经济,积极利用外资,在我国承接国际产业转移方面占得了先机,促进了广东经济的腾飞,也成就了珠江三角洲的奇迹。

第二阶段(1992—2001年)。1992年我国确立了社会主义市场经济体制,完善了承接国际产业转移的制度基础。这一阶段,我国抓住了国际产业结构调整和转移的难得机遇,承接了大量制造业的国际转移,进入了承接国际产业转移的快速发展阶段。外国企业特别是跨国公司开始在我国进行大规模、系统化的投资。1992—1995年,我国每年吸引的外资规模成倍增长;1996—2001年,我国实际利用的外商直接投资额一直维持在400亿~500亿美元的水平。中国引进外资的重点转变为外商直接投资,实际利用外商直接投资的金额达到对外借款的3~4倍。

在此阶段我国承接的产业以资本和劳动密集相结合的产业为主,承接国际产业转移的方式也日趋多样化。这一时期,跨国公司在华投资逐渐增多,主要集中在华东沿海和环渤海地区,尤其是上海。上海在此阶段承接国际产业转移的步伐加快,不仅让自身的经济得到了快速的发展,也促进了长江三角洲经济群的形成与整合。

第三阶段(2002年以来)。我国在2001年底加入了世界贸易组织,我国市场的更加开放以及我国经济持续高速增长带来的巨大市场空间,进一步增强了我国对国际产业的吸引力,我国成为外商直接投资的首选地之一。跨国公司更加重视中国的战略地位,2005年全球500强企业中已有450家在中国投资。从2002年开始,我国进入承接国际产业转移新的高速增长阶段。利用外资,特别是外商直接投资2002年突破500亿美元,2004年又突破了600亿美元,成为世界上吸引外商直接投资最多的国家之一。外商直接投资增长的一个显著特点是现有企业的增资较多。增资的一种重要形式,是现有企业从单品、单环节的生产和加工,开始向下游产品及相关产业延伸。发达国家将已经发展成熟的技术密集、资本密集型产业,如电子信息、家用电器、汽车、石化产业等,向中国东部沿海地区大规模转移。

在我国面向世界也是世界走进中国的过程中,东部地区得到的实惠最大,中部地区和西部地区则受益不高,尤其是西部地区,由于条件的劣势,使得在吸引外资,扩大出口方面不仅远远落后于东部沿海地区,也落后于中部地区。在利用外资上,以2005年为例,东部地区实际利用外资总额为434.46亿美元,占全国的72%,西部地区实际利用的外资总额为45.8亿美元,仅占全国的7.6%,并且在分布上也不平衡,主要集中在重庆、四川、云南、广西、陕西五省区市,如新疆维吾尔自治区只有0.47亿美元。在对外贸易上,2005年西部地区进出口总额、进口额和出口额仅分别是东部地区进出口总额、进口额和出口额的3.44%、3.14%和3.70%,也分别只有中部地区的78.77%、78.53%和78.94%。

(二)多年来国家的财政预算及中央政府投资多是以东部地区为重点的

政府投资,是一种以贯彻政府经济政策、实现政府宏观政策意图为出发点和归宿的政府经济行为。中央政府投资主要是解决地方政府资本性项目的融资问题,带有明显的区域性。我国中央政府投资一般全国性或者跨地区性的公共事业、基础设施、极少数的大型骨干企业、国防航天、体现国家高新技术水平的重大高新技术产业的投资,以及全国性重要自然资源和环境保护方面的投资。在不考虑其他因素的条件下,中央政府投资的地区分布对地区发展影响很大。中央对大型基础产业和基础设施的产业安排,直接改善覆盖区域的投资硬环境,对公共性项目的投资也可以提升当地服务水平,尤其是全国性或者跨地区性重大建设项目安排在哪一个地区,对地区经济结构的形成和变化影响很大,会对地区经济格局发生重大作用。

## 第四节　中国区域经济协调发展的思路与对策

在当今经济全球化、区域经济一体化的趋势日趋明显的国际背景下,各国之间的竞争更趋激烈,为了更好地发展,在竞争中谋求更大的利益,这就要求各区域的每一部分能够协调发展,才能提升整体的经济实力。近年来,中国西部不发达省区与东部沿海省市的经济差距的日益拉大,使得我国面临着一系列的经济社会发展问题,中国的区域经济差异扩大的问题日益成为我国发展中亟待有效解决的核心问题之一。

### 一、区域经济差异对区域经济和社会发展的影响

（一）促进作用

区域经济差异的存在对经济发达地区和欠发达地区的经济发展有一定的促进作用。发达地区的经济发展水平和生活方式一直是欠发达地区的追求目标,成为欠发达地区寻求经济发展的突破的直接动力,同时区域经济差异的存在和趋于扩大,对欠发达地区也造成了一定的压力,这是其经济发展的压力。

（二）负面影响

第一,从公正角度看,地区间竞争秩序严重扭曲。以地区封锁和市场分割为主要标志的市场经济秩序十分混乱和无序。如利用行政手段直接保护本地市场而排斥外地产品进入,利用信息不对称方式排斥外地投资者参加本地招投标活动,利用本地行政力量以土地、税收和国家资产等为代价大搞"区域优惠政策攀比大战"等。

第二,从效率角度看,经济空间布局出现失当。由于政企不分和行政审批经济权限过大过滥,以及政绩考核体制不完善和不合理,大多数地区政府调控企业投资经营行为的实际目标是为了实现本地区经济利益最大化和竞争效率最大化,致使经济空间布局失当。如一些基础设施盲目攀比,部分重化工业和制造业甚至包括某些电子信息产业无序扩大生产能力。

第三,从公平角度看,一些地区间和城乡间发展差距持续扩大,隐患越来越大。一是以基尼系数反映的居民收入总体性差距逐年拉大;二是城乡居民收入差距不断扩大;三是地区间差距继续扩大。同时,在一些基本公共品保障程度方面的差距也

逐步扩大。

第四,从可持续角度看,许多地区人口资源环境容量与经济社会发展增长潜力之间的关系存在失衡,尤其是西部经济落后地区在加快脱贫和资源开发过程中造成的生态恶化和资源浪费问题较为严重。

从上述区域经济差异对区域经济和社会发展多方面的负面影响来看,区域经济差异的扩大无论是对发达地区还是不发达地区的经济发展,都将是不利的。

## 二、区域经济协调发展的思路

### (一)区域经济差异的调控方式比较

综上所述,在区域经济发展中就有必要对区域经济差异变化进行调控。对于究竟采取什么样的方式去调控区域经济差异,存在着不同的看法。总体归结起来有两种:其一,区域经济差异的调控有赖于全国经济整体实力的提高。只要区域经济差异尚未危害到全国经济发展、社会稳定的地步,就应该优先发展经济基础比较好的区域,然后通过先富起来的地区以辐射和示范作用来带动欠发达地区的发展,逐步缩小经济发展水平的差异。其二,区域经济差异的负面影响程度究竟达到多大才能对经济和社会产生危害是不易判断的。为了预防区域经济差异诱发、激化经济和社会发展中的矛盾与冲突,需要加快欠发达区域的经济发展,把它们作为发展的重点,以此缩小全国范围内的区域经济差异。

### (二)注重效率与兼顾公平有机结合

综合考察改革开放以来国家引导地区经济发展所走过的道路,可概括归纳为以下两点。

1. 坚持"效率优先"在我国地区经济发展过程中发挥了显而易见的积极效应

部分东部沿海港口地区和中部地区交通较便利的大城市,它们在改革开放过程中,凭借良好的地理区位条件、经济技术基础及人才资源优势,得以迅速推进城镇化、国际化和信息化进程,逐步完成了从产业经济优势向制度经济优势的转化,在当今区域经济竞争中具有明显优势。这些地区的长足发展主要得益于国家实施的支持一部分地区先发展起来的战略决策及相关配套的地区倾斜(优惠)政策。

2. 区域发展差距扩大到一定程度则迫切要求高度重视区域经济公平问题

在区域经济差异加剧扩大的背景下,地区发展上的"马太效应"逐步突出,"鼓励先富型"地区发展战略的负面效应开始显现,在此时期必须认真考虑"兼顾公平"的作用,以针对区域发展过度不平衡所带来的副作用进行反向调节。

现在组织实施的"西部大开发"和"振兴东北地区等老工业基地"等重大战略举措是考虑区域经济协调发展须兼顾公平原则而朝着正确方向迈出的重要一步。

我国的区域发展所走过的道路曾在不同程度上使用过上述原则且产生过重大影响。现在，最大的战略性思考就是，如何提高区域发展效率与合理兼顾区域发展公平有机结合，从而在新世纪减缓区域经济差异扩大的趋势，推动我国整体区域经济协调发展。

（三）区域经济协调发展的内涵

区域经济协调是一个综合性、组合式的概念，其基本内涵由五个部分构成。一是各地区的比较优势和特殊功能都能得到科学、有效的发挥，形成体现因地制宜、分工合理、优势互补、共同发展的特色区域经济。二是各地区之间人流、物流、资金流、信息流能够实现畅通和便利化，形成建立在公正公开公平竞争秩序基础上的全国统一市场。三是各地区城乡居民可支配购买力及享受基本公共产品和服务的人均差距能够限定在合理范围之内，形成走向共同富裕的社会主义的空间发展格局。四是各地区之间基于市场经济导向的经济技术合作能够实现全方位、宽领域和新水平的目标，形成各区域、各民族之间全面团结和互助合作的新型区域经济关系。五是各地区国土资源的开发、利用、整治和保护能够实现统筹规划和互动协调，各区域经济增长与人口资源环境之间实现协调、和谐的发展模式。

（四）区域经济发展战略的比较

目前对我国应该实行何种区域经济发展战略主要有以下观点。

一是区域经济协调发展战略。它要求以"坚持区域经济协调发展，逐步缩小地区发展差距"作为一项基本指导方针，从"九五"计划期间开始，逐步加大中西部区域经济协调发展力度，按照市场经济规律和经济内在联系及地理自然特色，突破行政界限，在已有经济布局的基础上，以中心城市和交通要道为依托，形成多个跨省市区的经济区域，发展各区域优势产业，避免产业结构趋同，促进区域经济在高起点上向前发展。

二是多极增长发展战略。在中西部地区选择几个省、市或地区或流域（如长江流域），像过去扶助东部沿海增长极那样，培养使其成为新的经济增长极。

三是沿江经济带以互助互动为中心的协调发展战略。这一战略主要内容包括：以水资源开发和利用为先导，把"黄金水道"的开发利用协调与发展灌溉农业和发展高能耗、高水耗、大运量工业体系结合起来；以市场机制为基础，促进资源利用的互补与协作;一般产业协调与高新技术产业协调,建立沿江经济带市场联合体,协调区域市场和金融市场,坚持资源开发利用与环境保护相结合,实施区域经济的可持续发展。

上述三种观点都有其合理性、科学性和可行性。考虑到当前我国区域经济发展发展差异趋于扩大的客观事实,提高区域发展效率需要与合理兼顾区域发展公平有机结合是急需贯彻的原则,应尽量在三者的统一中汲取创新的闪光点,寻找最佳的区域发展模式,重点放在如何促进区域经济协调发展的目标实现上。

### 三、实现区域经济协调发展的途径

（一）合理解决生产要素流动的体制缺陷和政策障碍

受经济体制改革区域推进的影响,我国各区域的经济市场化程度不一,这是转轨时期区域经济差异加剧的重要原因。因此,区域之间一致的市场经济体制环境是实现区域经济协调发展的最基本前提,区域之间要素的自由、合理流动是促进区域经济协调发展的重要保证。所以应从体制上消除限制区域之间要素自由流动的制度根源,取消阻碍要素合理流动的区域壁垒,加大区域的开放程度,合理解决生产要素流动的体制缺陷和政策障碍。

各地区之间要相互开放,努力打破行政分割,消除地区封锁,拆除各种关卡,共同发展市场基础设施,并在政策上鼓励地区间商品、资金、人才和技术的合理流动,以有利于区域共同市场的逐步形成。在加强区际经济交流的过程中,应当以市场机制为基础,辅之以政府调控。通过政府的信息机构的沟通作用,促进中心区与周边地区之间的生产要素流动;通过政府的政策导向,促进落后地区吸纳扩散效应能力的提高;通过消除地方保护主义壁垒,促进区际经济联系;在加强国内区际联系的同时,积极主动地参与国际贸易等。

在市场经济体制发展的框架下,合作主体发生了转变,企业和自然人成了经济合作的主体。政府在区域经济发展中由主角转换成管理者的角色,主要是为生产要素跨地区的流动创造条件。在加入 WTO 的背景下,我国政府大多在创新管理制度、培育和建设市场、体制改革、实施对外开放等方面做得远不到位。在与 WTO 接轨的过程中,地方政府应着手实行现代的经济社会管理方式,简化行政审批程序,提高决策过程和依据透明度,加快行政效率,吸纳行政管理方式和国际经济贸易的人才。

（二）积极开展多领域的跨行政区区域经济合作

区域经济合作对于促进各区域经济发展,协调区际关系,构建联动、有序的经济区域等有着越来越重要的作用。在我国西部大开发的背景下,东西部的区域经济合作引人注目。目前,东西区域经济合作的领域不断扩大深化,从资金、技术、劳务等的合作到建立共同市场,合作的形式和发展途径呈现多样化、多层次的特点。东西合作开展的具体领域包括以下几点:

1. 资源导向型联动合作

东西部在能矿资源型产业方面的联动合作可以通过东部地区提供资金、技术、区内市场、出口信息和畅通出口渠道,西部地区提供劳动力、基本生产条件和协调各方面的关系等手段来进行;在农业资源型产业方面东西联动合作则重点是东部帮助西部调整农业和农村经济结构,大力发展特色农业,推进农业产业化经营,积极发展农副土特产品精深加工工业实现转化和增值;在旅游业领域的联动合作主要是东部地区资金、管理与西部的资源合作,同时东部地区也是主要的消费市场和客源地。西部依托资源优势,坚持以市场为导向,通过东西合作,突出发展特色经济来培育西部地区的竞争优势。从而实现"自我成长型内源开发",这是实现西部经济崛起的新思路和方式。

2. 产业导向型合作与联动

鼓励东部传统产业西移与企业西进。通过东西合作,东部发达地区通过传统产业(主要是劳动密集型产业)的西移将加快西部的产业升级步伐。依托名牌产品,东西互动发展,走专业化分工协作之路,东西共谋发展,可包括在西部建立零部件或初级产品生产基地,发展东部名牌产品在西部的"销地产"。

大力发展特色产业,东帮扶西思进。西部现有的以资源优势为导向的产业发展战略已很不适应新的形势发展的需要,确立以竞争优势为导向的特色产业发展新思路,成为新形势下西部经济起飞的必然选择。

3. 资产型合作与联动

西部必须加快企业改革,推动国有资产重组。东西部地区的合作应在产业政策和区域政策的框架下,以资产为纽带,通过控股、参股、收购、兼并、租赁、转让等多种产权交易形式,吸引东部各类优势企业参与,促进资产跨地区的流动和重组。

对西部国有企业进行战略性重组改造。东部优势企业兼并西部劣势企业;东部地区来西部独资建厂、合资合作、技术等资产入股、借壳上市;借助东部优势,组建西部大型企业集团。充分利用东部资本、资源、技术、人才,实施"走出去"的战略,着力培育一批能够代表西部地区形象的大型企业和企业集团,壮大区域整体经济实力。

吸纳多元化社会资本。改革开放以来,东部的发展得到了国家政策的支持,吸纳了多元化的社会资本,加快了发展步伐。当前的西部大开发战略,也急需多元化资本这一短缺生产要素的支持。西部应摒弃地域概念、地方保护政策和地方利益理念,选择各种有利的政策措施,吸引国内其他省市多种经济成分资金进入西部建设。

4. 教育交流和人才培养合作

发展具有竞争性的现代国民经济必须更加重视提高全社会人力资源开发,而发展区域经济则需要在此基础上将促进人员流动放在更加重要的位置。在加强东中西部人才交流、合作过程中,应根据国家西部开发总体发展战略和西部地区的客观实际,注重文化教育扶贫、在东部发达地区或城市举办短期培训班、参观、考察等,让西部落后地区的各级干部接受企业管理、生产管理、经济发展、贸易、生态保护与开发等方面的知识培训,开拓思想、培养市场经济的意识。

促进东中西部区际文化整合。高度重视人力资本开发和区际文化整合在区际经济合作中的作用,加强不同层次干部、企业家、科技人员、劳动者的培训、交流,促进东西方文明的相互交融,沿海文化与内地文化的相互吸纳,以及人员往来、观念更新推动全方位合作。

### (三)中央政府注重采取措施加快欠发达区域的经济发展

英美等国家的经验证明,在促进地区联动以开发落后地区中,政府从规划、政策、协调、资金等方面给予有力支持,是十分必要的。就我国开发西部的现实和发展来看,为了积极构造东西联动机制,政府应在如下方面发挥重要作用:制定地区联动与发展规划和相关法规;发挥国家财政转移支付的巨大效应,负责西部大开发特别援助基金的筹措、分配及使用;负责扶贫开发,组织东西对口帮扶和相关经济技术协作;负责协调东中西部地区的产业分工、贸易摩擦及相关经济社会关系。政府调控、干预地区间联动运行的准则,应是寻求公平与效益、地区之间的适度平衡。

### (四)优先发展重点地域和优势产业,以城市化促进区域经济一体化协调发展

依据区域的平衡发展观点,认为在产业发展方面以及区域间和区域内部各地区间基本保持同步与平衡发展。当然这一观点的主观愿望是好的。但是鉴于全国地区经济发展水平的显示情况,在区域经济发展和产业发展上平分秋色是行不通的。而应根据不平衡发展的规律,有重点、有差异的发展,优先考虑发展条件较好地区的重点产业和优势产业,并以推进区域城镇化进程为契机,促进全国区域经济协调发展。应重视发挥东西部中心城市作为商流、物流、资金流、信息流以及人才交流的集散中心的功能,尽快实现东西部经济中心的市场对接,通过区域要素市场,实现资金、技

术、人才的东西区际流动。

（五）切实保护生态环境，促进区域经济与环境的协调发展

当前，许多地区人口资源环境容量与经济社会发展增长潜力之间的关系存在失衡。从总体上判断，目前我国大部分地区仍在一个不可持续的发展轨道上运行，沿海经济较发达地区在其快速工业化、城镇化过程中造成的工业污染和居民生活污染的欠账继续在积累，西部经济落后地区在加快脱贫和资源开发过程中造成的生态恶化和资源浪费问题也在继续积累。

西部地区要实现保护生态环境，促进区域经济与环境的协调发展的目的，就必须按照国家确定的生态环境建设的总体目标，引导全社会树立生态环境忧患意识和可持续发展意识。退耕还林还草，绿化荒山荒坡，是西部生态环境保护和建设的重要措施。西部地区还需要进一步以科技为先导，推广有关科技成果，治理生态环境。要建立生态环境动态监测数据库、培育治沙产业、建立江河区自然生态保护区、开展天然林防护工程建设、推行优良牧草种植技术、进行合理放牧的草地保护和生物多样性保护、加快水利设施建设，这就需要集中全国各地的科技力量，共同研究开发。东部地区的科研院所和相关高校、企业，应寻找切入点，介入西部地区的生态环境保护和建设。

## 第五节　区域经济发展差异的相关理论

在世界范围内，国与国之间，一国内部各省域之间乃至更小的地域范围内，区域经济不平衡发展是一种不可避免的客观存在，对这一问题的关注和研究促进了区域经济发展理论的产生。研究区域经济协调发展的差异性的前提基础，需要先详细了解区域经济发展的理论。以区域经济发展理论作为科学的指导，寻求适合四川省乃至我国西部地区区域经济协调的正确发展方向和科学的政策。区域经济发展理论以区域经均衡发展理论、非均衡发展理论为基础，先后经历了两个阶段，进行了一定的经验和实地数据的积累，最终完成了新经济增长理论的演变。

### 一、区域均衡发展理论

（一）罗森斯坦·罗丹的大推进论

20世纪40年代，经济学家罗森斯坦·罗丹在提出了大推进理论。社会分摊资本、

储蓄供给和市场需求三个要素的存在者不可分性，通常经济社会小规模的部门投资是不能解决实质上的经济发展问题。工业化才是发展中国家要实现经济增长和腾飞的主要路径，"大推进"指社会的每一工业部门能够联合起来同时开展全面的大量投资，使各个工业部门都发展起来，摆脱与发达地区的经济发展差距，实现经济的大发展。

### （二）纳克斯的贫困恶性循环论和平衡增长理论

20世纪50年代，美国发展经济学家罗格纳·纳克斯（Nurkse.R.）首次提出。该理论指出，影响欠发达国家经济增长速度最为重要的因素是资本缺乏。发展中国家由于经济发展水平整体较低，缺乏较为理想的投资环境，引入资金的力度以及维持储蓄的能力相对薄弱，其本身资本也略显不足，多方面因素致使其经济发展模式面临"低收入—低储蓄—低资本投入—低劳动生产率—低收入"的恶性循环。相应地，在资本需求角度而言，同样面临"低收入—低购买率—投资引诱不足—资本形成量少—低劳动生产率—低经济增长率—低收入"的恶性循环。两个环节上恶性循环交织起来，因而使得欠发达国家拉大了与发达国家的差距，也使得这些国家的贫困程度加剧。

### （三）新古典区域经济增长理论

新古典区域经济增长理论的倡导和集大成者最著名有两位，他们分别是美国经济学家索洛和英国经济学家米德。新古典经济增长理论，是指"在原子市场、完全信息、要素不存在流通障碍等假设条件下，区域之间要素报酬的差别将逐渐趋向均衡，换句话说就是市场机制的作用最终会消除区域之间人均收入的差别，使经济增长趋于均衡"。

## 二、区域非均衡发展理论

### （一）"中心—外围"理论

在该模型中，将经济系统空间结构划分为中心和外围两部分，以发展条件优越、效益较高的部分为中心，支配主导整个经济结构空间的发展；以效益较低部分为外围，处于被支配地位。这种单核结构的发展模式，随着经济快速的发展，逐步演变为多核结构，政府也开始用政策进行干预，接下来经济开始步入持续的增长阶段，此时中心与外围界限慢慢消失直到经济一体化的实现，各地区发挥自身比较优势，经济获得全面发展。

## （二）增长极理论

该理论以抽象的经济空间为出发点，认为经济空间是存在于经济元素之间的经济关系。经济增长不会在所有地区同时发生，而是会以不同强度出现在若干个增长点或增长极上，比如拥有先进技术、雄厚资金、创新能力强的区域，然后通过这个极点向外辐射，最终带动整个地区经济实现增长。"一部分人先富裕起来"的带动模式，是历史发展的必然经过，这样的"羊群效益"在特定的历史条件下，有着特殊的促进经济发展的作用，同时，也是区域发展差异产生的根本原因。经济空间同时存在经济变量、区位和地域结构三方面的关系。增长极概念包括以下两个方面的含义：从经济意义上来说，是表示推进型主导产业的部门；在地理意义上它表示区位条件优越的地区。

## 三、相关理论对本文的指导意义

均衡理论研究的重点是产业间、区域间以及部门间的平衡发展。20世纪中叶，这一理论为发展中国家的工业化进程提供了理论模型，促进了发展中国家经济进步和城市化水平的提高。但是由于均衡理论过于强调均衡和计划性，形成了一定的缺陷。第一，不是所有国家都具备经济发达国家所拥有的产业和区域发展的资源和资本；第二，供求关系、技术条件差异都会影响资本收益率，而均衡发展理论没有考虑到这两种因素，区域间技术进步和规模效应各不相同；第三，资源具有稀缺性和不可再生的特点，因此平均分配是不可能在各产业和各部门之间实现的。基于此三点缺陷，均衡发展理论指出发展区域经济应该对地区和产业进行择优选择，进而优先培养。

与均衡理论截然相反的是非均衡理论，它认为均衡是相对的，非均衡才是绝对的。国家之间有经济落后与发达之分，国家内部又存在落后与发达的地区之分，因而非均衡发展理论才是反映了现实。有学者提出二元经济结构下的区域经济发展是非均衡的这一必然的观点。但是此理论并不能完全说明发展中国家的问题：首先，非均衡发展战略，使得资源分配或者技术支持在一开始，就倾向于经济发达地区，而落后地区的工业只能靠初级生产；其次，我国实施的经济发展战略忽略了公平，因此长期资源分配的不公平不断拉大了区域的经济差异，形成了恶性循环，虽然近年来国家提出了效率与公平兼顾的原则，但是由于长期落后所造成的基础薄弱的问题，使得公平已经不复存在。总的来说，在区域经济发展的过程中，均衡和非均衡是一个统一体。

回顾我国的经济发展历史，可以明显地看出区域经济差异在不断扩大。刚开始实施均衡战略时，这个问题还不突出，但是经过近半个世纪的发展，区域差异不断扩张，当转变为非均衡战略时，这一差异也并没有缩小。因此，我国的经济发展问题不在于采取的战略或依靠的理论是均衡还是非均衡，而应该从国民经济发展全局出发，改变思维，寻找能更好地解决我国区域经济发展中效率与公平的问题。综上所述，鉴于过去两种区域发展理论的实施，要利用市场机制的调节作用，在加快国民经济增长的同时，还要从政策的干预和调控上加大力度，除了对经济发达地区的政策和资源支持，还要针对落后地区提供政策支持，实现四川省各地区的经济协调发展，并实现共同富裕的目标。

# 第六节 测度区域经济发展差异的指标体系

## 一、指标体系建立的原则

要比较研究地区经济发展差异，一个重要的前提是要量化某一地区经济发展的状况，从而必须用到指标。由于不同学者研究的角度和观点的不同，其所选取的统计指标体系也随之而异，并得出不同的结论。因此，对指标体系的选取有着重要的意义。我国理论界研究区域经济发展差异对计量指标的选取主要有两方面：一是总体指标；二是复合指标，包括人均指标、静态比较指标和系数指标。

（一）据研究的目的选择指标

研究区域经济发展差异目的是考察地区经济发展差异的扩大对我国现代化进程的影响，因此不能仅停留在对区域经济发展差异的扩大或缩小的研讨上，更不能采用反映区域经济某一侧面的指标来取代反映地区经济总体水平不同侧面的指标体系。

（二）应考虑不同的指标有不同的作用和应用条件

总量指标，由于受到研究总体单位数多少的影响，所以只能用来反映一定时间、地区条件下，某种现象总体的规模和绝对水平，而不能用来对比分析不同区域之间经济发展的差异及探寻数据内在的数量关系及其规律。但它是对地区差距现状认识的起点。

相对指标是通过事物间的对比，用一个抽象化的比值来表明其相互关系，它能反映某些相关事物之间的数量联系程度，便于看清事物的差异，但不能反映现象在地区之间绝对量的差异。

平均指标是用来表明同类现象在一定时间、地点条件下所达到的一般水平与大量单位的综合数量特征。它可用来比较各地区某一数量标志一般水平的差异，计算各地区某种标志数值的平均水平在时间上的变化情况，分析某地区社会经济现象之间的依存关系。但平均数量指标只能用在同质总体中，否则，它会掩盖不同地区的质的差别。

### （三）既要考虑产出又要考虑投入

在选取衡量区域经济发展差异的指标时，究竟选择什么样的指标，选多少指标，除了考虑研究的目的和不同指标的作用外，还应结合社会经济发展观的转变来选取。在过去很长一段时间内，人们在考察区域经济发展时，往往围绕经济增长这一侧面来建立指标体系，而且主要停留在对经济状况的描述上，即使有评价指标，也很少考虑社会经济发展对环境、资源的影响以及资源投入的绩效。所谓投入绩效指标，从广义上说，是指社会、经济、资源、环境四大子系统的协调度。从狭义上看，投入绩效是指经济效益的指标，即一个地区在一定时期内的全部要素投入与有效产出之比的指标。目前，提高经济效益已成为经济发展的一个重要议题，因此，在分析区域经济发展差异时，不能只停留在经济增长的比较研究上，还应考虑经济增长所付出的代价。

### （四）目的性和可行性原则

指标体系的建立要从实际出发，做到需要与可能相结合，即符合目的性和可行性原则。从理论上说，比较研究区域经济发展差异，涉及面极其广泛，需要有庞大的不同侧面的统计数据支持。但有些指标在现实统计资料中难以收集到或根本没有。这样，我们只能从实际情况出发，通过公开出版的各种年鉴，利用能够收集到的有关数据资料建立衡量区域经济发展差异的指标体系。

采用指标体系虽然受到客观条件的限制，难免仍有局限性，但可以对区域经济发展差异的测量起到重要作用。

## 二、指标体系框架设计

前面曾经讨论过区域经济发展的概念。这里借用发展经济学理论，本文认为区域经济发展的含义至少应包括以下几个方面：

第一，按人口平均的国内生产总值和居民人均实际收入在一个长时期内持续而稳定增长；

第二，居民生活环境包括全面的公共福利设施自然生态环境社会政治环境等不断得到改善，人们有相当程度的安全感；

第三，生产要素包括人力资本、社会资金、物力资本及自然资源等，其数量不断增加，足以满足生产投入的客观需要，从而保证社会总产出的长期持续和稳定增长；

第四，经济结构包括生产的组织制度结构、生产关系结构、国民经济的产业结构、产品结构、技术结构空间布局结构等发生重大的转变，形成持续的高级化变化过程；

第五，社会结构不断完善，收入分配不断趋向公平与合理，居民间的收入及实际生活水平差距日益缩小，社会不再产生新的贫、富阶级；

第六，社会事业和社会保障发展与经济的增长相适应，在"经济—社会—自然环境"之间建立起一个良性的循环系统及运行机制；

第七，文化发展观念习俗与经济发展相协调，不适合或不利于经济发展的传统陋习、陈旧观念能够得以及时、彻底更新或废除，新的文化或新的观念能够迅速地成长、发育起来；

第八，经济运行及其调控的机制趋于完善和健全，经济系统、社会系统和经济发展相关联的自然生态系统的自我调控、自我调节、自我平衡及自我发展能力以及相互间的反应能力，变化适应能力不断增强等。

因此，区域经济发展是一个综合性范畴，不可能用一个或几个指标就能全面反映。从横向上看，它是指一个地区一定时期内经济各方面的综合发展状况；从纵向上看，它表现为该地区经济发展的潜力和可持续发展的可能性。根据前面提到过的指标体系建立原则和本文的基本观点，可建立如下指标体系：

1. 经济发展投入指标体系

$v1$：大专以上文化程度人口比重

$v2$：地方财政科技三项费用

$v3$：人均财政支出

$v4$：人均新增固定资产投资额

$v5$：人均全社会固定资产投资额

$v6$：人均资本形成总额

$v7$：铁路货运密度

$v8$：航道货运密度

$v9$：公路货运密度

v10：邮电业务量

2. 经济发展投入绩效指标体系

v11：人均国内生产总值

v12：城镇居民人均可支配收入

v13：农村居民家庭人均纯收入

v14：国有及规模以上工业企业全员劳动生产率

v15：国有及规模以上工业企业成本费用利润率

v16：外资总投资比重

v17：外贸依存度

v18：工业废气处理比例

v19：工业废水处理及排放达标比例

v20：工业固体废物综合利用率

v21：除涝面积占易涝面积比重

v22：治碱面积占盐碱面积比重

上述指标体系共两大类22项。

其中，投入指标兼顾了区域内软硬资源投入的度量，可分为如下几个类型：

1. 人力资源

我国人口众多，劳动力资源比较丰富。作为生产要素，劳动力在数量上的区域差异不会对区域经济发展产生明显影响。而根据新经济增长理论，人力资源的区域差异则会对区域经济发展产生重要影响。大专以上文化程度人口比重这一指标在很大程度上能反映一个地区人力资源的状况。

2. 技术要素

各种经济发展理论都将技术作为推动经济发展的一个关键要素，但具体衡量技术要素却很困难。因此，只能选用地方财政科技三项费用这项指标来加以度量。

3. 资金要素

资金是决定经济增长的基本要素。我国经济发展面临的一个重大困难就是资金短缺。而且，资金在各个地区的分布也是极不平衡的。因此，资金要素的区域性差异在相当程度上决定了区域经济发展的不平衡。这里主要选取人均财政支出、人均新增固定资产投资、人均全社会固定资产投资和人均资本形成总额来度量资金要素。人均财政支出水平对各地区资金形成能力有重要影响。固定资产投资对于改变区域经济技术面貌、调整资源与生产力的配置，改善人民的物质和生活条件，都有重要的推进作用,它直接反映了资金要素的投入水平。这里人均新增固定资产投资反映的是固定资产的增长情况,人均全社会固定资产投资总额反映的是固定资产的累积水平。而资本形成总额表示历年来资金投入的结果及现已达到的生产能力,主要根据固定资本形成总额加存货增加来反映。考虑到人的因素和分析计算的方便,这里选取了人均资本形成总额。

4. 交通运输条件

交通运输条件可被认为是推动区域经济市场化的一个重要条件。它标志着区域内商品、要素流动的难易程度,是地区基础设施的重要组成部分。这里用铁路货运密度、航道货运密度、公路货运密度来对其加以度量。投入绩效指标体系,着重考虑了资源投入产出的成果、经济效益、区域开放度和环境治理能力。现分别叙述如下:

①资源投入产出成果。包括人均国内生产总值、城乡居民人均可支配收入、农村居民家庭人均纯收入。

②资源投入经济效益。包括全部国有及规模以上工业企业全员劳动生产率、全部国有企业及规模以上工业企业成本费用利润率。

③区域开放度。这里外贸依存度、外资总投资比重来度量(后文将着重讨论区域开放度问题)。

④环境治理能力。这里选用了工业废气处理比例、工业废水处理排放达标比例、工业固体废物综合利用率、除涝面积占易涝面积比重、治碱面积占盐碱面积比重来度量。这些指标可反映一个区域可持续发展的能力。

客观地说这22项指标应该比较全面和系统地反映了各个地区的经济发展情况,但是经过指标选择分析方法处理后的指标体系过于庞大和粗略,其表现为:一是指标个数较多,二是指标之间的相关性较强。为了指标体系在决策中更具科学性、可行性和简洁性,有必要对这一指标体系作进一步的分析。

## 三、对指标体系框架的进一步研究

对指标的进一步研究需要用到一些有效的方法。本文拟采用主成分分析法和层次分析法来对指标体系作进一步的处理。

(一)用主成分分析法对指标体系的处理

主成分分析法是一种简化指标体系,有效处理指标间相关性的统计方法。

用个数较少、相互无关的主成分代替个数较多且相关的原指标群,如果每个主成分的含义能够得到明确解释,并能获得有关数据,那么这种代替完全可行。但一般情况下，主成分的含义是模糊的。更无法直接取得数据资料，此时可利用主成分分析法对原评价指标进行筛选，一般做法是在求出协方差阵或相关系数阵的特征值与特征向量的基础上，找出近似为零的最小特征值所对应的特征向量中具有最大分量所对应的指标将其删除，然后在剩余的指标变量中继续做主成分分析，并采取同样的删除方法，经过有限次主成分分析后，直到最小的特征值不是很小为止，保留下来的指标构成指标体系。

## （二）用层次分析法对指标体系作进一步处理

### 1. 层次分析法

20世纪70年代初，层次分析法的提出，由于这一方法简单、合理，在各类决策问题中得到了广泛的应用。

层次分析法将决策问题所涉及的因素进行分析，分为目标类、准则类和对象或措施类。按照各类因素之间的隶属关系，把它们由高到低排成若干层次，建立多层次的评价体系，称为层次结构。

层次分析法可划分为层次单排序法和层次总排序法。

所谓层次单排序，即本层的元素与上一层某元素有关，决策者根据对上一层该元素的重要程度，将本层与之相关的各元素一对一对地进行比较，给出其相对重要性的倍数，即一对一之间的次序关系。

### 2. 层次分析法的应用

先构造表中指标体系的层次结构图。若某主成分的构成指标中，指标的系数小于0或绝对值小于0.1，则忽略该指标与主成分的关系。主成分之间的相对倍数视为其特征值之间的相对倍数。同时，根据各指标在同一主成分中的构成系数确定它们的相对重要倍数。

# 第十章 区域经济发展与创新

## 第一节 区域创新与区域经济发展

### 一、区域创新概述

（一）区域创新体系

当今世界呈现出日益明显的全球化趋势，世界经济呈现出区域化的发展特征，以区域为单位进行分工，区域创新在地区经济获取竞争优势的主要决定性因素中的地位日益显著。在这样的条件下，有关于区域创新的研究都受到关注，而区域创新系统是区域创新能力的研究对象，更受到了众人的关注。

区域创新系统是一个为创造、储蓄和转让新知识与新服务的网络系统，不仅仅涵盖高校、主导技术开发与扩散的企业和科研机构，还离不开政府机关的参与和中介服务机构的介入。

区域技术创新系统也是指在一定技术区域内，它是一个社会系统，由相关社会要素（高校、企业和科研机构等）组成，与创新全过程相关的由机构、组织和现实条件所组成的网络体系。

从目前来看，国内外对区域创新系统概念的研究都很不成熟，它的提出时间较晚，即便在实证分析和理论研究上均有探索，但是更注重对案例的实证分析。同时，我国在这方面的研究也不断学习效仿国外，因发展不完善而导致突破性成就比较少，所以在我国的创新研究中，对区域创新系统方面的研究依旧很少，是一个薄弱的环节。

（二）区域创新能力评价

欧盟成员国制定了一个创新指数方法，衡量区域创新能力，也是这一方面的标准性研究。它主要从四个方面对欧盟成员国的创新能力进行评价，分别是人力资源，应用和扩散知识，创造新知识，创新资金产出和市场。

在国内,《中国区域创新能力报告》是对区域创新能力所进行的权威性研究。从21世纪开始出版至今,研究报告目的是从知识创造与获取、企业创新能力、创新经济绩效和创新环境对中国各省、市、自治区的区域创新能力进行评价。在国内,其数据和指标获取的完整性和研究机构的权威性,已成为区域创新研究的一个经典范本。

评价从不同的方法可选择,主要有聚类分析法、主成分分析法、主传统评价法、比较分析法和因子分析法等。在涉及对区域创新能力的评价方法进行选择时,学者们首先会选取定性的评价指标,然后确定指标权位和建立评价模型,最后输入标准化后的数据并计算出最后结果。

### (三)创新效率研究

从整体出发,在国内,对于创新效率的研究,大多数学者把有关创新投入影响因素、创新能力和产出过程等问题作为重点,通过分解创新过程,对投入产出指标进行选取,采取因子分析法、数据包络分析法和回归分析法评价创新投入产出效率,把有关创新投入影响因素、创新能力和产出过程等问题作为重点。

## 二、现代系统科学的相关理论

### (一)协同理论

协同理论的主要观点是,许许多多的子系统有能力组成任何一个系统,系统内子系统间的相互作用决定系统的整体行为,子系统之间的相互作用比较大且独立性较小时,在宏观上,系统的整体会显示出有序的结构特征。相反,当子系统的独立性占据主导地位,相互作用比较小的时候,它们会处于杂乱无章的状态,进而在宏观上,系统结构呈现无序化,没有稳定的结构存在。当非线性开放系统处于不平衡状态,并且系统与外界的物质交换和能量达到相当程度时,系统便通过自组织协同各子系统进行作用,进而使系统演化为具有一定有序性的耗散结构。

由此可以看出,系统有多种多样的类型,它们的属性虽不同,但在整个大环境中,各个系统之间既相互合作又相互影响。其中,涉及的一般现象为企业之间存在相互竞争,不同单位间存在相互协作配合,各个部门之间互相协调和系统中的互相干扰与制约等。协同理论认为,在一定条件下,大量子系统进行相互作用和协作,由它们组成的系统能够被看作是研究从自然界到人类社会中各种系统的逐渐发展,并应该对这种转变需要遵守的共同规律进行讨论。需要再次说明的是,当子系统之间互相关联引起的"协同作用"占优势地位是系统内部自发组织的表现和系统内部自发组织起来的现象一同出现,系统就会处于自组织状态,它在宏观和整体上就具有一定的结构与相对应的功能。运用协同论的方法,能够把自己取得的研究成果拓宽类比于其他学科,可以为探索未知领域提供有效手段,也有利于找出控制系统发生变化的影响因素,更好地使子系统之间发挥协同作用。

### (二)耗散结构理论

形成耗散结构至少离不开四个条件:一是系统应该远离平衡态;二是系统是开放的;三是通过随机涨落使系统实现由无序到有序的转变;四是系统内部各个要素之间具有非线性的相互作用。耗散结构理论提出,一个开放系统无论是物理的、化学的、生物的、力学的系统,还是经济的、社会的系统,如果不再平衡,并且也与外界不断进行能量与物质的交换,在外界条件的变化到达一定阈值时,系统的状态就可能会由原先的无序转变为有序(在功能或时空上)。耗散结构理论以热力学第二定律中揭示的时间的不可逆性为出发点,认为自然界会进行方向性的发展,需要在物理学中引入"历史"的因素。它提出,一个开放系统能够从外界吸收负熵流来抵消自身的熵产生,逐渐减少系统总熵,进而实现从简单到复杂、无序到有序的演化。耗散结构理论表明,系统只有在处于远离平衡状态的情况下才可能会向有序、有组织和多功能的方向发展,在处于近平衡态与平衡态均不可能产生新的有序结构。因此,普里高津指出,非平衡是有序的源头。对耗散结构理论的构建,在过去被看作是干扰整体行为,但在不稳定性中依然能够成为建设性因素。

### (三)突变理论

突变理论也称连续的改变说明参数如何引起不连续现象的一种理论。突变理论实际上研究的是静态分支点问题(平衡点之间的相互转换问题)。尽管它自身并非系统自组织理论,但它是和系统演化的相互变化(有序到无序的变化)紧密联系的,导致结果的突然变化是揭示了原因的连续作用,进而可以使我们加深对系统转化的多样式途径与方式的理解。

突变理论的主要观点是,只要是系统,它的内部必定会具有内聚力和发散力两种力。内聚力保证系统的稳定,发散力则会干扰系统的稳定。一个系统中具有两个或两个以上的稳态时,便会有相应的控制因子形成。发生冲突和运动也是由于这些不同稳定态控制因子之间的相互作用。当一种控制因子的拉力大于另一种时,事物会倾向于某一稳定态;当一种控制因子与另一种的拉力对等时,事物会保持平衡状态;当一种控制因子的拉力整体大于对方时,事物就会对某一种稳定态进行完全倾斜,进而发生突变,由内聚区域走向发散区域,从而会进入另外的系统当中。

### 三、创新投入—产出的有效性机理分析

#### （一）创新投入—产出有效性

有效性反映的是创新活动的实际效率，将它应用到区域创新的领域，它指的是完成策划活动和达到结果的程度怎么样，和对区域创新活动效率的表示如何，是对投入创新之后所完成产出的程度的考察。区域创新的过程就是一个创新资源投入向新产品、新技术产出转化的过程。区域创新有效性可以体现区域创新资源的配置效率，指的是区域创新资源的转化能力，由投入转化为产出，也指一个区域创新资源投入对产出的贡献程度。其中的投入有经费、设备和人员等。区域创新有效性的表现是：即使投入相同，也会因为创新主体和环境不同以及所处的行业不同，在产出的质和量的层面上也有所不同。通常认为，在生产前沿，区域创新基于以较少投入获得较高绩效的投入产出关系才是有效率的，达到的有效性也是最高的。

学者对创新效率最优条件的定义：①减少对某种要素的投入会相应地减少产出，此时保持原产出的条件就是须加大投入其他若干种要素；②如果增加产出，需要减少其他产出或者加大对若干种要素的投入。企业或地区在投入一定要素后完成的产出和产前之间的差距所反映的就是创新效率，产出和产前的差距越大，反映出创新的效率越低。

#### （二）创新有效性与创新能力

评判区域创新能力高低主要看的是创新投入—产出的有效性，区域创新能力决定区域经济增长和竞争。

创新有效性与创新能力有着不同的概念，联系却很紧密。持续使新技术得以创造并投入各种创新元素，同时也对原先拥有的技术进行充分利用，通过一种全新的方式转化为现实的和有经济价值的产品或服务的能力（"外显"和"潜在"两种能力），这种能力就是创新能力。

外显能力就是创新产出能力，主要体现在一些新专利、新产品上，潜在能力是组成创新能力的重要部分，它包含了创新投入能力，潜在能力指的是能够达成可供市场交易的产品转化的潜能。创新有效性指的则是把投入的种种创新要素转化成市场需要的商品或服务产出的效率。创新效率的高低直接反映了该区域的创新能力，能够帮助该区域持续发展、快速发展。

详细来说，创新产出、创新投入和创新支撑三个方面构成了区域创新能力，将三者综合就可以反映出区域创新的规模。当然了，加强这三者中的任何一个，都会加强

整体区域的创新能力，只是对不同方面的加强会对整体的相对贡献率不一样。一般说来，创新支撑由社会经济大环境决定，创新支撑环境的变化对区域整体创新能力的影响是比较小的。支撑环境和规模效益不变时，创新投入就决定了产出，这时的产出和投入是成正比的。所以说区域的创新投入是区域创新能力贡献率较大的一项因素。

区域创新的产出有效性主要考察创新的投入和产出，研究这两者的转化率就能够知道有效性的高低。当谈论到创新有效性时，我们知道在影响创新能力的三个因素不变时，通过增加创新投入，就能够使产出增加，但是这并不能够说明创新有效性提高了。提高了创新投入或产出能力也会直接影响有效性，投入和产出能力对区域创新投入—产出有效性是没有影响的。其实，这种有效性是创新研发能力、强度、效率的体现。

因此我们知道，提高区域创新投入—产出有效性是能够综合提高创新能力的。创新有效性直接影响着单位创新投入的有效产出量，即有效性越高，产出量也就越大；反过来，有效性越低，产出量就越小。这也就意味着，不改变创新投入，只要提高创新有效性就能够直接提升创新产出能力。在这种情况下，加大创新投入，相应地产出就会增加。创新投入、创新产出及创新支撑三个方面的有机结合又构成了区域创新能力。支撑环境不变，创新有效性的提高会带动提高创新产出能力；进而加大创新投入，创新产出就会增加并且带动产出能力。通过分析可以知道，区域创新有效性会对单位创新产出能力产生直接影响，通过提高区域创新投入—产出有效性就能够极大地提升该区域创新综合能力。

## 四、创新与经济发展的互动作用分析

### （一）创新推动经济发展

经典创新理论把技术创新定义为一项活动，在这项活动中科技和经济是相结合的，并且会发现新科技、市场化新技术、商品化新发明。从20世纪工业化开始到现在，人类的社会发展一次又一次地表明科技创新能够大大加速经济发展，推动社会进步。例如，第一次工业革命发明了蒸汽机，促使当时的生产力极大地提高，实现了机械化生产，大大提高了生产效率，还产生了很多新兴企业；还有在20世纪40年代，在新产业的革命中，创新产生了新材料和信息技术等领域，随后引发了一系列高新技术产业的快速崛起。进入21世纪后，经济发展开始面向全球化，信息技术、"新经济"已经成为经济发展的中流砥柱。并且这种新型经济有许多优势，如低失业和高增长。这些都表明了科技创新是推动经济"持续、快速、健康"发展的主要动力。

1. 区域创新为区域经济发展提供新的增长

区域经济在发展初期时快速发展是比较容易的,因为区域经济可以依靠其内部自然资源优势、已有产业优势和分工上的优势,但是,久而久之,这个模式发展就会遇到资源枯竭、产业老化等问题,产业发展就会停滞不前。要实现区域经济持续发展、经济技术水平增长,就必须靠科技创新来发现新的经济增长点。例如,促进区域创新成果产品化、加速新工艺的应用等,可以把新鲜的经济血液加入区域经济中,帮助企业打破发展停滞、实现经济持续快速发展。并且企业的创新能力还可以为区域的其他企业服务,提供新的技术,可以促使经济更大规模地增长。还有,形成了良好的区域创新环境会促使技术创新,技术创新的成功又会反过来更新区域创新环境,从而形成良性循环。创新的主体持续地为经济发展提供依托,知识和新技术使劳动生产率大大提高,在质量上,促使经济增长越来越高,最终实现区域生产力极大地促进经济发展,出现新的起点。

2. 区域创新促进区域产业结构升级

在区域内,不同的创新主体之间有着密不可分的联系,相互支持,从而形成良好的环境,从少数的企业开始创新慢慢变成大量企业创新,并带动整个区域产业的结构升级。首先,区域技术的创新会带动产业的科技水平、生产工艺以及生产效率的提高,这样就会使产业朝着良好的方向转型,即从劳动密集型、资金密集型转型成为技术密集型、知识密集型;其次,产业竞争愈演愈烈,在产业发展停滞时,这些发展中遇到的困难会促使企业积极创新、积极使用创新成果,把新兴产业与传统产业相结合,甚至最后完全转型,一跃成为新型企业;最后,技术创新可以使生产质量提高,增加产品价值,并促使低附加值产业朝着高附加值产业的方向加速发展。所以说,企业在产业结构上的升级就是越来越依赖技术的进步以及知识的创新,地区产业在技术和知识上面的含量持续增加。区域创新会极大地推动产业整体的结构调整,并且不断加速产业整体结构的优化甚至升级,使产业结构持续地向优化、合理以及高级的方向持续发展。

3. 区域创新提高区域竞争力

区域的核心竞争力在区域经济发展的任务中是重中之重。区域核心竞争力主要表现在产业核心竞争力和企业的管理核心竞争力两个方面。技术创新就好像武林高手的内功一样对经济增长有着非常重要的内生作用,而区域创新就是会充分发挥促进作用的外功,使得区域内外兼修,内支柱产业和外支柱的主要产品相辅相成,形成自己独有的竞争优势,并且不断地提高产业层次,使得新技术可以切实地运用到实际生产中,来提高区域的综合竞争力。而且,技术革新也可以使产品多样化与创新化,创新得来的是技术的运用,这些不仅会帮助企业建立起自己独特的竞争优势。还可以探索出区域经济新的增长点,开发出经济的潜在发展趋势。这样会大大增强企业的核心竞争力,企业核心竞争力的增强又能够提高整个区域的竞争力,以点带面,全面提升。

(二)经济发展反哺创新

区域创新依靠的不仅是科技的创新,更要符合市场的需求,共同进步才能达到利益最大化。新增长理论就把科技的创新与进步定为区域经济系统的内部变量,宣称经济的增长其实对科技进步有着极大的推动作用,还能够为科技创新提供资源和人才,这就促进区域内科技不断进步、企业的竞争力持续增强。反过来,这样就又增强了区域创新的动力。

1.区域经济发展为区域创新提供物质基础

资金、设施、人才等创新要素的提升,也会促使区域创新能力越来越高。这与区域经济的发展联系紧密。随着创新不断进步,所投入的仪器设备和资金等也会更多,人是知识的载体,自然对创新的作用十分重要。另外,经济发展也会促使创新要素发展,就可以提供更多的资金、设备等创新所需的资源。只有经济发展良好,才能吸引更多的高端人才,也才有能力不断注重教育的资金投入,培养更多的人才。所以说,区域的经济发展能够为区域创新提供经济保障,是区域技术创新的物质基础。

2.区域经济发展为区域创新提供环境支持

内部的各种支持是区域创新必需的,创新也离不开外部的各种因素。一方面,区域创新的内部环境是由区域经济发展提供的。区域经济发展可以加速完善区域内部的政策、组织和管理,为区域创新保证了良好的内部环境,这样就有利于创新主体营造出新的创新需求、发现新的创新机会。另一方面,区域是具有开放性的,这样的性质就决定了区域必定会与外界产生交流。在交流的过程中必定会与外界交换信息,这是会不断完善区域创新的外部环境的。只有区域创新的内外环境都不断完善,创新活动才能得到良好发展,并不断提高创新能力。

## 五、创新对经济发展的时滞作用分析

(一)创新对经济发展时滞作用的过程

通常情况下,某个区域的经济发展与区域创新是紧密相连的,一般都是创新有了成果,经济就会紧随其后得到发展。当然了,创新成果对经济的推动作用会有一定的滞后性,这是因为创新投入、研发和产出三个阶段均有时滞性而导致的。

1. 创新投入阶段的时滞

科研资金、设备仪器、科技人才等要素是区域科技创新的主要投入。科技创新的过程有对象调研、评估决策、人才培养、资金筹备、物资采购等过程。有了需求后,需要一定的时间来收集创新目标的信息,这大多是有关的科学技术,或者是可以使用的外部新的基础科研成果。创新主体经过一定时间来审核问题、评估和决策。更需要时间来进行人才的培养以及创建优秀的科研小组。另外还需要时间来筹备科研经费,购买科研设备、材料等。所以,各个阶段的准备都是一个个过程,是需要时间的,这样就产生了投入时滞性。

2. 创新研发阶段的时滞

从开始到最后研究出成果是极其复杂,耗费大量时间的过程,按照规律,科研人员首先要完成设计、接着进行科研实验以及成果评价等程序,这都需要大量时间。通常,研发程序的完成就会形成初步的研究成果,检测完成初步的成果后,如成果符合设计要求,就形成最终科研的成果;假如初步的成果不能够达到设计要求就要进行反复的实验修改直至达到设计要求,并形成最终的科研成果。在实际的情况中,往往由于科研的复杂程度、投入强度、科研基础等的不同,很多研发项目都会经过很多次的实验修改,这样就导致了科研活动过程中的反复性、时滞性。

3. 创新产出阶段的时滞

研究成果的产出还有核心技术、核心工艺和新型的核心产品等形式。但是,科研成果本身还不能够带来实际的经济效益,要把科研成果商品化后通过市场带来经济收益,然后才能在经济形式上表现,影响到了社会的供需关系,最后完成创新产品,进而推动区域经济加快发展。

(二)创新对经济发展时滞作用的影响因素

我们需要意识到许多因素都会影响区域创新与经济发展时滞性的形成。对于不同的创新活动属性和产业结构,时滞作用程度是不同的,这是考虑到创新与经济发展间的作用关系所得出的理论,这主要体现了创新活动和产业结构的区分。

产生时滞作用的主要原因是创新活动属性。创新活动的内容、性质的不同都会影响到时滞性的产生,大致可以分为基础研发和技术、产品研发等几类,不同的类别所产生的时滞性也会不同。具体来说,基础研究是要有突破性的发现,研究难度大,所以投入也大,研究时间长,进展慢,还有很高的偶然性,所以基础科研的时滞性很大。但是关于技术改革、工艺升级和研发新产品的创新,都是在原有技术的基础上进行改造和提升,科研难度要比基础科研低很多,相应的投入也会降低,但是成功率会明显高于基础科研,研究周期也较短,所以其时滞性的作用也不那么明显。然而我们必须了解,区域整体技术水平高度,就决定了模仿创新、完善技术的难度,所以说在基础上的研究是区域创新的根本动力。

区域创新与经济发展间时滞作用的另一个必要因素是产业结构。不一样的产业结构会有不一样的创新周期,所以它们的时滞作用也就不一样。像化工、钢铁等传统的重工业,它们的规模大,生产周期长,所以投入、花费的时间也很长,完成创新的难度也很大,此外,这样科研的成果转化成的产品被市场接受的转移成本也更大。但是规模小的新兴产业产品成本低、生命周期短,相应的创新投入就会较小,并且从创新投入开始到产品带来实际的经济收益的周期也较短,市场对此类产品的接受也较快。比较过后我们可以得知,区域创新与经济发展间的时滞作用在传统大产业中的作用大,在新兴小产业中的作用较小。

## 第二节 技术创新促进区域经济增长的机理分析

### 一、技术创新促进区域经济增长的机理概述

对于区域的经济发展和竞争力来说,区域技术创新的强弱是衡量它的重要标准,这个标准还对区域经济的发展和竞争起决定性的作用。区域技术创新促进经济增长问题的研究还有待于进一步深入,已有的理论对于区域技术的创新来促进经济增长的具体方法和内在机理缺乏深刻认识。

在企业区域技术的创新下,企业上会出现品质和成本效应,区域上会出现结构效应。提高企业的市场占有率和竞争力得益于成本效应和品质效应;区域经济增长质量的上升、条件的变化、发展效率的增加和经济的稳定发展都是由于结构效应。结构效应会使经济发展得更加稳定,经济增长的质量上升,条件发生变化,使其发展的效率提高。

经济要想继续不停地发展,就一定要不停地创新。在变化实现后创新活动便终止了,经济结构变得稳定,经济增长变得缓慢。明确区域技术创新推动经济增长,首先要认清成本效应、品质效应和结构效应这三大核心。

通过区域创新的推动,企业区域层面上形成的结构效应,最后受成本和品质效应

的影响。成本和品质效应是其微观上的基础和前提的条件。成本效应在产品生产过程中实现了新旧产品和生产方式的更替，让企业淘汰了耗能较高的产品、提高了要素投入中的知识含量。品质效应让产品多样化、使产品的质量提高，新产品一方面会使产品的结构产生变化，另一方面改变了新旧产品的结构。此时，新产品品质效应的开发，微观方面使产业结构发生变化并且推动了产品结构的改善，使产品生产方式改进并且改变了经济的增长方式。因此，企业层面上的成本和品质效应将直接导致区域上结构效应的产生。结构效应是成本和品质效应在区域内的表现和定然结果。

## 二、创新主体：企业与政府的博弈

在市场中技术创新的主体除了企业，还有科研机构、个体研究者等。这项研究中，在市场上把企业作为技术创新的主体，是由于技术创新有特殊的运行机制，其运行的前提条件有两个：第一个是创新者在市场需求出现时，拥有相应的研发能力；第二个是有同行业者的竞争压力。在这个前提条件下，从长期来看企业创新的收益大于成本，所以企业一定选择创新。即长期来看企业创新将让其在竞争中获得更有利的地位，对应对市场的需求、争取市场份额、打击竞争对手都有利，对获得更多的商业利益也很有帮助。选择企业作为研究技术创新的主体，用来分析它对经济增长的影响更合适。企业比其他主体作为创新主体的创新动力更强，它的创新成果对生产部分的作用更具有针对性，有利于提升部门生产效率和全社会的生产效率。

另外，在市场中政府作为主体，能更为宏观地考虑技术创新推动区域经济发展，并且缺少企业的竞争。政府来推动某区域经济发展技术创新是"雪中送炭"式的手段，当某一区域处于区域经济发展的瓶颈阶段时，政府会利用技术创新让经济有突破性地增长，并运用相应的政策和资金支持来促进技术的研发。然而政府对于谋取高新技术的创新在中长期给区域经济带来的收益缺乏动力，若某一区域经济发展处在稳定期，政府行为短期性的特点会让政府增加现有资源的使用，用来促进经济持续增长。

研究技术创新，必须要注重企业与政府间的关系。政府有激励政策和限制性政策，前者对企业创新有正面的促进作用，尤其是经济发展变慢，甚至出现问题的时候，政府的正向政策和资金扶持会加强企业的创新动力、提高企业的创新速度并减少企业的创新风险，从而达成创新；后者则会削弱企业的创新动力、放慢其创新速度、加大其创新危险。

### 三、企业层面：区域技术创新促进经济增长的机理

#### （一）企业层面机理的核心：成本效应与品质效应

熊彼特提到，企业家是创新活动的主体，但在特定区域内的企业家才可以是区域技术创新的主体。所以需要从区域里企业的技术创新，来认识区域技术创新对经济增长的机理。

企业家在创新上具有意识和能力，他们是在创新上单独地经营和生产商品，让企业家创新的前提是市场需求、占有率还有潜藏的垄断利润，利润最大化是企业的目标，而占有稀有的资源便能取得超额的利润，取得专利的新发明便是唯一并且稀有的资源。这时拥有这个新发明的企业就可以获得具有垄断地位的利润。具有创新的垄断利润直接对企业竞争力有影响，它是企业进行创新的动力。在创新预期时垄断利润的激励下，企业家在生产实践中组合并且运用生产要素，从而提高企业的市场地位和市场占有率，为其提供有利的物质条件。在技术的相互模仿和扩散下，创新的垄断性和新产品的稀缺化都将渐渐不存在，所以超额利润企业必然不能再取得，所以就需要企业继续不断地进行创新。

在不同技术的创新过程中，企业一直都有非常明确的目标，这就是通过技术创新来使企业竞争力提高。企业能运用许多技术创新的方法来达到这个目标，例如，想要使投入的要素资源不再稀缺，可以运用优化要素之间的组合、要素进行节约投入、选取新资源、采用多样的产品、提高产品质量等技术方式。

特定区域里的企业开始实行技术创新，用来取得垄断的利润，使企业的竞争力提高。若企业创新是在生产过程中进行的，即运用优化要素之间的组合、减少要素和新资源的投入等方法，若运用提高产品的质量、使产品更加多样等方法，那么企业展开创新是沿着产品创新路径的。若沿着生产过程创新路径前进，那创新成功的结果便是企业取得成本效应，即降低了生产的成本、增加了企业的利润；若在产品的创新上向前，那么企业能获得品质效应就是创新成功后的效果，即企业新产品可用高质量和多样的品种来使消费者的需求得到满足，这样能让市场的销路变宽。运用的技术方法不同，会产生不一样的创新路径，最后的经济效果也会不一样。

技术上的创新是技术经济化的过程，它的起点是技术，终点是经济。技术方法与创新路径不是经济意义上所说的创新诉求，而是技术方面的活动属性。提高企业的竞争力不是技术方面的创新，而是企业经济方面的活动属性。成本效应和品质效应不仅有技术的属性又有经济效果，它们给企业创造经济方面的利益和技术创新的成

果。技术创新从技术的过程向经济的过程转变需要成本与品质效应这个纽带，这是技术的创新促进经济增长机理的要害之一，是企业层面机理的核心。

正是成本效应和品质效应造成了企业的独裁地位，为企业创造了创新垄断利润，也提高了企业的市场竞争力。

### （二）成本效应：企业层面机理核心之一

企业如果采用节约要素投入、优化要素组合、采用新资源等技术方法，那么技术创新就是沿着生产过程的创新路径开展，企业就可以取得成本效应。企业在竞争中经常使用成本领先战略。在行业里，高于行业平均利润的利润由总成本最低的企业获得，在企业的各个环节能实现许多降低成本的方法，但其中最主要的方法是技术的创新。企业在生产的过程中从创新出发，运用优化要素之间的组合、节约要素的投入、运用新资源等方法的时候，就能产生成本效应，就此企业的竞争力也能加强。企业技术创新促进经济增长机理的核心之一是成本效应。

1. 节约要素的投入

节约要素投入是指区域技术创新节约了劳动力、资本投入等，所以直接降低了生产成本，获得成本效应。

由于技术方面的创新对资本和劳动投入要素影响程度的不同，所以遵循要素比例标准分类原则，技术创新可分为三大类型：劳动节约型、资本节约型和中性型。假设只有资本和劳动两种要素投入，而且工资率和利息率不变即生产要素价格不变。如果技术创新导致资本劳动比上升，就是劳动节约型技术创新；如果技术创新导致资本劳动比下降，就是资本节约型；若技术创新对要素的投入比例没有影响，就是中性型。

之所以有这种节约效果，根本原因在于区域技术创新深入并扩展到生产的诸要素中，使区域生产力发生质变。现代科学技术是经济发展的力量，技术的创新能在产量不变下节约要素的投入，改变各个要素的形态，使要素在区域经济发展中的功能、质量及使用效率提高。在技术创新作用下，一是劳动者的素质大大提高，从而提高劳动生产率并节约了生产中的劳动投入量；二是劳动工具日益自动化、智能化，生产效率更高并在一定条件节约资本投入量；三是区域技术创新的发展提高了区域科技信息的水平和信息转化为知识的能力及其效率，使沟通成本降低，因而能节约信息交流中劳动与资本的投入；四是技术创新使学习成本减少。也可以改变工作的方法并提高工作的效率，从而使学习曲线出现下降。利用学习曲线原理，这可使产品成本降低。利用效率更高的要素结合模式和组合方式，随之提高了要素的使用效率，并让总要素的投入成本降低,最终产生成本效应。

成本效应就是在区域技术创新的前提下,拥有了更加科学的组织与管理,使要素结合模式更加优化。区域技术创新促使管理模式和企业组织形式的革新,使组织与管理更加科学、高效。技术创新让区域生产要素的功能和形态产生积极的变化,以此产生比较优势使企业持续发展。企业管理与组织的水平在技术创新下不断提升,能让生产力诸要素结合在一起,如此一定能优化要素结合模式和组合方式,管理成本乃至生产成本会下降,成本效应也会随着管理成本乃至生产成本的降低而随之出现。

2. 采用新资源

区域技术的创新通过发现、创造和利用新能源等使要素资源的使用范围扩大是采用新能源的具体方法,这个方法让要素没那么稀缺,并且打破要素边际的收益规律,使生产要素的成本效应大幅度降低。

首先,可以利用的自然资源通过技术的创新变得更多,从而发现以前没有生产过的新能源、新材料被发现、利用和创造,生产成本便也随之降低了。总的来看,科学技术的发展和人类对自然资源的利用密切相连。技术创新在开发资源上的一个重要特点,是分析物质的微观结构、运用其宏观性能,以此能为社会生产力创造优越的新材料和新能源。随着技术创新的发展,人们对自然界的认识也更加深入,并且渐渐提高改造自然的能力,所以自然资源和新材料的利用范围也不断扩大,新能源层出不穷。新资源的出现扩大了要素的种类范围,使已有要素的资源稀缺得到缓解,也在一定程度上克服了要素收益递减的规律,为降低生产成本提供了捷径。

其次,技术创新使我们对自然资源利用程度不断加深,能对原有资源进行深度开发与加工,提高其利用价值,降低生产成本。这主要表现在对同一种自然资源,由于技术创新的作用,可以不断提高其利用程度。同时,石油化工技术的提高,又把石油变成了能够生产出千万种产品的化工原料。随着技术创新的发展,人类逐渐深入地开发自然资源,并发现其价值,体现在生产领域就是可利用要素资源更多了,这有利于克服要素资源的稀缺和生产成本的降低。

总的来说,技术区域方面的创新让人类更加深入地扩展了对自然资源的开发利用,它通过改变材料的物理或化学属性导致新材料的出现,通过对原有资源的深度加工导致资源的再利用,克服了自然原材料对生产发展的限制。由创新导致的可用资源的增多为降低资源的稀缺性创造了条件,阻挡了要素边际收益递减趋势,促进生产成本的降低并产生成本效应。

### （三）品质效应：企业层面机理核心之二

企业假如运用水平创新，使产品更加多样，运用垂直创新，使产品质量更高，那么技术创新就是沿着产品创新路径展开，这时企业能拥有品质效应，在企业层面上这个效应，是技术创新促进经济增长机理的第二个核心。成本效应和品质效应在企业层面组成了技术创新推动经济增长机理的两大核心。

产品创新是关于变革产品的，包括产生新产品和更换旧产品。依靠技术创新，企业能不断改进产品，不断研制出适合用户需要的新产品。

之所以技术创新形成的产品创新，可以使企业竞争力提高，是因为技术创新不但能使产品性能、类别、品种、质量等方面更加新颖，也会产生创新者不同的优势。一个企业的产品或服务与其竞争对手产生差异时，才可以吸收更多的顾客，占据市场。

这种差异化战略属于竞争战略，产品或服务的独特性决定差异优势的形成。所以，技术创新带来的差异优势可以帮助企业获得竞争优势。无论是开拓国内市场还是国际市场，企业都可根据技术发展状况和消费倾向，通过技术创新来进行产品创新，以此确立相对于竞争对手的差异优势，并获得品质效应，最终达到企业竞争力的提升。

产品的创新包括两大类：第一类是不断增加丰富产品多样性，进而创新产品。第二类是通过提升产品质量，达到创新。

第一类产品创新，主要体现增加产品多样性，定义是指具有新功能的创新产品，该类创新产品能够带来消费多样性的增加，产品链条的延长，生产分工及专业化深化等。增加产品多样性的创新能够根据消费者对多样性的偏爱，增加消费的多样性，使生产更加专业化，从而让新产品具有新的功能。由于这种创新产品与原有产品存在水平关系，因此也被称为水平革新。第二类提升产品质量的创新的定义是指新的产品和原有产品在使用中没有太大的差别，但是产品质量比原有产品更加耐用。提升产品质量的创新能够有效提高产品的使用性能、效率，能够在同样生产成本下使新产品提供更多的产品服务。这种创新的新产品与原有产品之间存在着垂直关系，也就是说，创新产品与原有产品功能相近，但质量有所提高，也被称为垂直创新。

1. 增加产品多样性的创新

它是指技术创新通过设计、开发新产品，使新产品相比于原产品增加了新的产品功能，进而产品多样性也随之增加，能够满足消费者对产品内在的多样性需求，促使企业提高产品品质和信誉。相对于原产品，增加产品多样性的创新能迎合消费者对多样性的偏好，给消费者带来更大的效用和更多的信任，从而形成品质效应。

增加产品多样性的水平创新是如何推动经济增长的呢？通过技术创新，产品的多样性主要体现在产品的花色和品种等方面，从而显示出产品的不同，新的产品有不同的产品风格，更加容易区分自己的产品和竞争者的产品，更加能满足消费者的需求，而且还能促进顾客消费，使消费者不断增加，新的产品就会出现新的品质，能够帮助扩展市场，扩大市场份额创造有利条件，能够增加均衡产量，进而促进经济增长。这个机理可以表述如下：技术革新—产品多样化—满足消费者需求—扩大消费群体／促进消费—形成"新"的品质效应—开拓新市场—扩大市场份额—增加均衡产量—促进经济增长。

2. 提高产品质量的创新

提高产品质量的创新从而推动经济增长有什么样的机理？

提高产品质量创新，能够有效提升产品的性能和品质，从而总体提高产品质量。高质量的新产品能够增加消费者的偏好，如此，创新会形成品质效应，促进消费者的需求。新产品需求的提升能够刺激消费，因此一定能带动均衡产量上升，从而促进经济的增长。

综上所述，提高产品质量的创新以推动经济增长的机理是：质量创新——提升产品质量——增强消费者偏好——促进消费——增加产品需求——促进经济增长。

我们通过对比产品多样性的创新和提升产品质量的创新可发现，这两者在经济机理的作用是不同的，主要表现为，增加产品多样性的创新以通过满足消费者潜在需求的方式刺激消费，可以形成品质效应，以达到创造经济增长目的，提升产品质量的创新则是利用消费者对新产品的偏好，刺激消费，形成品质效应，进而促进经济增长。因为在创新产品推出之前，消费者潜在的需求没有成为实际需求，所以增加产品多样性的创新就成了创造需求的行为，消费者的偏好增强也说明消费者把偏好从旧产品转移到新产品上，如此一来提升产品质量的创新就会有"毁灭性创新"的效应，与此同时这种创新行为就会冲击原有产品的销路。

这两者之间存在的共同点表现为，增加产品多样性的创新和提升产品质量的创新都是在质量或品质上创造不一样的产品，用来满足新的需求，可以扩大市场份额及开辟新的市场，如此可以在原有的基础上扩大生产规模，同时带动经济增长。所以这两者在推动经济增长的机理方面都是通过品质效应创造或者转移市场需求方面促进经济增长，二者都是从需求方面推动经济增长，同时体现出产品创新路径和生产过程创新路径的差异。

## 四、区域层面：技术创新促进经济增长的机理

### （一）区域层面机理的核心：结构效应

从经济史方面来看，人类社会经济不断发展，三大产业的地位也在不断变化。工业经济取代农业经济，产业结构也相应地由第一产业占主导转变为由第二产业占主导，再到后来，人类由工业经济时代进入知识经济时代，第三产业也随之取代了第二产业，成了主导产业。随着新兴技术的发展，社会经济也进入了崭新的时代。而这些发展变化，推动了不同经济结构的形成。

为何在技术创新的作用下，各个地区的经济结构不尽相同？这主要是因为不同区域对产业专业化的侧重，技术创新方向、层次等方面的要求不同，使得区域技术创新具有了浓厚的属地色彩。

区域技术创新不仅是经济结构变迁的重要因素，而且还决定了区域内生产要素的组合方式，并且随经济结构变迁而来的是不同地区经济的发展。随着技术创新不断发展进步，在技术因素和非技术因素方面的投入也和之前有所不同，从而改变了增长方式，加速了经济发展。

区域经济增长方式的转变与产业结构的调整带来了一个结构效应，即区域技术创新创造，从不同地域角度来看，创新推动经济增长的关键就是这一效应。在区域技术创新影响下，区域内的人员分工、需求及产品结构都在一定程度上有所改变，而且，随着不同地区内各个生产要素的组成及生产运营的方法不断优化，从而会促进各个地区调整产业结构，积极转变经济增长方式。因为大多数企业在经济增长方式上发生了改变，积极调整产业结构，所以，在技术创新方面也随之产生了结构效应。而且，结构方面的优化提升相应地推动了经济增长质量的提高、运行模式的改变，从而促进区域经济的增长。由此可见，从区域层面来看，其关键就应该是结构效应，因为经济的增长是技术发展在结构效应方面所体现出来的。

### （二）结构效应路径之一：产业结构调整

产业结构指国民经济内部各个产业之间及相同产业内各部门之间的占比关系，及各个产业和部门中的技术创新变动和扩散的相互联系，并且产业结构在整个国民经济结构中占有重要地位。一般来说，一定区域内通过技术创新，从而推动其内部产业结构的改变，很好地体现了技术创新对经济发展的重大影响。区域内产业结构的改变产生了结构效应，并最终创造了区域经济的发展。由于是在各产业部门增长的基础上实现了经济增长，经济增长的本质就是各产业部门的增长，所以经济发展要

求各产业部门之间要保持合理的比例结构。合理和高级化的产业结构,能使经济资源得到合理利用,各产业协调发展,有利于取得更佳的经济效益。不合理、低级化的产业结构会降低经济增长的质量,并最终会影响区域经济的发展和增速。各个区域通过改变并进一步优化相关产业结构产生了刺激经济增长的效果,促进了区域内经济发展。

1.区域技术创新对产业结构变动的影响

第一,有利于推动产品结构的优化调整。技术上的发展,促进了新产品的诞生,进而带动了相关新兴产业的发展,并最终带动当地产业结构的调整。一般而言,一个区域内如果有新的产业出现,那么就是通过以下两种途径产生的:一是新的生产方式或新兴产品的规模增大,从而形成了新兴产业;二是原有产业竞争能力下降,不断分化,被新产业所取代。与区域技术创新发展有直接关系的就是原有产业竞争力下降,逐渐分化,以及相关新颖产业的生长。创新技术带来的新产品与新兴产业的出现有着紧密联系,并且更深层次的技术创新会在很大程度上降低相关部门的生产成本,使得该部门迎来大规模经营生产的飞速增长时期。新产品的大规模生产与新产业部门的形成,会对生产旧产品的产业部门形成竞争压力,迫使其逐渐消亡。这样,在不断有新兴产业出现并蓬勃发展的情况下,原有的旧产业面临种种压力,逐渐衰落,乃至消失。从中可以看出,之所以原有的落后产业区竞争力有所下降,甚至到最后的消亡,就是因为区域内的技术创新带来了新的产品,新产品不断更替,相关新兴产业则顺势而生,但这也极大地提升了自身区域内创新产业结构的进度。

第二,促进需求结构的改善。技术革新会直接或间接导致需求结构变化,对产业结构调整带来引导作用。消费结构之所以会发生改变,一个重要的原因就是创新带来了一系列新产品,并推动产品更新换代速度的提升,最终使消费者的需求发生改变。生产的首要条件是市场需求结构,所以,一定程度上,市场需求结构和产业结构的变化是呈正相关的。从一种角度来看,随着技术的创新,人们在生产和生活上都产生了新的需求,相应地也会推动相关新兴产业的发展。同时,这也会使部分原有的需求下降,从而导致相关落后产业的衰败,在这种情况下,就会造成相关产业结构与之前相比发生极大改变。简单来说,技术创新不仅造成了产品结构的改变,还推动了相关产业的消费结构发生极大改变。从另一种角度来看,企业在技术上的创新使得商品的生产成本和价格在一定程度上都有所降低,这就相应地推动了消费市场的扩大,使得之前的购买欲望转变为购买能力。由于新兴产业的兴起,不断创新出新产品,这也就推动了城市人均消费水平的提高。而作为消费者本身,不管是因为收入水平的提高，还是出于对新产品的兴趣，都会产生一种新的消费需求，从而推动需求结构的转变。这样，由于消费结构发生了改变，相应地产业结构也就发生了变化。

第三，有利于分工进一步深化。相关产业在技术专业化程度上不断提升，以及社会中各个人员分工水平的提高都与技术创新有莫大的关系。而且，产业技术创新，有利于经济社会和各个区域内产业分工的深化，而这反过来也会推动新兴产业的发展。以18世纪的英国为例，英国在此时期进行了产业革命，此次产业革命的标志是蒸汽机的发明及使用，在产业革命后期，英国基本建立了现代大机器工业，工业也成了经济中的主要部门。以英国产业革命为起点，在其以后的企业产业结构的改变及新兴产业的涌现都与大的技术改革有关。

此外，技术创新之所以能促进相关企业优化在投入与产出方面的比重，是因为各个企业之间有着紧密的技术上的联系。并且这一联系通过就业结构的变化推动了产业结构的调整。

2. 产业结构调整对经济增长的影响

第一，有利于提高相关产业资源配置的效率，促进经济发展。但在现实经济中，由于我们对风险的预知能力不足再加上企业生产要素的不完全流动，在各种情况都不平衡的条件下，经济仍然取得了一定程度的增长。决定一国经济增长率高低的一个重要因素是劳动和资本能否顺利由生产率较低的部门流向生产率较高的部门。因为各产业的劳动生产率不同，所以调整产业结构的过程，实质上体现了各个产业重新扩展和收缩的进程。它本质上强调了产业的专业化与分工的精确化，并随不同产业的劳动生产率重新组合。这样，如果能推动生产要素顺利流动产业结构合理调整，就会相应地促进资源配置效率、经济综合生产力的提升，并最终促进经济良好发展。

第二，主导产业的更替促进了经济发展。现代经济的增长大部分是依靠具有超出平均增长率的新兴产业，这很好地体现了产业结构变化对经济增速的影响。现代经济增长实质上是部门的增长过程，经济增长开始于由具有高于平均增长率的新兴产业，随之而来的是一个企业的主导产业及其相应的体系增长率都有较高的提升，而这在一定程度或者说在某种方式上都有利于整体经济的发展。

第三，产业技术创新与社会各阶层分工水平有利于产业结构的改善，而产业结构的调整成为经济增长的根本动力。由于企业不断细化社会各部门的分工，使得相关产业部门不断成长，把不同企业更加紧密地联系在一起，结构效益也由于社会分工的一体化、专业化而提升到了重要位置，在推动经济发展方面发挥着关键作用。推动产业发展的一个重要原因是技术的创新。通常来说，下面两种方式体现了技术创新对产业结构改善的影响：①技术创新推动了新兴产业的出现及发展，这些新兴产业不断向其相关产业扩散，推动了国民经济的整体增长；②技术创新带来的改良技术推动现有产业的发展和创新，进一步达到促进资源合理配置，促进企业劳动生产率提高这一目的。如果这两种方式都能被很好地利用，或者把二者结合起来运用，一方面会促进相关产业结构的改善，另一方面对整个经济社会的发展也会产生深远持久的影响。

（三）结构效应路径之二：经济增长方式转变

经济增长实现的路径是经济增长方式，决定经济增长的各个因素的结合方式也是经济增长方式。从技术创新方面来看，根据投入的科技水平不同的原理，把经济增长方式分为粗放型经济增长方式和集约型经济增长方式，前者以要素投入增加为主，后者以全要素增长率为标志（全要素增长率大多数情况下表示技术创新或进步促进了经济增长）。要实现经济增长可以通过两种方式：一是粗放型经济增长方式；二是集约型经济增长方式。前者是在生产要素的使用效率、结构和质量不变的情况下，只是大量地投入和扩张生产要素，投入更多的劳动力和成本，而并不是依靠创新技术实现的经济增长，实质上，粗放型增长是外延式的增长，只关注数量增长，效率不高。而后者更多地依靠技术创新、劳动者素质提高以及设备、资本和原材料利用效率提高来实现经济增长，这样使得生产要素组合得以优化，也使生产要素的质量和使用效率提高，这种方式是内涵式增长方式，并且也会在本质上提高经济增长质量和效益。

要促进转化经济增长方式，就要通过技术创新来使区域创新成果经济化、企业竞争力强化、运行与要素组合优化。技术创新的结构效应应该顺着转换经济增长方式的路径表现出来。创新区域技术的结构效应，方法之二就是通过转变经济增长方式。

创新区域技术以促进区域成果经济化的方式对经济增长方式的转化产生积极影响，而后产生结构效应，从而促进经济增长。虽然说科学技术是第一生产力，但是这并不能说明科技进步的同时，经济也在发展，科技与经济两者之间并不是简单的线性关系。只有经过科技成果转化的过程，才能将科技成果变成现实的生产力和适销对路的产品。因此，科技总体水平和将科技转化为现实生产力的能力直接对一个地区的经济发展起到作用。区域技术创新能够使经济增长速度更快、增长质量更高，并且由原来的粗放式变为集约式，是因为创新区域技术就是一个经济效益由科技成果转化而来的过程，它促进了经济和科技研发的共同发展，也促进了科技资源转化为现实生产力这一过程。与此同时，可以尽量避免"两张皮"现象，即经济与科技之间没有关系的现象,也使经济发展对自然的依赖性有所降低,可以投入最少要素却获得最大的产出效益。要想提高经济增长率,就要首先创新区域技术,这样才能使科技成果经济化程度加深,并且提高区域经济增长成分中的技术含量,转变经济增长方式。

创新区域技术可以发展经济,主要是使运行方式与要素组合优化来转变经济增长方式,从而产生了结构效应。不一样的经济增长及增长效益和质量也许是由不一样的经济增长方式所导致,所以说,经济增长方式的运作结果是发生了经济增长的事实。只有加快经济增长方式由粗放式向集约式转化的步伐,才能实现投入更少的要素获得更多产出的目标,才能使经济不断发展。生产要素的运作方式与组合方式为经济增长方式转化所依赖,而创新区域技术又为要素运作方式和组合方式的优化奠定了基础,可以带来更好的经济效益、更快的经济增长速度和更高的经济增长质量,这也是由于创新区域技术可以提高劳动者素质和要素配置效率,并且改善要素投入质量。创新区域技术和因其而转变的经济增长方式,都可以达到提高区域经济增长质量或效益的目的,也可以达到获取更高区域经济增长率的目的。转变经济增长方式要以创新区域技术为基础,这样不仅能在很大程度上提高效益、节约资源,还能极大地促进经济发展。

创新区域技术可以转化经济发展方式,主要是通过提高企业竞争力,进一步使经济增长并产生结构效应。在市场上营销的工艺和产品由科技成果转化而来的过程就是创新技术的本质,这个过程包括"科技研究与开发——新产品试制与生产——市场营销技术商业化——技术创新扩散"。

创新技术可以提升企业产品使用价值及技术含量,并且获取不错的经济效益。要想增加产品市场占有率,增强企业竞争力,企业要引进发达的装备和工艺来替换落后的,把技术资源转化为现实生产力,提升产品技术含量。创新技术同样可以使老品牌的生命周期加长,使其市场占有率稳定起来,并且使企业的竞争力增强。创新区域技术的根本目的就是获得利润最大值,增强企业竞争力,这都可以通过增加发明创造成果在区域企业生产中的运用以及开拓企业新市场来实现。若是区域内有某企业成功创新了技术,那么会有利于该区域经济增长方式由粗放型向集约型转变,也有利于提高经济增长质量,这是因为大面积的新技术扩散会引起区域内其他企业的模仿,也使得区域外贸结构、市场结构及产业结构发生变化,从而产生创新技术结构效应。这样,更高层次的技术创新高潮由新一轮技术创新引起,不断重复这种创新,有利于区域经济的持续发展。

# 第三节　技术创新生态系统协同发展

## 一、技术创新生态系统构成要素分析与特征分析

（一）技术创新生态系统构成要素分析

在技术创新生态系统中，核心型企业、关键型企业和缝隙型企业三种不同类型的企业，对系统的发展历程和稳定性刺激有不同的作用，在整个网络中各自能取得利益的大小不同，获得利益可能性大小也不同。

1. 核心型企业

核心型企业必须存在，否则将会对系统带来全面性毁灭和瘫痪的后果，这是因为这些企业拥有最多样化的联系，对缝隙市场的产生和发展具有很大作用，这不仅能够协调处理各个组成成分的内在关系，而且丰富了生态系统，提高了生产效率，同时，核心型企业也为别的企业生存打造了坚实的平台。但若是没有其他类型的企业，那么整个系统就会出现灾难性崩溃。

企业要长久发展，就要提高整个企业系统的稳定性和完整性，我们可以通过网络的技术和资源来达到这一目标，具体措施如下：一是推动网络体系的全面稳定发展；二是提高对资源的利用；三是尽快设立外部性的框架。

核心型企业对整个创新生态系统萌芽、发展和最终成熟的过程有很大的影响，这种企业可以创建稳定的环境，使消费者和其他企业都受益。

核心型企业衍生的完整全面的生态系统是以自身为出发点，并且它是多样的创造元素的源头，能够和其他企业一起创建生态系统。

核心企业自身面临挑战诸多，然而确保将其生态系统提高功效落到实处，并尽力使企业自身的资源和利益使同行业中其他企业能够同时享用。核心型企业必须发挥核心型企业一呼百应的领导作用，在建立有序、全面、健康的生态系统方面加强努力，可以在缝隙市场创造能力、生产率以及稳定性这三个板块加强投资，增强企业创新竞争力。第一，加强生产技术投入以提高生产效率。提高自身技术竞争力，缩短技术转化为生产力的周期，使新技术尽快应用到新产品的生产制造过程中。第二，稳健性，未来社会发展瞬息万变，这时不利因素就有可能浮现，因此在建设创新系统时，必须保证创新生态系统内部结构的稳定，以防止因外界瞬息万变的因素而导致创新生态系统崩溃，从而保证企业向有利方向发展，扭转不利局面并走向正轨。想要推动

整个网络系统的健康发展,核心型企业在构建牢固框架和创造良好的发展环境基础为其他企业谋取发展空间方面该做哪些努力呢？总的来说,只有在研发新的生产技术的同时不忘加紧资金流的引入,才可以营造一种与同类型企业分享研究成果的环境,并将其最新技术研究成果为自己所用,在具有决定性作用的基础设施方面加大投资与支持力度推动技术发展与进步,从而为生态系统创造更多的机会,进而推动缝隙市场的水平提高。

2. 关键型企业

关键型企业能够与处于网络核心的企业,在整个系统之中相匹敌。然而,一方面关键型企业与核心型企业存在诸多差别,与核心型企业正相反,在生态系统中关键型企业的比重远远超出核心型企业的比重,企业的硬实力大小和起主导作用的资源构成了该比重的大部分。另一方面,对于多样性发展的态度,关键型企业与核心型企业存在天壤之别。后者出于自身发展模式考虑,对多样性发展持反对态度。生态系统、网络系统中大部分节点由支配主宰者掌控,而与支配主宰者相比,核心型企业处于劣势地位。传统的独占者与价值独占者构成了支配主宰者的两大类型。传统的独占者通过打通系统中的主要关键点来推动系统内部纵向横向一体化的实现,从而促进自身发展。而价值独占者则侧重于对现有掌控的网络各节点价值剖析而从中获利。总的来说,核心型企业和关键型企业都在致力于创造价值,然而是否能够推动资源共享是两种类型企业的最大分歧之处。

所谓关键型企业战略,即各个企业企图在追求公司利润和剩余价值数额的极致化的过程中形成的长期发展方案。通过打通横向、纵向操作系统来推动公司运转。总的来说,在致力于朝此方向发展的企业,在整个企业生态圈内掌控并主导着价值创造和分配进程。长期观察研究表明,纵向一体化的企业在关键型企业中占据大多数,这类企业不仅具有运营商的身份,还试图开拓公司的发展机会,如在防止其他企业剽窃、模仿方面通常采用非开放性的商品运营模式,以此推动本公司发展。

关键型企业处于整个竞争行业生态圈的主导地位,对于核心资源和系统内部的掌控,极大地阻碍、影响了其他企业的发展,加剧了竞争。因此,致使关键型企业在生态系统中的位置和作用无法取代,其自身的独特资源和经营模式都使其竞争优势大大增加。关键型企业在促进生态系统的优化、多元、全面发展方面是其他类型企业无可比拟的,因而确立了其独一无二的主导地位。然而,事无绝对,纵然关键企业在促进整个生态系统发展过程中的作用无可替代,系统持续发展也必将依赖这些企业的核心科技及独特资源,但其消失并不影响整个生态系统的存在。

关键型企业随处可见,只不过大家早已司空见惯。美国电话电报公司和IBM公司的早年发展便是采用以上经营模式。而在大多数字设备公司以及小型计算机生态系统中,此种经营模式也大受欢迎,并成为此种经营模式的杰出代表。

3. 缝隙型企业

与关键型企业和核心型企业相对,缝隙型企业数量上占据优势。从生态系统网络节点的角度来看,其处于劣势地位,其掌握的价值核心也都处于远离核心的边缘,作用不明显。

一方面,一般而言缝隙型企业内部分工明确,拥有独立自主的经营模式,因而可以弥补占有资源过少的缺陷。然而,想要利用较少的资源来实现对整个乃至部分市场份额和市场动向产生影响是极其困难的,这也使得它们在具有独立性的同时对核心型企业高度依赖。缝隙型企业与核心型企业的对立构成了生态系统内部数量与资源的不平衡,因而数量庞大的缝隙型企业掌控着有限的资源,发挥作用微弱,使得其更换周期迅速,一家企业破产,立即会被同质性企业取代。缝隙型企业欲实现持久发展,必须与生态系统内的同类企业团结协作,抱团发展,避免恶性竞争和同质化竞争,推动专业化乃至多元化发展。

另一方面,纵然是在自然生态系统中,数量庞大,种类繁多却掌握少数资源,作用甚微的这些生物恰恰是生态系统的主力军。在其专有业务领域内实现专业化发展与探索,则是其他类型企业所不具备的发展优势。生态系统中的其他类型企业虽然占据资源领域的主导地位,体系庞大,作用明显,但是拆分开来却也是比较普通的,这些企业只是综合实力较强,在专业化领域方面存在缺失。尽管处于边缘位置,边缘性企业对于维护整个生态系统的平衡,以及促进生态系统创新发展方面无可取代。

系统内部的各个组成部分之间是否存在紧密而不可分割的联系,是缝隙型企业的显著特征。其数量之庞大,足以让其他类型企业望而生畏。仅仅在软件行业中,其他类型的企业与缝隙型企业的比重就高达1∶10。

缝隙型企业要学会团结和加强与同类型企业之间的合作,团结互助、取长补短,形成自身竞争技术优势,推动自身发展战略多样化,针对不同人群的不同需要和不同阶层的消费理念,实时调整战略,促进自身发展。这是缝隙型企业在市场竞争中获胜的法宝。

缝隙型企业发展必须以内部成员相互合作为基础。首先应关注与自身利益紧密相关的核心型企业和关键型企业的发展状况,并了解自身周围市场经营体条件。与自身相关的企业是否竞争力强大,搞清楚自身与核心型企业的差距,以及考虑是否选择与其他企业紧密合作。在数量庞大的缝隙型企业中不乏成功者,以半导体和集成电路行业中的恩威迪亚公司为代表,为保持专业化发展,专攻实物和知识资产,是其成功的秘诀。

另一个推动缝隙型企业发展的关键就是价值创造。不断依靠核心型企业推进自身经营模式的发展,在技术领域加紧研究步伐。通过改变企业之间的合作方向和紧密关系程度,推动系统内部利益流向具有流动性,而以此来抵御同类企业和核心型企业对自身的影响。

4. 技术创新生态系统中不同类型企业的比较分析

通过以上分析可以得知,对生态系统内部的企业发展战略重点方向、对系统的影响力、贡献特征以及资源技术等诸多方面的差异是区别核心型企业、关键型企业、缝隙型企业的关键所在。

### (二) 技术创新生态系统构成的特征分析

组织、系统、网络构成了网络结构演化阶段的三大类主要资源。三者相辅相成,缺一不可。首先,网络资源和系统资源的产生以组织资源的整合为前提条件,其次这两种资源又推动了组织资源的发展壮大。对于人才、技术、资金等组织资源以固定目标为准进行整合,推动文化、信誉、影响力、机制的建立来为构建文化、信誉、影响力、机制系统资源创造前提,并且促进网络内部成员资源的发展与成长。网络和组织资源强化的关键条件是构建系统内部平台、行业准则、知识体系以及对社会效益的兼顾。

以下四大特征与自然生态系统相比,企业生态系统的特征如下:

1. 动态演化性

学界将具有能够与外界进行持续不断的信息和能源交流能力的系统称为生命特征,而这一点恰恰是自然生态系统与企业所同样具备的,因此,创新型系统的发展是动态的过程,会经历滞后、衰老甚至被市场和消费者淘汰。

2. 群体竞争性

竞争在推动创新系统的发展演进中起着至关重要的作用。各个企业之间的分工具体化伴随而来的是企业之间越来越迥异的差异性,这些都是长期竞争合作的结果。同类型产品和经营领域企业的不唯一性,加剧了企业技术方面的差异,竞争潜能分化严重,资源掌握的不同和信息渠道的迥异使得各个主体之间的激烈竞争必然存在。

### 3. 协同进化性

不同企业之间通过团结协作来增强自身的技术水平及提高竞争实力，维持这一系统内部平衡来弥补单个企业无法完全独立掌握某一生产技术的缺陷。系统内部每一位成员的技术创新水平的波动对于整个系统来说都是极其重要的。所有企业围绕核心企业的发展动向明确企业之间的发展合作计划，推动企业在提高技术水平和创新能力方面加紧联合，是系统内部企业的生存之道。

### 4. 多样性和平衡性

创新生态系统在初期不可避免地存在无序化发展，然而物竞天择、适者生存，通过协同和竞争以及市场的洗礼，创新型生态系统在保持稳定平稳发展的同时仍然不失多样性。想要使系统整体和内部成员的技术创新水平都获得空前发展，就必须促使各个企业明确发展目标，定位清晰，畅通信息交流系统，取长补短，维持内部稳定持久发展。

### 5. 自调控能力有限性

周边环境的细微变化都可能会引起创新型系统内部的剧烈变化，且和生物学中的告态系统一样，有限的内部调适能力使得系统内部的稳定性和成员之间固有的关系发生翻天覆地的变化。在面临较为恶劣的环境变化时，创新系统会出现失衡，这些都是由于其自身调控能力无法维持系统的稳定状态。外部环境的变化将会破坏系统内部的生态网络结构，威胁企业正常经营运转，使其破产、重组。这些因素可能是，金融危机的爆发，政治暴动和社会市场需求的突然转换，都会对其内部稳定性产生巨大影响。

网络资源和技术联盟不同的是，网络资源不是从网络建立开始之时就存在的，它是网络成员之间较长时间的相互作用而形成的并且需要大家的共同努力获得，它是不确定的。此外，网络管理者通过网络资源所在网络对其合理配置，来促进网络的发展，而组织资源就是由网络成员控制的。并且如果一个网络可以自动调整和适应从而应对网络的发展和系统的建设，并可以使系统建设逐渐摆脱对于网络资源的依赖，那么这个网络才有可能是成功的。网络资源为创建广泛的系统资源以及实现高难度的目标做出了巨大贡献。因为网络可以整合和重新分配不同的网络资源来完成技术创新系统的新任务以及满足未来网络成员的要求，整合资源后会生成有价值的新资源来增加资源存量，这样循环使网络资源能更好地进行系统建设，从而使网络资源成长，其中也就伴随着网络成员和系统资源一同发展。

### （三）技术创新生态系统与其他联盟网络的联系与区别

技术创新生态系统和其他传统的联盟网络是不一样的。

1. 产学研合作

产学研合作是企业、高校和科研单位之间开展的合作，这个合作中的每一方都共担风险、互相帮助，以实现双赢，最后获得自身的发展，合作的目的是为了共同创新。

2. 企业技术联盟

企业技术联盟是多个企业形成的合作关系，它的目的是实现双赢，赢得共同利益。

3. 技术创新生态系统

生态系统是一种在指定的空间范围里内部事物和外部事物在一定时间内形成一个整体并且相互影响的系统，在技术创新生态系统运行时，要发挥成员们的作用互相影响以便其保持一种平衡的状态，其建立的目的是让科学发展和科技创新，它的模板是促进经济发展，而不是以动态传输为模板。

企业技术要实现创新、获得丰硕成果，单靠个企单枪匹马行不通，反过来，应该在拥有一致目标的企业之间打造一个技术创新型生态系统，在此系统基础上，使客户价值最大限度地得以实现，争取达到甚至高出客户的预期。这个系统的本质是企业自身投入以及在配套知识方面其他相关企业的支持是优质创新项目能成为企业核心竞争力所不可或缺的，不然极有可能因条件不够、延迟创新，导致竞争优势丧失。

创新主体知识是具体创新项目运作时必须具备的知识结构，对创新效率与效果能产生较为直接的影响。在创新过程中，创新协作知识（包括营销能力、组织协调能力等）虽同创新项目的联系没有那么直接，但却是实现商业化创新所必备的。对技术创新生态系统进行管理的过程中，应从内、外两个视角出发，各方面一齐努力，完备相关知识，形成更完整的创新链条。

### （四）技术创新生态系统的模式演化分析

方法论中包含着模式。生物学里对于演化的叙述是：在物种繁衍过程中，每一代单独的个体之间在内在基因与体态特征上存在差异的现象及原因。这个系统的演化实际上就是其技术创新发展的过程。

系统演化能得以顺利进行的基础就是准确地发挥好创新主体的作用，科研机构、高等教育机构、政府机关等都被包含在内。周边环境和此系统能够发生信息交流，而在技术方面，各内部成员间的信息交流也在同时进行着，这样能够提高这个系统的创新能力，各成员的技术创新模式最终实现新的变革。当前由于各企业的发展几乎都拘泥于现有的技术创新模式,其技术创新能力的发展便需要一步一步地由低至高来实现,对系统整体创新模式来讲,实现其变革也是一样的道理。

这个系统演化的实现是需要一定时间的,它与生态系统的演化有相似的地方。但各企业的效率在历经演化后快速提了上来,使信息资源利用率更高,技术创新能力更强。这既是创新系统的目的,也是其中一大重要成果。

不同的创新主体有互不相同的创新过程,而把这些不尽相同的过程结合起来就是创新生态系统的演化的本质,包括两个阶段:一是自稳定状态;二是自重组阶段。自稳定状态是指系统内部原有的技术创新模式自发进行由旧到新的变革,从而达到稳态的过程,若企业在组织资源中注入了新的血液——网络,它们在这个时候会让其余网络成员在某一程度上对系统中的部分资源进行分享、控制。自重组过程就是旧模式与新模式相互交替出现的过程。组织资源在系统演化的这个过程就如同一把双刃剑,正向作用、负向影响二者同时存在。比如在网络层面应用上,组织资源能使其应用及影响力范围增大,网络成员组织资源的优势较之前更大。但系统构建对组织资源的依赖性会随着后者对前者作用的增大而变强,一旦没有了网络,呈现在创新生态系统这个整体面前的将是十分不利的局面,就像社会网络里的结构,一旦有某个核心节点退了出去,网络整体都极有可能崩溃掉,整个系统的稳定性也会大大降低。

## 二、技术创新生态系统的复杂性分析及协同演化机理分析

企业创新环境当前的主要特征是复杂性、不确定性以及模糊性,"技术创新生态系统"间的竞争由传统"单个企业竞争"演变而成,企业内部创新以及这个系统中进行互补性活动的其他企业间的协同创新二者都是现有创新研究应用的关注点。

"技术创新生态系统"研究目前还处在初级阶段,主要是在宏观层次上对静态展开研究,以案例研究为主要方法,然而对于复杂系统交互行为出现的宏观结果,实证、案例两个研究方法给不出更合理的解释,若想更为深入地认识复杂系统,定量动态分析必须进一步强化。这个系统生存发展的基础是成员协同行为。什么是这个系统长足发展的根基,这个问题是值得理论界展开深入研究的。

(一)技术创新生态系统的复杂性分析

复杂性是此系统较为主要的一个特性,系统各成员知识结构、交互行为以及资源结构、内部知识都十分复杂。系统中的各成员发展是不封闭的,但也不是一直都能做到均衡发展,目前在做的是把它的边界进一步拓宽,所以整体是处于变动状态的。

### 1. 技术创新生态系统的开放性

一个创新系统如果是封闭的，那么它的发展几乎不可能长远，需要做到的是开放，即在资源上将其与系统之外的部分进行流转，这个过程极其必要。在整个创新生态系统中，从外部吸收资源、向外制造推送其成果二者是需要同步的。第一，此开放系统内部成员间资源共享、相互合作；第二，外部环境和系统成员间知识技术实现转移，就像关键型、核心型及缝隙型企业间都存在着信息资源、技术的共享与转移。整个体系正是因为这种交换才能一直动态变化着，从而使体系朝良好秩序系统变化。

当前环境下，创新生态系统内部各成员之间不断地进行信息资源的交换，所以说它不是封闭的，而是运动着的。在某一部分的技术上，若取得了革命性突破，相当于在生态系统中产生了不同物种，此时往往会有相关人才另起炉灶，并且他们的生产技术及生产效率都会较之前的企业高，可与原企业协同前进，这就导致新的竞争出现。所以说，要想有新技术变革思维和新鲜气体不断地注入系统，就必须要和外部不断地保持联系和交换，也即不断进行变革，才能将企业竞争优势维持住。

时间段发生变化时，整个创新生态系统的目标就会随之做出改变，系统整体的流动性与外部环境二者一定要一直处于保持交流的状态，这样才会有新生命力不断注入进来，系统得以继续开放。当今时代知识经济高度发展，产品越来越复杂，产品之间也越来越相互依赖，全球化改革创新是系统需要着重注意的，努力带给消费者以更为合适的方案设计。

### 2. 技术创新生态系统远离平衡态

系统能够得以有序发展的根基就是远离平衡态。各企业分工明确，每一部分都是对自身擅长的部分进行钻研，系统内成员多样化。但对单个企业来讲，这样的专业化现象会导致他们对于消费者的各种需求做不到全部满足。因此，企业之间若想进一步适应市场的需求就得共合作谋发展。学者们经过研究得出了一系列的结论，由这些结论可知生态系统与平衡态间距离的远近很大程度上取决于企业间的多样化，成员企业之间的差异越大，系统距"平衡态"就会越远。系统的各组成部分所发挥的作用都不尽相同，关键是核心部分，其主要责任就是对技术进行推广甚至革新。核心型企业的技术资金等几乎都来自关键型和缝隙型企业。系统内部成员间存在的相互作用与分工差异，这就使得系统特性特征与内部组成的特点更为多样化，从而能使系统长期处在一个动态变化的过程里，使其发展更为健康长远。

### 3. 技术创新生态系统自涌现性

在各企业相互协作过程中会出现结合效应，即合作之后的效率要超过原单个企业之前的效率,换句话说,单独的企业是达不到系统各属性及对应所获成效的,也即"自涌现性"。技术创新生态系统为了最大限度地争取到现有利润,凭借自身具有的特性会更容易得到资源竞争优势,把企业生产效率提升上去;另外,由于人才的自涌现性,使得许多高层次创新及技术人才被系统吸纳进来,这就使得创新的可能性在各成员间互相帮助的状态下有了提高;再就是企业数量随着信息技术的发展变得越来越多,而这些企业也会面临越来越大的挑战,竞争也越发激烈,反过来,这也刺激着企业在保持自身稳定性的同时朝多元化方向发展,发展风险也大大降低。

### 4. 技术创新生态系统动态性

非静态性是这个系统所拥有的另一个特性,它一直保持着进步的状态。又由于脱离了自身环境的事物很难得到长远发展。环境是不断变化的,这对系统内部成员企业的发展运行以及他们之间的协同发展来讲,会造成一些影响。又因为内部企业之间的资源技术交流交换会不断地进行,这对系统内企业的协同行为来讲,会使其发生一系列的改变,沿着"生存—发展—优化"的轨迹会有系统内企业的演进在不断进行着。另外,系统的差异性随着各种资源的共享及转移而降低,终止原合作当且仅当达到合作目标,这就致使系统中旧成员退出、新成员加入。因系统各成员存在资源、文化等差异,像道德缺失等一系列相关的问题就会时不时地出现,这极有可能会进一步加大协调问题的难度,系统离均衡状态越来越远。

### 5. 技术创新生态系统非线性

非线性是系统复杂性的一个重要原因,也可以说是一个表现方面。非线性是不能更改的,它是随系统的建立而产生的,同时它也可以协调系统内部。整个系统的组成部分几乎都具有多样性,所具有的作用、架构、属性特征都是不尽相同的。系统内单个(多个)企业以偏概全都是不对的。在系统内各企业间各类合作中也有着一种非线性关系,它并非一般意义上的因果关系,用某句话或某个公式是无法将这种关系概括出来的。

整个系统围绕着一个中心——创新技术,把拥有的资源结合起来,跨产业(行业)形式各异的技术都被凝聚到了系统里,这就是所谓的非线性特征。复杂性是系统内部结构所具有的特性,各企业的发展是互相联结的,回馈信息的"非线性"也十分明显。成员之间的协同竞争同样也存在这种特性,系统内部成员之间是一个整体,是不能分割开的,而系统又和它的外部环境是一个整体,即便这样差异依然还是存在的,整个体系内外互相促进、互相影响,使系统成员发展进一步加快。非线性的具体表现是多样的,利益分配流向、网络结构等都被包含在其内。

6. 技术创新生态系统的自组织性

在学科发展史上,"自组织"意义非凡。它指一个出现在系统发展变化过程中的特有的现象。对于"自组织"是对应着系统"复杂"这一点,历史研究已给出证明,学者们对此也持以接受的态度。这是因为若系统发展具有"自组织"性,那么整个系统中会有新的独特的组成及构架出现,从而系统会变得愈发复杂。

"自组织"是指当外界环境变化时,系统为了适应目前情况会相应地进行调整,从而形成新的均衡状态。系统与外部环境交流时,也在不断追求着新的平衡。这促进了竞争文化新氛围的产生,内部结构也能得到相应的调整,组织层次从低到高不断在发展进步。

系统的不断发展还需要另一种特定机制,实现由原始状态向健康稳定状态的转化。当内部某个企业出现波动时,整个系统不会因此发生很大的动荡。系统内各企业可成为系统一员的前提是其发展经营都得按系统规定进行,同时系统也能够有效地运行着。

7. 技术创新生态系统的学习性

系统和我们一样都需要通过不断学习来完善自己。外部环境与系统内的学习途径和内容有着密切的关系,系统要想取得长足发展,就得与其外部环境相辅相成、融洽相处才行。

8. 技术创新生态系统网络的不可逆性

创新系统的发展变化一般情况下一直都会在一个方向上保持着,发展变革几乎是一个无法逆转的过程。第一,在集资、商讨、建设再到正式营业这一过程中,投资者需要不断投入,无论有没有产出行为,这个投入行为是不可逆转的。协同成员与成员间的资源交换随着成员数量的不断增长会相应地增多。它们一边在进行技术的传授,一边在接受着外来的新颖技术,使得企业规模及竞争实力得到进一步强化,此过程也是无法逆转的。最终即使这个企业失败了,它也不会一无所有回至原点,因为它所有的经历经验会起到一定程度的支撑作用。系统建成后,技术会逐渐蔓延,使得不同企业朝着合作协同方向发展。整个系统的知识在这个时候会成为一个不断传播已有知识、发掘新知识的体系,它是动态均衡的。由此可知系统网络不可逆。

(二)技术创新生态系统协同演化的机理分析

站在生态学的角度来研究,会发现当生态环境动荡很大时,原系统就会自然地发生解体,旧系统中的核心生物在新系统成形并投入使用之后就会失去它原有的领导地位,反过来,以前毫无"地位"可言的物种倒是有可能坐上新领导者的"宝座"。

在整个系统中重要的生态位因子有很多,"技术"是其中"地位"最高的。因为技术最活跃、变革性最强,系统平衡能被技术打破,会进一步将其自身成长为结构等级更高的因子。站在微观角度,技术的变迁是系统内各成员的外部环境变迁的最主要的因素。而站在种群角度讲,技术创新所带来的是这个产业整体的未来的兴衰。各个企业之间产生的竞争力之所以会随着技术的变革而发生转变,是因为在企业活动中技术变革占据主导地位。随着各种新兴技术的不断发展,各类新兴产业会相应地出现在我们面前,这其实也是一个技术创新生态系统进行重新构建的过程。宏观上来讲,技术系统演化时的特征趋势会具体地体现出来;而站在微观角度,所观察的都是要满足个体自身的价值需求,各类企业的战略举措所产生的后果。

作为生态因子,技术对整个系统的影响根据其内部、外部特性,可将其大致分为两类。从外部来讲,技术所体现出来的东西与当前生态系统的新技术范式是有区别的。一旦有了新的技术范式,旧的技术体系短时间内就会瓦解掉,导致整个系统呈现给大众是全体崩盘的感觉,这会造成一种毁灭效应。就像曾经非常经典的胶卷技术现如今已被数码相机完全取代了,相类似地,移动软盘也将曾经应用十分广泛的软盘取代了。新技术出现或系统内出现技术变革,资源和组织结构都会迅速地发生变化,而且整个创新生态系统的整体构架也会逐渐发生改变。能够使系统变化的渠道有三个,吸收新的生产要素是渠道之一,采用新技术是渠道之二,渠道之三是改变产品组织方式,在价值链流程整个体系中这三种渠道变化都会有其具体体现,而最后的这个变化是会共同使整个创新生态系统的形态、结构进一步发生演化。

作为另外一种生态因子,成员生态位在创新生态系统中的地位也是相当高的。在本质上,系统整体结构会随成员生态位的变化而变化,也即成员生态位的跃迁、分离。系统技术是由简单到复杂不断变化着的,产业整体的多样化程度以及复杂程度都会相应地不断加深,而且还会有更为广阔的市场空间出现,那么其他企业就会有机会挤进这个系统。正由于系统多样性非常丰富,生态位的数量就会相应越多,原本区域有重叠的企业就很有可能被分离出去,这在技术产业演变时一定会发生。

成员生态位是技术创新生态系统中第二个较为重要的生态因子,系统的整体结构会因为成员生态位的变化而发生本质上的改变。具体来讲就是成员生态位的互相分离以及生态位发生了跃迁。在创新生态系统的技术不断地由简到繁逐步发展的过程里,整个产业的多样化程度以及复杂程度都会相应地不断加深,而且还会有更为广阔的市场空间出现,那么其他企业就会有机会挤进这个系统。正是由于创新生态系统里面具有丰富的多样性,就可以产生出数量更多的生态位,这样一来,原本有重叠区域的企业就很有可能被分离出来,这在技术及产业发生演变过程中也是必然趋势。

生态位的转变,说的是一些企业通过这个新兴的技术改革不断地加强自己的能力,并且努力抓住自身的学习机会。从而使自己本来在夹缝中求生存的处境得到了有效的改善。他们通过这次机会不断地脱离自身边缘化的处境。这些企业逐渐地在企业中占据了中心领导的地位。例如,在微软的产业中,微软一开始只是提供一些汇编的语句只能被称为硬件商。但是后来随着IBM这一类主导厂商的崛起,微软非常及时地抓住了这次难得的机会,从而从一开始不起眼的边缘化企业转化成了具有领导地位的厂商。显而易见这个机会对于微软来说是十分重要的,这个变革为微软系统接下来的发展打下了坚实的基础。

但是随着一些刚刚兴起的技术的出现,也有一些本来存在于中心主导型的企业没有把握住这种机会。相反,这些机遇却变成了一些在夹缝中求生存的企业的跳板。主导型的企业在整个系统中的地位是十分重要的,它们表示的是全部的生态系统网的行业准则及规则。它会因为自己的核心地位而处于整个系统中纽带的连接点。而且,这一类企业想要打破这种关系网的束缚是非常困难的,从而很大程度上制约了本身的创新和视野。但是对于夹缝中的一类企业来说,它们就会有更多的机会与外界其他的系统有一些连接的关系,这些企业与主导型的企业相比较而说,夹缝中生存的这些企业正是因为没有很强的一种嵌入性,所以它在创新和视野上的制约并不是很大,并且对网络上准则的干扰也是非常小的。在这个系统中,正是因为有这样新成员的竞争比赛,从而构建了一个新的系统链条,而且在创新的系统中再次分配创新技术的领导权力。系统就是通过这样的争斗来演化和变革的。

# 参考文献

[1]王言.中国经济发展新阶段研究[M].太原：山西经济出版社，2021.

[2]韩军喜，吴复晓，赫丛喜.智能化财务管理与经济发展[M].长春：吉林人民出版社，2021.

[3]张建华.中国经济结构变迁与高质量发展[M].武汉：华中科学技术大学出版社，2021.

[4]柴渭，高彦.创新驱动与经济高质量发展[M].西安：西北大学出版社，2021.

[5]秦荣生，赖家材.数字经济发展与安全[M].北京：人民出版社，2021.

[6]王金营.人口与经济发展方式[M].北京：科学出版社，2021.

[7]王俊.法与中国经济发展[M].北京：知识产权出版社，2020.

[8]李国庆.临空经济发展的法治保障[M].北京：中国经济出版社，2020.

[9]赵高斌，康峰，陈志文.经济发展要素与企业管理[M].长春：吉林人民出版社，2020.

[10]卜彦芳.中国传媒经济发展报告[M].北京：中国国际广播出版社，2020.

[11]龚勇.数字经济发展与企业变革[M].北京：中国商业出版社，2020.

[12]胡德巧.中国促进民营经济发展政策[M].北京：中国经济出版社，2020.

[13]苏永华，倪梦.县域会展经济发展研究[M].武汉：华中科技大学出版社，2020.

[14]孔群喜，李敏，彭丹.新时代中国服务经济发展与思考[M].北京：中国经济出版社，2020.

[15]张岩，姜辉.中国城市经济发展理论与实践研究[M].长春：吉林人民出版社，2020.

[16]黄宝连，黄海平.城市国际化开启区域经济发展新时代[M].杭州：浙江大学出版社，2020.

[17]张丽君，于倩.中国边境地区开放型经济发展研究[M].北京：中国经济出版社，2020.

[18]伦蕊.改革开放以来河南经济发展战略演化研究[M].北京：中国经济出版社，2020.

[19]马少晔.中国新经济发展指数测度与区域比较研究[M].南京：河海大学出版社，2020.

[20]毛敏，喻翔.城市群经济发展与区域物流通道运行机制研究[M].成都：西南交通大学出版社，2020.

[21]赵艾凤.中国区域财政收入差异研究[M].上海：上海社会科学院出版社，2019.

[22]贺三维.中国多尺度区域差异分析[M].北京：中国社会科学出版社，2019.

[23]臧传琴.环境规制绩效的区域差异研究[M].北京：经济科学出版社，2019.

[24]周丽萍.中国西部人力资源区域差异与协调发展[M].杭州：浙江大学出版社，2019.

[25]王志高.区域创新差异变动趋势与影响因素[M].北京：经济管理出版社，2019.

[26]孙晓羽.中国区域金融发展差异演化机制及经济效应研究[M].济南：山东大学出版社，2019.

[27]刘洁，陈静娜.区域发展的经济理论与案例[M].北京：海洋出版社，2019.

[28]李晶.区域创业环境形成与作用机理研究[M].苏州：苏州大学出版社，2019.

[29]刘强.中国区域经济增长差异性的演进机理与政策选择[M].北京：中国经济出版社，2019.

[30]廖继武.区域剥夺下的边缘地旅游发展研究[M].武汉：华中科技大学出版社，2019.

[31]王刚.我国林业产业区域竞争力评价研究[M].北京：知识产权出版社，2019.